- 浙江省重点建设教材·国际商务系列
- 浙江省教育厅、财政厅优势专业建设成果
- 浙江金融职业学院"985"工程建设成果
- 浙江省"十二五"规划优秀教材
- 高职高专国际商务类"十三五"规划系列教材

国际航空货运代理实务

INTERNATIONAL AIRFREIGHT PRACTICE

（第二版）

主编 戴小红

副主编 吕 希 韩 斌

中国金融出版社

责任编辑：王效端　张菊香
责任校对：张志文
责任印制：丁淮宾

图书在版编目（CIP）数据

国际航空货运代理实务/戴小红主编 . —2 版 . —北京：中国金融出版社，2020.1
高职高专国际商务类"十三五"规划系列教材
ISBN 978 - 7 - 5220 - 0390 - 0

Ⅰ.①国…　Ⅱ.①戴…　Ⅲ.①国际运输—航空运输—货运代理—高等职业教育—教材　Ⅳ.①F561.4

中国版本图书馆 CIP 数据核字（2019）第 277608 号

国际航空货运代理实务（第二版）
GUOJI HANGKONG HUOYUN DAILI SHIWU（DI-ER BAN）

出版
发行　中国金融出版社

社址　北京市丰台区益泽路 2 号
市场开发部　（010）66024766，63805472，63439533（传真）
网 上 书 店　www. cfph. cn
　　　　　　　（010）66024766，63372837（传真）
读者服务部　（010）66070833，62568380
邮编　100071
经销　新华书店
印刷　北京七彩京通数码快印有限公司
尺寸　185 毫米×260 毫米
印张　16.75
字数　380 千
版次　2014 年 9 月第 1 版　2020 年 1 月第 2 版
印次　2025 年 1 月第 4 次印刷
定价　59.00 元
ISBN 978 - 7 - 5220 - 0390 - 0
如出现印装错误本社负责调换　联系电话（010）63263947

前　　言

中国货物贸易进出口高速增长，尤其是跨境贸易电子商务的迅猛发展，支持国际航空货运代理企业人才需求的规模增长、素质能力要求提高。

在国际货物运输代理企业中，国际航空货运代理从业人员的主要工作是从事揽货、订舱（四选：选航线、选运输方式、选承运人、选机型）、托运、仓储、货物监装监卸、缮制单证、报检、报关、交单交货、结算运杂费、信息跟踪服务、处理争议等国际航空货运代理业务过程的业务操作。国际航空货运代理从业人员的业务操作能力培养非常重要。

目前出版的有关国际航空货运代理业务操作的教材较少，已有的教材大多存在以下几个问题：（1）以知识体系为主，缺乏对工作岗位、工作任务、工作过程的关键描述；（2）理论知识太多，业务流程环节的实践操作内容较少；（3）教材内容缺少对工作环境、真实业务项目、案例、图表等方面的呈现；（4）教材内容缺乏与时俱进，如对国际航空快递新业务的介绍滞后；等等。本书作为浙江省国际商务系列重点教材，并获评为浙江省"十二五"规划优秀教材，主编结合浙江省优势专业建设项目和精品资源共享课程建设，并和具有多年国际航空货运代理从业经验的专家，共同对《国际航空货运代理实务》项目教材第一版进行修订，包括其中的失误之处，以及涉及行业和政策发生变化的部分。

本书在对国际航空货运代理从业人员岗位工作任务和职业能力分析的基础上，与航空货运代理专家组共同开发了职业标准，按照"以就业为导向、以能力为本位、以岗位需要和职业标准为依据"的原则，打破现有教材以知识体系为线索的传统编写模式，采用以航空货运代理工作过程为主线，创设业务环节学习情境，体现工学结合、任务驱动、项目教学的教材编写模式。该模式注重以学生为主体、以培养职业能力为核心目标，强调对国际航空货运代理业务各业务环节操作能力的训练，围绕完成工作任务的需要来选取理论知识，项目载体来源于企业真实业务，内容体现"课证岗融合"，教学过程体现"教中学、学中做"。

本教材内容基于国际航空货运代理业务工作流程编排，分为十个学习情境，即出口揽货操作、接托书与订舱操作、接货与运单制作、出口报检报关操作、出运与信息服务操作、国际航空货物运费核算、国际航空特种货物运输操作、航空货物进口运输代理业务操作、国际航空快递、不正常运输及索赔。每个学习情境都设置"学习目标、项目任务、操作示范、知识要点、能力实训"五部分内容，并提供每个学习情境的学习导图、业务环节关键点，有助于学习者明确学习任务重点。每个学习情境都依据学习目标设计典型工作项目、布置相应的工作任务、进行操作示范、提供主要知识点，最后提供了相应的能力实训项目。教师在教学时，可以引导学生以国际航空货运代理业务人员的职业身份尝试完成每个项目的工作任务，提升其国际航空货运代理业务操作能力。

本书紧贴国际航空货运代理业务实际，书中的图片、单证、案例均来源或仿照真实文件的外观样式，单证涉及的原交易当事人、交易内容等关键细节已经隐去，换以虚拟的公司名称、地址、交易内容等。所述内容如不慎与真实的公司、业务雷同，实属巧合，请多包容。

本书由浙江金融职业学院戴小红教授担任主编，韩斌老师进行项目载体设计，吕希老师参与了部分内容的修订。在此要特别感谢浙江汉德国际货运代理有限公司黄建英董事长，她以数十年现场实践操作与管理经验，对工作业务流程进行分解，指导确定本书的学习情境框架设计，并提供许多宝贵的图片、业务资料，对内容进行审核；其次要感谢中外运浙江公司海外部王骅总监，他以十多年的实务操作经验，对业务环节、单证操作进行指导，并提供真实的案例、项目载体资料；此外，感谢浙江兴力国际货运代理有限公司王薇董事长，她对本书结构、内容提供了宝贵意见。

本书在编写过程中，得到肖旭、吴爽、王晴岚、洪伟等老师的大量帮助，无限感激。

由于编者水平有限，如果书中出现疏漏、错误，真诚欢迎各界人士批评指正，以便再版时予以修正，使其日臻完善。

编者
2019 年 10 月

目　　录

导 论
DAOLUN

一、国际航空货运代理业务概述

国际航空货运代理业务包括航空货物出口运输代理业务和航空货物进口运输代理业务。

航空货物出口运输代理业务，是航空货运代理公司从发货人手中接到货物，并将货物交到航空公司发运至货物到达目的地的过程，主要包括以下业务：市场销售、接受出口委托、预订舱、接单与审单、送货进监管仓制作货运单、出口报检报关、交单与出运、费用结算、信息跟踪和交单交货等。

航空货物进口运输代理业务流程和出口作业流程大致相同，只是方向相反，一般要经过以下几个环节：委托办理接货手续—接单接货—货物驳运进仓—单据录入和分类—发到货通知或查询单—制报关单、预录入—检验、报关—送货或转运。

国际航空货物出口运输代理业务程序如图1所示。

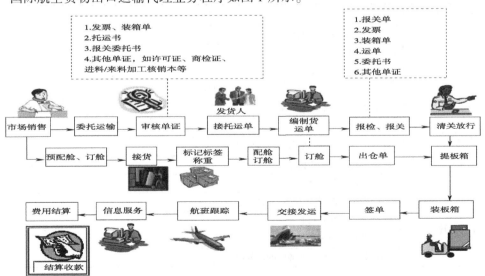

图1 国际航空货物出口运输代理一般流程图

二、国际航空货运代理从业人员职业标准

（一）职业概况

1. 职业名称

国际航空货运代理。

2. 职业定义

国际航空货运代理职业是在国际航空货物运输代理行业中，从事揽货、订舱、仓储、中转、集装箱装运、结算运杂费，代为客户报关、报检、保险等工作的人员。

3. 职业环境条件

室内、室外，常温。

4. 职业能力特征

（1）有一定的专业知识和相关知识的学习能力；

（2）有较强的代理操作能力；

（3）有较强的组织协调和应变能力；

（4）有一定的语言表达能力和沟通能力；

（5）有一定的货代英语的阅读、表达和书写能力；

（6）有一定的规划和经济核算能力；

（7）有信息技术和电子商务的运用能力与操作技能。

5. 适用对象

高等学校（含大学、大专、高职）学生。

注：与国际货运代理的相关专业主要有国际商务、国际货运与报关、国际货物运输和报关、国际贸易、商务外语、物流管理等。

（二）工作要求

1. "职业功能""工作内容"一览表

职业功能	工作内容
一、单证处理	（一）接单、审单、改单处理
	（二）缮制空运提单
	（三）制作整套货运单证
二、代理操作	（一）办理航空货运代理（包括集运）操作
	（二）办理空运装板装箱的配装
	（三）监装货物
	（四）办理转关货物的货运代理操作
	（五）办理报关报检操作
	（六）办理运费结算
三、商务处理	（一）办理客户服务（国内外协调）
	（二）办理市场营销业务
	（三）办理运价服务业务
	（四）处理货运代理业务中的商务纠纷

续表

职业功能	工作内容
四、管理与规划	（一）选择空运运输航线
	（二）单票业务核算与收益计算
	（三）结算航空运费
五、信息技术操作	（一）信息技术的应用
	（二）掌握网上营销方法
	（三）根据货运代理应用软件设计货运代理业务操作流程
	（四）掌握报关、货运代理软件模块中的操作技能

2. 工作要求

职业功能	工作内容	技能要求	专业知识要求
一、单证处理（12%）	（一）接单、审单、改单	1. 接受单据 2. 检查单据的完整性 3. 审查单证的正确性 4. 修改错误单据 5. 重新审核单据 6. 办理单证数据更改手续	1. 掌握国际贸易知识 2. 掌握空运知识 3. 掌握陆运知识
	（二）缮制空运单	1. 缮制空运单 2. 审核空运单	1. 掌握国际贸易知识 2. 掌握空运单知识
二、代理操作（45%）	（一）空运货运代理包括集运操作	1. 送交货物 2. 接受运单	1. 熟悉空运知识 2. 熟悉货运代理行业规定 3. 了解空运有关规定
	（二）空运集装板的配装	1. 选用合适的板、箱 2. 画出装箱示意图	1. 掌握板、箱知识 2. 了解货物装载方式
	（三）监装货物	1. 办理货物出入港区手续 2. 协调港区、地面公司事宜	1. 熟悉货物装载知识 2. 了解出入港区规定
	（四）漏装操作	1. 办理漏装货物手续 2. 办理漏装货物运输	1. 掌握报关基本知识 2. 熟悉漏装货运规定
	（五）报关报检操作	1. 办理报关操作 2. 办理报检操作	1. 掌握报关基本知识 2. 掌握报验基本知识
	（六）转关货物的货运代理操作	1. 办理转关货物手续 2. 办理货物转关	1. 掌握报关基本知识 2. 熟悉货物转关规定
	（七）退运货物货运代理操作	1. 办理退运货物手续 2. 办理货物退运	1. 掌握报关基本知识 2. 熟悉货物退运规定

续表

职业功能	工作内容	技能要求	专业知识要求
三、商务处理（15%）	（一）办理客户服务	1. 收集客户信息 2. 协调客户关系 3. 提供客户优质服务	1. 掌握客户服务知识 2. 了解客户心理知识
	（二）办理市场营销业务	1. 制定市场营销方法 2. 实施市场营销计划	1. 熟悉市场营销知识 2. 熟悉市场分析知识
	（三）办理运价服务业务	1. 查找运价表 2. 设计运价方案 3. 计算运价	1. 掌握航运知识 2. 掌握计算知识 3. 了解航线情况
四、管理规划（15%）	（一）选择航空运输航线	1. 能调阅运输航线表 2. 选择合理的运输航线	1. 熟悉经济地理的知识 2. 熟悉航线港口知识 3. 熟悉航线、航班和船期
	（二）单票业务运费核算	1. 能够计算单票业务成本 2. 能够分析出毛利	1. 熟悉货运代理知识 2. 掌握计算方法
	（三）结算航空运费	1. 能调阅航空运费表 2. 能选择合理的航线 3. 能结算航空运费	1. 熟悉航空的知识 2. 熟悉航空运费
五、信息技术操作（8%）	（一）信息技术的应用	1. 能检索网络信息 2. 能进行网上订舱操作 3. 航班和运价网上搜索	1. 熟悉电子商务基础知识 2. 熟悉航班和运价
	（二）掌握货运代理、报关软件的操作技能	1. 能够自如运行软件 2. 能够操作软件的报关、货运代理功能	1. 了解应用软件基础知识 2. 熟悉应用软件操作方法
相关基础知识（5%）	英语知识		

三、国际航空货运代理主要岗位核心知识点和技能点

模块	要求	内 容	
一、国际航空货物运输基础知识	基本要求	1. 了解 ICAO 组织、飞机的装载限制 2. 熟悉航空运输地理 3. 掌握国际航空运输协会（IATA）有关知识、航空货运的特点、航空集中托运、时差计算、民用航空运输飞机的分类、集装器的相关知识、航空手册、有关航空货运的代码	
	考试内容	1. 国际航空货物运输组织有关知识 2. 航空集中托运 （1）航空货运的特点 （2）航空集中托运的概念、服务过程 （3）航空集中托运的文件、货物 （4）直接运输与集中托运货物的区别 3. 航空运输地理和时差计算 （1）TC1 的四个次区 （2）TC2 的三个次区 （3）TC3 的四个次区 （4）标准时区和区时 （5）法定时区和法定时 （6）飞行时间的计算 4. 民用航空运输飞机及分类 5. 集装器简介	（1）集装运输的特点、种类、组成 （2）集装货物的基本原则 （3）各类飞机装载集装器的数据 （4）常用集装器 6. 国际航空货运手册 （1）TACT 的主要部分 （2）OAG 7. 有关航空货运的代码 （1）常见的国际代码 （2）常见的城市代码 （3）常见的机场代码 （4）常见的航空公司代码 （5）常见的航空货运操作代码 （6）常见的危险品代码 （7）常见的缩写代码
二、国际航空货物运输业务流程	基本要求	1. 熟悉航空公司出港货物的操作程序、航空公司进港货物的操作程序 2. 掌握航空货物出口运输代理业务程序、航空货物进口运输代理业务程序	
	考试内容	1. 航空货物出口运输代理业务程序 （1）航空货物出口运输代理业务程序 （2）航空托运单的内容及填写 （3）审核单证 （4）对货物包装材料的要求 （5）货物的包装标记和标签 （6）费用结算 2. 航空公司出港货物的操作程序	（1）航空公司出港货物的操作程序 （2）航空公司出港货物操作程序流程图 3. 航空公司进港货物的操作程序 （1）航空公司出港货物的操作程序 （2）航空公司进港货物操作程序流程图 4. 航空货物进口运输代理业务程序 （1）航空货物进口运输代理业务程序 （2）航空货物进口运输代理业务程序中相关事宜
三、包舱包板运输	基本要求	1. 熟悉包舱包板的意义 2. 掌握包舱包板运输的基本概念	
	考试内容	1. 包舱运输 （1）包舱运输概念 （2）包舱注意事项 2. 包板运输 （1）包板运输的概念	（2）包板注意的事项 3. 包舱包板的意义与问题 （1）包舱包板的意义 （2）包舱包板存在的问题

续表

模块	要求	内　　容
四、特种货物运输	基本要求	1. 了解其他特种货物的收运 2. 掌握鲜活易腐货物、活体动物、危险物品三种货物的收运
	考试内容	1. 鲜活易腐货物 （1）鲜活易腐货物定义、收运条件 （2）鲜活易腐货物运输 （3）鲜活易腐品在处理中的要求 （4）运输不正常的处理 2. 活体动物 （1）活体动物收运的一般规定 （2）活体动物收运的基本条件 （3）活体动物收运包装、文件、仓储和运输 （4）对活体动物运输的包装要求 3. 危险物品 （1）危险物品定义 （2）危险物品分类 （3）常见的隐含危险物品的物质 （4）危险物品包装等级 （5）危险物品手册、文件 （6）危险物品运输
五、国际航空快递货物运输	基本要求	1. 了解快递公司运作实例 2. 熟悉快递的作用 3. 掌握国际航空快递货物运输的分类、特点
	考试内容	1. 国际航空快递货物运输的概述 （1）航空快递的概念 （2）世界六大快递公司 2. 快递运输方式的分类 （1）国际快递 （2）国内快递 （3）同城快递 3. 快递的特点和作用 （1）快递的特点 （2）快递的作用
六、航空运价与运费	基本要求	1. 了解航空运价的基础知识 2. 熟悉等级货物运价、混运货物运价 3. 掌握运费计算的基本方法、运价的种类、公布运价简介、普货运家、指定商品运价（简单计算）、其他费用
	考试内容	1. 货物运费计算中的基本方法 （1）运价种类、计算体积和计费重量 （2）最低运费 （3）运价、运费的货币进整 2. 普通货物运价概念 （1）普通货物运价概念 （2）普通货物运费计算 3. 指定商品运价 （1）指定商品运价基本概念 （2）从中国始发的常用指定商品代码 （3）指定商品运费计算 4. 等级货物运价 （1）等级货物运价基本概念 （2）等级货物运价使用规则 （3）活体动物运费计算 （4）贵重货物运费计算 （5）书报、杂志运费计算 （6）行李运费计算 5. 混运货物运价 （1）混运货物运价基本概念 （2）混运货物中不得包括的物品 （3）混运货物运费计算 6. 国际货物运输的其他费用 （1）货运单费 （2）垫付款和垫付费 （3）危险品处理费 （4）运费到付货物手续费

续表

模块	要求	内 容	
七、航空货运单	基本要求	1. 掌握航空货运单的基本知识、印刷条款 2. 学会航空货运单的填开	
	考试内容	1. 概述 （1）航空货运单基本概念 （2）航空货运单的构成、用途 （3）航空货运单填开责任 （4）航空货运单的限制号码	2. 航空货运单的印刷条款 3. 航空货运单的填制 （1）填制货运单的要求 （2）货运单各项栏目的填写
八、国际航空公约	基本要求	1. 了解航空法的特点 2. 熟悉航空法的概念 3. 掌握华沙体制，主要包括三个航空法公约、航空货物运输合同，能够学会应用华沙体制解决实际问题	
	考试内容	1. 航空法的基本概念 （1）航空法的概念及国际性 （2）华沙公约 （3）海牙议定书 （4）蒙特利尔第四号议定书	2. 航空货物运输和合同 （1）航空货物运输合同概念 （2）航空货物运输合同特征 3. 华沙体制在航空货运中的应用
九、不正常运输及索赔	基本要求	1. 了解货物的不正常运输 2. 熟悉货物的变更运输 3. 掌握索赔的基础知识、代理人的防范风险	
	考试内容	1. 变更运输 （1）变更运输的概念、范围及处理方式 （2）运费更改通知单 2. 索赔的基础知识 （1）索赔的含义、法律依据、索赔人、地点和时限	（2）索赔所需的文件 （3）赔偿规定 （4）理赔程序 （5）代理人的风险防范

学习情境一

出口揽货操作
CHUKOU LANHUO CAOZUO

一、学习目标

能力目标

- 能缮制国际航空"货物托运单"
- 能有效开展空运市场调研
- 能有针对性地拓展客户资源

知识目标

- 了解国际航空货运代理基础知识
- 熟悉航空货运代理出口揽货业务流程
- 熟悉航空公司优势、国际航线和航班
- 熟悉各航空公司运价

【学习导图】

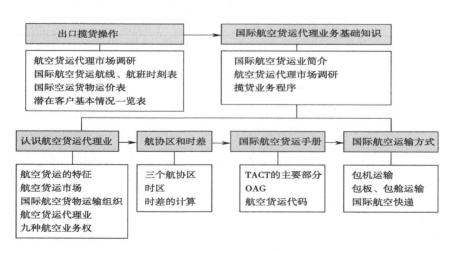

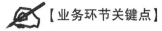【业务环节关键点】

市场销售

新客户开发
老客户维护
揽到业务

对于长期出口或出口
货量大的单位，货代
公司一般都与之签订
有长期的代理协议

国际货
物托运
书

货运代理公司

出口单位（发货人）

二、项目任务

【项目背景】

捷顺达国际货运代理有限公司（以下简称公司）始创于 2006 年 9 月，注册资本 1000 万元，现有员工 200 余人。公司主营国际海运、空运、国际快件和供应链管理方案解决及实施。公司系"浙江省国际货代物流协会常务理事单位"，拥有由商务部核准颁发的国际一级货运代理经营资格证书、国家邮政局颁发的"国际快递经营资质"、中国航运运输协会颁发的"一类货运销售代理资质"及道路运输经营许可证书等资质证书。公司空运事业部以杭州、上海机场为主要进出口基地，与多家国际、国内航空公司保持合作关系，为客户提供订舱、报关、门到门、目的地清关、保险、目的地代收货款及运费等服务。公司组织结构如图 1-1 所示。

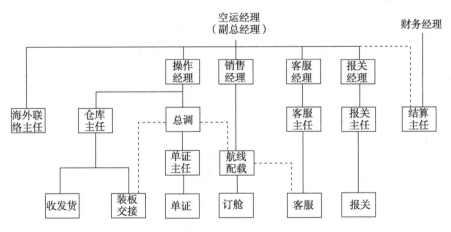

注：----- 虚线为业务领导关系（不包括管理职能）。

图 1-1 航空货运代理公司组织结构图

2013 年 6 月，公司因业务拓展需要招聘了一名新员工杨丹，拟在操作、揽货、客服等工作岗位培养其工作适应能力。作为公司新员工，杨丹进行航空货代市场调研，拓展客户资源，承揽货运代理业务。她的工作任务如下：

【任务一】 掌握航空货运市场调查的主要内容

【任务二】 缮制一份区域内经营国际航线的航空公司明细表

【任务三】 缮制一份区域内国际航班时刻表

【任务四】 缮制一份国际空运货物运价表

【任务五】 开发客户，缮制一份潜在客户基本情况一览表

三、操作示范

任务一 掌握航空货运市场调查的主要内容

第一步，杨丹通过查询和向老业务员学习，拟定航空运输市场航空客货调查的主要内容：

（1）本地区的政治、经济情况和发展的远景；

（2）主要外贸企业、单位等对航空运输的需求；

（3）区域内外的国际机场、国际航线、国际航班；

（4）区域内国际航空公司经营优势与航空运价；

（5）区域内国际货运代理公司现状与发展趋势。

第二步，杨丹通过登录浙江省商务厅、浙江省统计局官网，向老业务员请教，并通过实地走访调研的方式，重点调查浙江省适合空运的特色出口产业集聚区的发展情况。

任务二 缮制一份区域内经营国际航线的航空公司明细表

为熟悉区域内经营国际航线的航空公司，杨丹通过网络查询，向老业务员、航空公司代理查询，了解进驻和经停杭州萧山国际机场、经营国际航线的航空公司。制成杭州区域内营运国际航线的主要航空公司明细表。

表1-1　　　　　　　　杭州市经营国际航线的航空公司明细表

	中国国际航空公司 代码：CA 联系电话：400-8100-999（全国客服热线） 　　　　　+86 571-8666 3737 网址：http://www.airchina.com.cn	中国南方航空公司 代码：CZ 联系电话：95539（全国客服热线） 　　　　　+86 571-8666 0215 网址：http://www.cs-air.com/cn
	中国东方航空公司 代码：MU 联系电话：95530（全国客服热线） 　　　　　+86 571-8666 0186 网址：http://www.ce-air.com	厦门航空公司 代码：MF 联系电话：95557（全国客服热线） 　　　　　+86 571-8509 8888 网址：http://www.xiamenair.com.cn
	港龙航空公司 代码：KA 联系电话：+86 571-8666 0135 网址：http://www.dragonair.com	韩亚航空公司 代码：OZ 联系电话：+86 571-8666 5942 网址：http://www.asiana.co.kr
	全日空航空公司 代码：NH 联系电话：+86 571-8666 5966 网址：http://www.ana.co.jp	澳门航空公司 代码：NX 联系电话：+86 571-8586 0401 / 8666 5510 网址：http://www.airmacau.com.mo

续表

香港快运公司 代码：UO 联系电话：+86 571 - 8704 5600 网址：http：//www. hongkongexpress. com	香港航空公司 代码：HX 联系电话：+86 571 - 8704 5600 网址：http：//www. hongkongexpress. com
亚洲航空公司 代码：D7 联系电话：+86 571 - 8666 0696 网址：http：//www. airasia. com/site/cn	长荣航空公司 代码：BR 联系电话：4008 865 889 网址：http：//www. evaair. com
荷兰皇家航空公司 代码：KL 联系电话：4008 808 222（全国客服热线） 网址：http：// www. klm. com. cn	埃塞俄比亚航空公司 代码：ET 联系电话：4001 589 689（全国客服热线） 网址：http：//www. ethiopianairlines. com
卡塔尔航空公司 代码：QR 联系电话：+86 21 - 2320 7555 网址：http：//www. qatarairways. com	……

任务三　缮制一份区域内国际航班时刻表

杨丹向老业务员请教，通过在线咨询航空公司销售代理和上网查找，了解国际航线、航空公司、国际航班号、频次、起飞与到达时间、机型等基本信息，制作 G 航空公司杭州萧山国际机场的国际航班时刻表。制作时，杨丹了解到以下操作需注意的事项：（1）航空公司和到达站分别填写名称和代码，可输入"航空公司代码"和"机场代码"。（2）班期是指星期几。（3）备注栏填写转机地点机场代码和中转次数航班号。若在北京转机，则填"VIA PEK"，"PEK"是首都国际机场的代码。

表 1 - 2　　　　杭州各航空公司始发国际国内航班时刻表（2013 - 08 - 01）

航空公司名称	航班号	目的地	频次	起飞时间	到达时间	机型	备注
澳门航空	NX121	澳门	DAILY	9：00	11：15	A321	
	NX125	澳门	DAILY	15：20	18：00		
国航	CA139	首尔	DAILY	9：00	12：05	A319	
	CA149	台北	DAILY	9：30	11：20	320 或 319	
亚航	D70303	吉隆坡	1 3 5	14：10	19：10	A333	
	D70307	吉隆坡	4 6 7	23：20	04：20 +1	A333	
	AK 1575	亚庇 （沙巴）	DAILY	21：05	01：05 +1	A320	8.1 日首航 807 运单
埃航 071	ET689	DEL/ADD	12467	20：40	02：00 +1/ 07：10 +1	B763/B737	
港龙 043	KA623	香港	DAILY	8：00	10：15	A330	
	KA627	香港	DAILY	11：15	13：30	A321	
	KA621	香港	DAILY	15：35	17：50	A330 / A321	
	KA637	香港	DAILY	19：10	21：25	A320	

航空公司名称	航班号	目的地	频次	起飞时间	到达时间	机型	备注
厦航 731	MF897	澳门	DAILY	8：45	10：55	B738	
	MF865	新加坡	DAILY	8：10	14：45	B738	经停福州
	MF885	台北	5	9：30	11：00	B738	
韩亚 988	OZ360	首尔	DAILY	14：50	18：00	B767/A330	
	OZ330	釜山	2 6	17：30	20：30	A321	
全日空 205	NH930	东京	DAILY	13：40	17：50	B737	
	NH952	大阪	DAILY	16：25	19：50	B737	
港联 128	HX129	香港	DALIY	7：35	10：15	A330	航班出发时间不稳定
	HX127			15：15	17：20	A320	
海航 880	HU7156	北京	DAILY	8：30	10：40	B738	一周有 2～3 天有宽体
	HU7278			12：20	14：35	A330/76A/73N	
	HU7178			20：45	22：55	A330/76A/73N	
长荣 695	BR757	台北	1 3 5 7	19：30	21：25	A332/74W/77W	
			2 4 6	21：20	23：15	74E/74W	
	BR267	高雄	3 6	21：00	23：25	MD90	
华航 297	AE996	高雄	1 3 5	10：52	13：01	B767	
荷航 074	KL882	AMS	2 4 7	13：35	19：10	B777	

任务四 缮制一份国际空运货物运价表

杨丹作为公司业务员，通过登录锦程物流网（http://www.jctrans.com）、G 航空公司和本公司签订的运价协议，制作表 1-3，有效期至 2014 年 3 月 1 日，人民币报价。

表 1-3　　　G 航空公司货航杭州萧山国际机场国内转国际联程货物销售运价

（北京中转）　　　　　　　　HGH/WNZ2013-R001（I）

直达点	普通货物				鲜活易腐货物				危险品			
	+100kg	+300kg	+500kg	+1000kg	+100kg	+300kg	+500kg	+1000kg	+100kg	+300kg	+500kg	+1000kg
美洲												
JFK	13.50	13.00	12.50	12.00	15.00	—	—	—	18.50	18.00	17.50	17.00
ORD	17.50	17.00	16.50	13.00	16.00	—	—	—	19.50	19.00	18.50	18.00
LAX	9.50	9.00	8.50	8.00	11.00	—	—	—	14.50	14.00	13.50	13.00
SFO	8.50	8.00	7.50	7.00	10.00	—	—	—	13.50	13.00	12.50	12.00
YVR	6.50	6.00	5.50	5.00	8.00	—	—	—	11.50	11.00	10.50	10.00
欧洲												
FRA	9.50	9.00	8.50	8.00	11.00	—	—	—	14.50	14.00	13.50	13.00

续表

直达点	普通货物				鲜活易腐货物				危险品			
	+100kg	+300kg	+500kg	+1000kg	+100kg	+300kg	+500kg	+1000kg	+100kg	+300kg	+500kg	+1000kg
DUS	7.50	7.00	6.50	6.00	9.00				12.50	12.00	11.50	11.00
CDG	7.50	7.00	6.50	6.00	9.00	—	—	—	12.50	12.00	11.50	11.00
FCO	4.50	4.00	3.50	3.00	6.00	—	—	—	9.50	9.00	8.50	8.00
LHR	10.50	10.00	9.50	9.00	12.00	—	—	—	15.50	15.00	14.50	14.00
LGW	4.50	4.00	3.50	3.00	6.00				9.50	9.00	8.50	8.00
CPH	8.50	8.00	7.50	7.00	10.00	—	—	—	13.50	13.00	12.50	12.00
ARN	8.50	8.00	7.50	7.00	10.00	—	—	—	13.50	13.00	12.50	12.00
MAD	16.50	16.00	15.50	15.00	18.00	—	—	—	21.50	21.00	20.50	20.00
SVO	16.50	16.00	15.50	15.00	18.00	—	—	—	21.50	21.00	20.50	20.00
MUC	7.50	7.00	6.50	6.00	9.00	—	—	—	12.50	12.00	11.50	11.00
MXP	10.50	10.00	9.50	9.00	12.00	—	—	—	15.50	15.00	14.50	14.00
ATH	16.50	16.00	15.50	15.00	18.00	—	—	—	21.50	21.00	20.50	20.00
GRU	31.50	31.00	30.50	30.00	33.00				36.50	36.00	35.50	35.00
日韩												
KIX（货机）	6.50	6.00	5.50	5.00	8.00	—	—	—	10.50	10.00	9.50	9.00
KIX（客机）	6.50	6.00	5.50	5.00	8.00	—	—	—	10.50	10.00	9.50	9.00
NRT	5.50	5.00	4.50	4.00	7.00	—	—	—	9.50	9.00	8.50	8.00
HND	5.50	5.00	4.50	4.00	7.00	—	—	—	9.50	9.00	8.50	8.00
FUK	6.50	6.00	5.50	5.00	8.00	—	—	—	10.50	10.00	9.50	9.00
NGO	6.50	6.00	5.50	5.00	8.00	—	—	—	10.50	10.00	9.50	9.00
SDJ	6.50	6.00	5.50	5.00	8.00	—	—	—	10.50	10.00	9.50	9.00
HIJ	7.50	7.00	6.50	6.00	9.00	—	—	—	11.50	11.00	10.50	10.00
SEL	4.50	4.00	3.50	3.00	6.00	—	—	—	8.50	8.00	7.50	7.00
PUS	4.50	4.00	3.50	3.00	6.00	—	—	—	8.50	8.00	7.50	7.00
亚太及其他地区												
HKG	6.50	6.00	5.50	5.00	8.00	—	—	—	10.50	10.00	9.50	9.00
TPE	4.50	4.00	3.50	3.00	6.00	—	—	—	8.50	8.00	7.50	7.00
SIN	6.50	6.00	5.50	5.00	8.00	—	—	—	10.50	10.00	9.50	9.00
BKK	5.50	5.00	4.50	4.00	7.00	—	—	—	9.50	9.00	8.50	8.00
RGN	7.50	7.00	6.50	6.00	9.00	—	—	—	11.50	11.00	10.50	10.00
DEL	6.50	6.00	5.50	5.00	8.00	—	—	—	10.50	10.00	9.50	9.00
DXB	7.50	7.00	6.50	6.00	9.00	—	—	—	11.50	11.00	10.50	10.00
KHI	7.50	7.00	6.50	6.00	9.00	—	—	—	11.50	11.00	10.50	10.00
ULN	TACT				TACT							

续表

直达点	普通货物				鲜活易腐货物				危险品			
	+100kg	+300kg	+500kg	+1000kg	+100kg	+300kg	+500kg	+1000kg	+100kg	+300kg	+500kg	+1000kg
FNJ	7.50	7.00	6.50	6.00	9.00	—	—	—	11.50	11.00	10.50	10.00
SYD	13.50	13.00	12.50	12.00	15.00	—	—	—	17.50	17.00	16.50	16.00
MEL	15.50	15.00	14.50	14.00	17.00	—	—	—	19.50	19.00	18.50	18.00

G 航空公司货航杭州市始发国际直达销售运价

HGH/WNZ2013 - R001 （I）

直达点	普通货物					XPQ			XPS		
	M	N	+45kg	+100kg	+300kg	M/N	+45kg	+100kg	M/N	+45kg	+100kg
SEL	TACT 运价的 95%		4.00	1.0	—	TACT 运价的 120%	5.5	3.5	TACT 运价的 140%	7.0	5.0
TPE			2.20	0.7	—		3.0	1.5		4.0	3.0

直达点	鲜活易腐货物						使用条件	
	M	N	+45kg	+100kg	+300kg	+500kg	+1000kg	销售区域	浙江
TPE			3.0	1.5	—	—	—	适用代理 有效期	浙江地区国际代理及 大客户 2013 年 1 月 1 日 至另行通知日
SEL	TACT 运价的 95%		7.0	5.0	—	—	—		
TPE			4.0	3.0	—	—	—		

产品类别

名称	货物结算代码	说明
普通货物	GEN	除指定代码之外的普通货物，无优先运输和特殊服务要求。
鲜活易腐货物	PEX	指易于变质、腐烂、死亡或需低温保存的鲜花、肉类、水果或蔬菜、鲜鱼或海产品、药品、种蛋、食品、猎获物。
		毛皮、皮革以及由濒危物种国际贸易公约中（CITES）列明的物种为原料制成的或含有物种部分组织的所有产品。
危险品	DGR	IATA 定义的各类危险品。
	DGR（CAO）	IATA 定义的各类仅限货机的危险品。
其他特种货物	AVI、VAL、HAM、ASH、DIP、LHO、MED、CAT	在运输过程中需特殊操作和照料的活体动物、贵重物品、灵柩、骨灰、外交信袋、人体活器官或血液、急救药品、押运货物等。
公布价普货	PUR	Q45 以上各重量等级分别执行 TACT 运价的普货。
快运	XPS	快速运输的普通货物，如未按指定航班出运承诺赔偿运费。详情请参照《快运产品操作说明》。
	XPQ	快速运输的普通货物，不承诺赔偿运费。详情请参照《快运产品操作说明》。

说明：

价格说明	1. 此价格为结算净价，不含其他费用；单位：元或元/千克（人民币）。 2. "其他特种货物"应执行 TACT 的定价标准。 3. 燃油附加费 MYC、安全附加费 SCC、危险品处理费 RAC、危险品转运费 REC、分舱单录入费 CCC、运单费 AWC 等其他费用参照国货航当期有效的文件执行。 4. 非直达点价格在直达点价格基础上加收卡车费用，具体参照国货航当期公布的中转产品表执行。 5. 结算参照货邮舱单，以实际承运日期为准。
操作说明	1. 订舱时应在订舱申请单和系统中准确注明特种货物代码及操作代码，详情请参阅《特种货物代码使用规范》。 2. 填开运单时须在"储运注意事项"栏内准确填写特种货物代码及操作代码。 3. 填开运单时须在"结算注意事项"栏内准确填写货物结算代码，仅限货机的危险品应填写"DGR（CAO）"。
其他说明	1. 无论因何原因违反国际货运规则的有关规定，将不再享受优惠运价，按 TACT 公布运价计收运费。 2. 凡错误使用较低运价者，一经查出按照应付运费的 10 倍进行处罚。 3. HGH/WNZ/NGB2012－R001（Ⅰ）（Ⅰ）自本价格下发使用日起作废。

任务五　**开发客户，缮制一份潜在客户基本情况一览表**

杨丹在基本熟悉浙江某区域适运航空货运的外贸企业情况后，向公司老员工、业务经理请教了开发客户的方法技巧、注意事项。她通过网络搜索、电话营销、登门拜访和参加展销会等方式寻找和开发客户。

第一步，杨丹调研了公司所在地区域中小微外贸公司的分布情况，计划每个月拜访至少三家中小微型进出口公司，并将所拜访公司的情况录入公司的客户管理系统。

表 1－4　　　　　　　　　　　　　潜在客户信息表

序号	公司名称	公司地址	联系人	电话、电子邮箱

第二步，分析公司基本情况，编制下一步将重点拜访的公司名录。

表 1－5　　　　　　　　　　　　潜在重点客户基本情况一览表

序号	公司名称	主营产品	主要出口国	公司性质	是否有过合作

四、知识要点

（一）航空货运代理业基础知识

1. 航空运输简介

（1）航空运输（Air Transportation）。航空运输是使用飞机、直升机及其他航空器通过空中航线运送人员、货物、邮件的一种现代化运输方式，具有快速、机动的特点。

航空运输按性质可分为国内航空运输和国际航空运输两大类。根据我国《民用航空法》第一百零七条定义，国内航空运输是指根据当事人订立的航空运输合同，运输的出发地点、约定的经停地点和目的地点均在中华人民共和国境内的运输。国际航空运输是指根据当事人订立的航空运输合同，无论运输有无间断或者有无转运，运输的出发地点、约定的经停地点和目的地点之一不在中华人民共和国境内的运输。在没有相反证明时，在客票、行李票等运输凭证上注明的关于"出发地点""目的地点"和"约定的经停地点"的内容即为确定该次航空运输的"出发地点""目的地点"和"约定的经停地点"的依据。

（2）航空运输的特征。全球运输体系主要可分为航空运输、水上运输和陆路运输。陆路运输又可以分为公路运输与铁路运输。同其他运输方式相比，航空运输具有鲜明的特征。

表 1-6　　　　　　　　　　　各种运输方式的特点

运输方式	优　点	缺　点
海运	1. 运量大 2. 运输成本低 3. 环境保护效益较佳	1. 运输季节弹性小 2. 无法深入内陆 3. 速度太慢
空运	1. 速度快 2. 安全性能高 3. 可直达内陆	1. 运量不大 2. 运输成本高 3. 季节性运输弹性小 4. 易受天气影响 5. 政治敏感度高 6. 高度依赖航空支持系统 7. 对货物选择性高 8. 环境保护效益不好
铁路运输	1. 运输量大 2. 长途运输成本递减	1. 基本建设成本太高 2. 运输机动性低
公路运输	1. 运输机动性高 2. 基本建设成本较低	1. 运量小 2. 长途运输成本递增

图1－2　航空货物运输操作简单流程

航空货运适于运输的商品主要有：易腐烂、变质的鲜活商品，时效性、季节性强的报刊、节令性商品，抢险、救急品，贵重物品、精密仪器，要求对市场瞬息万变的行情即刻做出反应的适销产品。

2. 航空货运市场

（1）国际航空货运市场。空运承运的货运量比例虽然很低，但货物价值却占到国际贸易额的35%左右，航空货运量逐年递增。当前，世界航空货运的主要目的市场依然为亚太、欧美市场，从地区间看，亚太至北美、亚太至欧洲和欧洲至北美是最大的三个航空货运区域，共占全球市场份额近90%。在国际航线市场中，2011年亚太地区占42.4%的航空货运市场份额，其次是北美、欧洲、中东、南美与非洲地区。

国际航空货运的发展趋势。从全球来看，大力发展民航业已经成为各国和地区战略的重要组成部分，全球性航空战略联盟占据全球航空客运市场70%以上份额的主体地位，世界按销售收入排名前20位的航空公司都是星空联盟（Star Alliance）、寰宇一家联盟（Oneworld）、天合联盟（Sky Team）三大航空联盟的成员；枢纽辐射式航线结构成为运营的主导模式，国际航空枢纽成为航空客运快速中转、集散中心和综合物流节点，如中国的上海浦东机场、香港机场、北京首都机场、广州白云机场等；新加坡樟宜机场，韩国仁川机场，日本成田机场，泰国曼谷机场；高科技引领民用航空迅速发展。

（2）国内航空货运市场。

①我国民航已形成三级政府管理体系。中华人民共和国成立以后，1949年11月2日成立主管民用航空事业的中国民用航空局。中国民用航空局现下设华北、华东、中南、西南、西北、东北和新疆7个民航地区管理局。7个民航地区管理局下辖34个省（区、市）民航安全监督管理局。民航公安局下辖7个民航地区管理公安局和112个机场公安局。民航局空中交通管理局下辖7个地区空管局，地区下辖37个空管分局和空管站。

②市场规模持续扩张①。

——货邮运输量。自改革开放以来，随着中国经济与世界的逐步接轨，枢纽机场更深入地融入国内、国际物流运输网络中，中国的航空货邮市场发展迅猛，由1980年的8.9万吨增长到2012年的545万吨，年均增速超过13.7%。中国成为全球增长最快、最重要的民航市场之一。

——年货邮吞吐量万吨以上的机场数量。2010年，上海浦东机场完成货邮吞吐量322.8万吨，位列世界第三。

---

① 中国民用航空局：《2010年民航行业发展统计公报》。

表 1－7　　　　　　　2010 年货邮吞吐量万吨以上的机场数量

年货邮吞吐量	机场数量（个）	比上年增加（个）	吞吐量占全国比例（%）
10000 吨以上	47	2	98.8

③基础设施与航线网络不断完善。

——机场服务能力。截至 2010 年底，我国共有颁证运输机场 175 个，比上年增加 9 个，并全部开通定期航班。

表 1－8　　　　　　　2010 年各地区运输机场数量

地区	运输机场数量（个）	占全国比例（%）
全国	175	100
其中：东北地区	19	11
东部地区	46	26
西部地区	85	49
中部地区	25	14

——航线网络。截至 2010 年底，我国共有定期航班航线 1880 条，其中国际航线 302 条，按重复距离计算的航线里程为 126.6 万公里，按不重复距离计算的航线里程为 107.0 万公里。"十一五"期间定期航班航线增加 623 条，年均增长 8.4%。

表 1－9　　　　　　"十一五"期间我国民航航线变化情况

指标	数量	"十一五"期间增加	年均增幅（%）
航线条数（条）	1880	623	8.4
国内航线	1578	554	9.0
其中：港澳台航线	85	42	14.6
国际航线	302	69	5.3
按重复距离计算的航线里程（万公里）	398.1	125.6	7.9
国内航线	271.4	109.1	10.8
其中：港澳台航线	12.4	6.1	14.4
国际航线	126.6	16.5	2.8
按不重复距离计算的航线里程（万公里）	276.5	76.7	6.7
国内航线	169.5	55.2	8.2
其中：港澳台航线	12.1	6.0	14.7
国际航线	107.0	21.4	4.6

截至 2010 年底，定期航班国内通航城市 172 个（不含香港、澳门、台湾），定期航班通航香港的内地城市 43 个，通航澳门的内地城市 5 个，通航台湾地区的大陆城市 32 个。国内航空公司的国际定期航班通航国家 54 个，通航城市 110 个。

表 1－10　　　　　"十一五"期间定期航班通航点的变化情况　　　　　单位：个

指标	2010 年	2005 年	年均约增加	年均增幅（%）
国内通航城市（不含港澳台）	172	133	8	5.3
国际航班通航国家	54	33	4	10.4
国际航班通航的国外城市	110	75	7	8.0

　　——运输机队。截至 2010 年底，民航全行业运输飞机期末在册架数 1597 架，比上年增加 180 架。当前国内有飞机的航空公司都会或多或少地涉及航空货运业务，其中以东航、国航、南航和海航为代表，它们旗下都有独立运作的航空货运公司或部门。

　　截至 2013 年 1 月 20 日，国内拥有货机的航空公司 12 家，拥有货机总量 100 架左右。

表 1-11　　　　　　　　　　　国内航空公司拥有货机的数量情况　　　　　　　　　　单位：架

数量排名	航空公司	货机类型	数量	合计
1	中货航	A300 - 600RF	3	19
		B747 - 400F	3	
		B747 - 400ERF	2	
		B757 - 200SF	2	
		B777 - 200F	6	
		MD11F	3	
2	扬子江快运	B737 - 300QC/F	14	18
		B747 - 400F	3	
		A330 - 200F	1	
3	邮政航空	B737 - 300F	10	17
		B737 - 400F	7	
4	国货航	B747 - 400F	11	11
5	顺丰航空	B757 - 200F	7	11
		B737 - 300F	2	
		B737 - 400F	2	
6	南航货运	B747 - 400F	2	8
		B777 - 200F	6	
7	东海航空	B737 - 300F	7	7
8	翡翠航空	B747 - 400ERF	3	3
9	友和道通	B747 - 200F	3	3
10	长龙航空	B737 - 300F	2	2
11	银河航空	B747 - 400F	1	1
12	奥凯航空	B737 - 300F	1	1
货机营运类型	传统货航（典型航空承运人，以普货运输为主）；传统货航与类飞机租赁公司结合体；快递航空（主运快件产品）；已破产待清算传统货航；类飞机租赁公司，服务国内外快递型航空企业。			

　　资料来源：刘海明. 中国航空货运市场格局、机遇与挑战 [EB/OL]. 民航资源网，[2013 - 06 - 05]. http://news. carnoc. com//list/253/253401. html.

④集团化、多元化竞争格局业已形成。在公共航空领域，初步形成了国航、南航、东航三大国有控股航空集团，众多地方性航空公司、中外合资航空公司、民营航空公司等多元化主体参与的竞争格局。截至 2010 年底，我国共有运输航空公司 43 家，按不同类别划分：国有控股公司 35 家，民营和民营控股公司 8 家，全货运航空公司 11 家，中外合资航空公司 16 家，上市公司 5 家。

⑤积极有序地开放国际航权，民航发展空间不断扩大。截至 2010 年底，我国与其他国家或地区签订双边航空运输协定 112 个，比"十五"期末增加 13 个。其中，亚洲 36 个国家，非洲 24 个国家，欧洲 40 个国家，美洲 8 个国家，大洋洲 4 个国家。

我国航空公司在国际货运市场的份额有待不断扩大，国际性枢纽有待加强，国际航线网络有待不断拓展。目前有十多家外国航空公司大型货机飞往中国：美国联邦快递、德国汉莎、法航、新加坡、美西北、英航、荷兰、卢森堡、美国联合包裹航空公司、意大利等。根据 2012 年《国务院关于促进民航业发展的若干意见》要求，到 2020 年，我国民航业"年运输总周转量达到 1700 亿吨公里，年均增长 12.2%"。中国的航空货运业发展前景广阔。

（二）国际航空货物运输组织

1. 国际民用航空组织

国际民用航空组织（International Civil Aviation Organization, ICAO）是各个政府组成的国际航空运输组织，是联合国系统中负责处理国际民航事务的专门机构。1944 年 12 月 7 日，52 个国家在芝加哥签订了《国际民用航空公约》（通称《芝加哥公约》），按照公约规定成立了临时国际民航组织（PICAO）。1947 年 5 月 13 日，国际民航组织正式成为联合国的一个专门机构，截至 2007 年底已有 190 个会员国，

总部设在加拿大蒙特利尔。国际民航组织由大会、理事会和秘书处三级框架组成，最高权力机构每三年举行一次大会，理事会是向大会负责的常设机构，由大会选出的 36 个会员国的代表组成，我国 1974 年恢复参加国际民航组织的主要活动，是理事国之一。理事会下设航行、航空运输、联合供应空中航行设施、财务委员会。国际民用航空组织主要制定民用航空的国际标准和规章，制定并刷新关于航行的国际技术标准和建议措施，鼓励使用安全措施、统一业务规章和简化国际边界手续。

2. 国际航空运输协会

国际航空运输协会（International Air Transport Association, IATA）是各国航空运输企业的联合组织，会员必须是持有国际民用航空的成员国颁发的定期航班运输许可证的航空公司。其前身是国际航空业务协会（International Air Traffic Association），1944 年 4 月，各国航空公司在哈瓦纳审议了协会章程，58 家航空公司签署了文件。1945 年 12 月 8 日，加拿大议会通过特别法令，同意给予法人地位。协会总部

设在蒙特利尔，执行总部设在日内瓦，同时在日内瓦还设有清算所，为各会员之间以及会员与非会员之间统一财务上的结算。协会在全球有七个地区办事处。目前，中国有 23 家 IATA 会员航空公司。

航协特设一个专门机构——民航培训与发展学院，专门提供航空公司、机场、货运和旅游培训，其中包括课堂教学和在世界各地授权的培训中心教学两种方式。其中适应航空货运代理人的课程主要是国际航协（IATA）与国际货运代理协会联合会（FIATA）共同开发的《国际航空货运代理人培训教程》（*International Air Cargo Training Programmer*）。课程内容包括：行业规则、航空货运代理人、世界地理、各种指南的使用、飞机、运营设施、航空货物的接受、货运定吨位程序、货运自动化、航空货运费率和费用、航空货运单。

报名和考试：IATA/FIATA 的考试每年 4 月和 10 月中旬举行。登记有效期 18 个月，在有效期内有两次考试机会。教材和试卷全部采用英文原版，内容分成两部分（两套试题）：第一部分主要包括地理、飞机机型、货运手册等基础知识；第二部分主要包括货物运价计算、货运单填开等知识。考试通过后即颁发国际航协证书，此证书在世界上所有的国际航协会员中都得到认可。此项培训由国际航协授权的培训中心进行教学、考试，譬如中国民航学院等。

3. 国际电信协会

国际电信协会（Society International de Telecommunication Aeronautiques，SITA）是联合国民航组织认可的一个非营利性组织，是航空运输业世界领先的电信和信息技术解决方案的集成供应商。SITA 于 1949 年在比利时布鲁塞尔成立，在全球拥有 4300 名雇员，1997 年总产值超过 10 亿美元。目前在全世界拥有 650 家航空公司会员，其网络覆盖全球 180 个国家。SITA 的发展目标是带动全球航空业使用信息技术的能力，并提高全球航空公司的竞争能力。SITA 不仅为航空公司提供网络通信服务，还可为其提供共享系统，如机场调度系统、行李查询系统、货运系统、国际票价系统等。SITA 从 20 世纪 80 年代在中国设立办事处，中国会员达到 11 家。SITA 货运系统已经在中国国际航空公司和中国货运航空有限公司使用。系统开通后与外地营业部、驻外办事处联网，能及时地将航班信息、运单信息、入库信息、装载信息、货物到达信息及中转信息等数据输进网络，系统在航班关闭后自动给本站拍发仓库报、运单报等货运电报。只要打开网络，就能全程追踪货物的情况，为货主查联程货物和进口货物提供极大方便。

（三）领空与航权

一国对其领土上空即领空（Airspace），因牵涉地面安全和国防机密，因此具有管制权。依据 1944 年国际民航公约的规定，各国在领空范围内具有排他性。其他国家航空器飞越领空或前来装卸旅客、货物与行李必须获得地主国的同意，这就是航权（Traffic Rights）的含义。各国多以双边协定的方式订立行权协议，以确定航权。

航空权指缔约一方给予另一方的航空器飞行和运输的权利。航空业务权（即航权），专指 9 种空中自由（Freedoms of the Air）。图 1-3 至图 1-6 中，A 国为承运人国籍国或航权国，B 国为双边协议另一缔约国或授权国。

第一航权：飞越权

定义：本国航机不经停（不着陆）而飞越另一国领空的权利。

图 1 - 3　飞越权

例如：北京—旧金山，中途飞越日本领空，那就要和日本签订领空飞越权，获取第一航权，否则只能绕道飞行，增加燃料消耗和飞行时间。

第二航权：技术经停权

定义：本国航机因技术需要（加油、维修、配餐、飞机故障或气象原因等），在缔约另一国领土内作非商务运输目的的技术经停，不上下客货。

图 1 - 4　技术经停权

例如：北京—纽约，如果由于某飞机机型的原因，不能直接飞抵，中间需要在日本降落并加油，但不允许在该机场上下旅客、邮件或货物。此时就要和日本签订技术经停权。

第三航权：目的地下客权

定义：本国航机可以在协议国境内卸下乘客、邮件或货物。

图 1 - 5　目的地下客权

例如：北京—东京，如获得第三航权，中国民航飞机承运的旅客、货物可在东京进港，但只能空机返回。

第四航权：装载权

定义：本国航机可以在协议国境内载运乘客、邮件或货物返回。

图1-6　装载权

例如：北京—东京，如获得第四航权，中国民航飞机能载运旅客、邮件或货物搭乘原机返回北京。

第五航权：中间点权或延远权

定义：某国或地区的航空公司在其登记国或地区以外的两国或地区间载运客货，但其班机的起点与终点必须为其登记国或地区，可在第三国的地点作为中转站上下客货，此权需要和两个或两个以上的国家进行谈判。

中间点业务权。承运人本国（第一国始发地）—中途经停中间点第三国—目的地国（第二国），承运人从本国运输客货到目的地国家时中途经过第三国，并被允许将途经第三国上的客货卸到目的地国。图1-7航线涉及三个国家：中国（PEK，北京）、巴西（Sao Paulo）、西班牙（MAD，马德里）。在中—巴航权中，对中方而言，中国是承运人国籍国，巴西是授权国，西班牙是第三国，马德里是中间点。

图1-7　中间点业务权

以前点业务权。图1-8航线涉及中、美、印三国，在中美航权中，对中方而言，印度是第三国，德里（DEL）是以前点，中方在德里与洛杉矶（LAX）之间有第五业务权。在中印航权中，对中方而言，美国是第三国，洛杉矶是以前点。

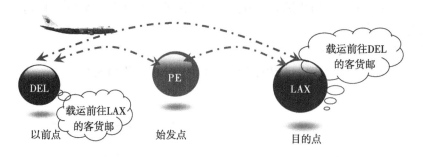

图1-8 以前点业务权

以远点业务权。承运人本国（第一国始发地）—目的地国（第二国）—以远点第三国，承运人将自己国家始发的客货运到目的地国家，同时又被允许从目的地国家上客货，并被允许运到另一国家。以新—马—泰为例，中国和泰国的双边协定同意中国承运人将泰国的客货运往东南亚的另一个国家，并同意将东南亚另一个国家的客货运到泰国。这样，中国承运人选择了新加坡，就组成了中国—泰国—新加坡航线。

第六航权：桥梁权

某国或地区的航空公司在境外两国或地区间载运客货且中途经停其登记国或地区（此为第三及第四自由的结合）的权利。

图1-9 桥梁权

例如：伦敦—北京—首尔，国航将英国的客源先运到北京，再做中转运到韩国，这样可以拓展承运人大量的市场。

第七航权：完全第三国运输权

本国航机可以在境外接载乘客和货物，而不用返回本国。即本国航机在甲、乙两国间接载乘客和运载货物。

图1-10 完全第三国运输权

例如：伦敦—巴黎，由德国汉莎航空公司承运。

第八航权：（连续的）国内运输权

某国或地区的航空公司在他国或地区领域内两地间载运客货的权利（境内经营权）。第八航权只能是从自己国家的一条航线在别国的延长。

图 1-11　（连续的）国内运输权

例如：北京—成都，由日本航空公司承运。

第九航权：（非连续的）国内运输权

本国航机可以到协议国作国内航线运营。第九航权，可以是完全在另外一个国家开设的航线。

图 1-12　（非连续的）国内运输权

第一、二、三、四种航权需要相关两国政府就有关具体问题进行双边谈判，如开放哪些点、允许进入的航空公司和航班数量等，达成协议后实施。

从各种航权的概念可以看出，如果不开放第一航权，机场就不能成为门户机场；如果不适度开放第五、第六航权，门户机场就不能争取到更多的国际业务量，不能迅速地发展壮大。

（四）航空货运代理业

1. 概念

根据《中华人民共和国国际货物运输代理业管理规定》第二条的规定，国际货物运输代理业是指接受进出口货物收货人、发货人的委托，以委托人的名义或者以自己的名义，为委托人办理国际货物运输及相关业务并收取服务报酬的行业。可见，国际货物运输代理人可以作为收货人或者发货人的代理人。

航空货运代理业（Air Freight Forwarder），是指从事航空货物运输代理的人、企业、机构等，利用航空器和航线进行的航空货代货物运输、航空旅客购买机票和随身物品等业务代理。航空货运代理业已经成为航空货运服务的主角。

航空货运代理本身分为空运货代和快递两种业务。根据空运的区域，航空货运代理又分为国内空运货代和国际空运货代。

2. 国际货运代理业务范围

（1）为托运人服务。主要为托运人安排运输路线、选择合适的承运人、接受委托、订舱、包装、储存、签发单证、代理报检、代理报关、安排国内运输、提货等。

（2）为收货人服务。代理向海关办理报关清关、仓储、中转、集装箱拆箱等，提供进口所需提单证如报关单、提单、装箱单、商检证明、商业发票等。

（3）为海关服务。为海关代理办理有关进出口商品海关手续时，国际货运代理不仅代表它的客户，而且代表海关当局，得到海关的许可办理海关手续，并对海关负责，负责审核申报货物确切的金额、数量、品名。

（4）为承运人服务。货运代理为承运人揽货订舱，商定对发货人、承运人都公平合理的费用，安排适当时间交货，以发货人的名义解决和承运人的运费账目等问题。

3. 国际货代公司注册管理

（1）主管部门。国际国内货代公司的经营资格为备案制，凡经国家工商行政管理部门依法注册登记的国际货代企业及其分支机构，备案登记机构为企业所在地的国际货运代理协会。由外商独资设立国际货运代理公司，仍然实行审批制。

（2）行业组织。主要行业组织为国际货运代理协会联合会（FIATA）、世界货运联盟（WCA）和中国国际货运代理协会（CIFA）。

（3）国际航空货代企业的设立条件：

①经合法注册取得中华人民共和国企业法人资格；

②至少有5名从事国际货运代理业务3年以上的工作人员，取得商务部资格考试颁发的从业资格证书；

③有固定的场所和必要的营业设施：固定的营业场所可包括自有房屋、场地须提供产权证明，租赁房屋、场地须提供租赁契约，必要的营业设施包括一定数量的电话、传真、计算机、短途运输工具、装卸设备、包装设备等；

④经营航空国际货代业务注册资本最低限额为300万元人民币，经营国际快递业务注册资本最低限额为200万元人民币，一级货运代理注册最低资本限额为500万元人民币。

（4）"航空运输销售代理证书"——航空铜牌。航空铜牌是指具有资格认可证书的销售代理企业，在航空运输企业委托的销售业务范围内，以自己的名义从事航空旅客运输和货物运输销售代理经营活动的唯一资格证书。由中国航空运输协会（CATA）颁发，是能与航空公司直接合作的必备资质。

航空铜牌的优势：可与航空公司直接合作签约，直接订舱；可以以自己公司的名义签发航空货运主单；可接受货运代理同行的委托货单；可极大地增强企业市场竞争力。

航空运输销售代理资格分为两类：

一类航空运输销售代理资格：可以经营国际航线或者香港、澳门、台湾地区航线的旅客运输和货物运输销售（危险品除外），还可以向承运人领运单、订舱、有自己的海关监管仓库。

二类航空运输销售代理资格：只能经营除香港、澳门、台湾地区航线外的国内航线旅客运输和货物运输销售（危险品除外）。不能向承运人领国际运单、不能向承运人订国际舱、没有自己的海关监管仓库。

申请空运销售代理资格认可证书的企业，实缴注册资本应符合下列要求：一类航空运输销售代理，实缴注册资本应不少于150万元人民币；二类航空运输销售代理，实缴的注册资本应不少于50万元人民币；从事货运业务的，实缴注册资本应不少于300万元人民币。

申请空运销售代理资格的企业，要求具备3本民用航空销售代理资格岗位证书，证书有国际、国内及客、运货运之分；还要求有一家具备资格的担保公司提供担保。

4. 航空货运代理人与航空公司、托运人之间的法律关系

结合我国代理法律制度，航空货运代理人（以下简称货代）和航空公司、托运人之间的法律关系存在以下三种不同的模式。

（1）货代作为航空公司代理人的模式。在这种模式下货代接受航空公司的委托代航空公司与托运人订立运输合同，货代的行为"视为"航空公司的行为，所订立的运输合同主体是托运人和航空公司，货代只从中收取航空公司支付的代理费。

（2）货代作为托运人代理人的模式。这种模式下货代接受托运人的委托代托运人办理托运，其行为"视为"托运人的行为，运输合同的主体是托运人和航空公司，货代只从中收取托运人支付的代理费。

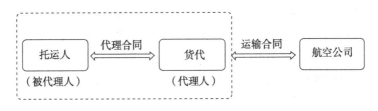

图 1-13　货代作为托运人代理人的模式

（3）货代独立运营模式。在这种模式下，三者之间只存在运输合同关系而没有代理关系。货代同时和托运人、航空公司订立运输合同 A 和运输合同 B。在运输合同 A 中，货代是承运人身份；但在运输合同 B 中，货代又作为托运人，将托运人交由其运输的货物转手交给航空公司运输，以完成其对运输合同 A 的履行义务。在这样两个"背靠背"的运输合同中，货代同时肩负了托运人和承运人的双重身份，而其收益的主要来源是运输合同 A 和运输合同 B 之间的运费差价。

图 1-14　货代独立运营模式

从以上情况可知，航空货运代理人是作为货主和航空公司的桥梁和纽带，具有两种职能：一是为货主提供代理服务的职能，代替货主向航空公司办理托运或提取货物；二是为航空公司提供代理服务的职能，代替航空公司接受货物，出具航空公司的总运单和自己的分运单。

因此，国际航空货运代理人是依照托运人的要求，将各相关国际航空运输服务整合起来提供给托运人，见图1-15。这个整合的角色，使航空货代成为国际航空货运服务的主角。

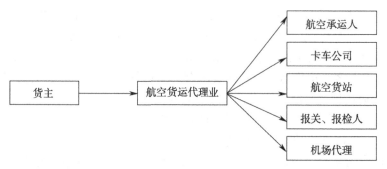

图 1-15　航空货运代理业关系图

（五）航空运输地理和时差计算

1. 航空区域划分

国际航协（IATA）统一协调、制定国际航空货物运输中各项规章制度和运费水平，同时充分考虑世界各个不同国家、地区的社会经济、贸易发展水平后，为保证国际航行运营安全和各国航空运输企业在技术规范、航行程序和操作规则上的一致性，以便于各国及地区航空公司间的合作和业务联系，从航空运输业务角度出发，国际航协将全球划分为三个航空运输业务区域，称为国际航协交通协议区（IATA Traffic Conference Areas），简称航协区，即 ARETC1、ARETC2、ARETC3 三个大区，简称 TC1 区、TC2 区、TC3区，其下又可以进行次一级的分区，称为次区（Sub-area），如图1-16所示。

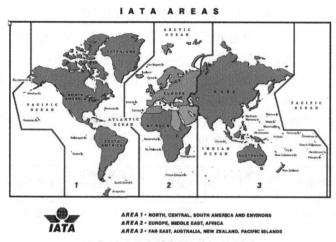

图 1-16　国际航协的三大分区图

（1）TC1 区。该区东邻 TC2，西接 TC3 区，北起格陵兰岛，南至南极洲。主要包括北美洲、拉丁美洲以及附近岛屿和海洋。TC1 区与 TC2 区的分界线：北起 0°经线，向南约至 74°处折向西南，穿过格陵兰岛与冰岛之间的丹麦海峡，在 60°N 处沿 40°W 经线至 20°N 处，再折向东南，到时赤道处再沿 20°W 经线向南止于南极洲。

TC1 区由两个相连的大陆——南、北美大陆及附近岛屿，格陵兰岛、百慕大群岛、西印度群岛和加勒比岛屿以及夏威夷群岛（含路途岛和巴尔拉环礁）组成。按自然地理划分，以巴拿马运河为界，分为南、北美洲。按政治经济地理划分，则以美、墨边境为界，分为北美洲及拉丁美洲。美洲大陆东临大西洋、西濒太平洋。太平洋阻碍了美洲和其他大洲之间的陆路交通，它与其他各洲之间的交通联系只有通过海洋运输和航空运输来实现。

（2）TC2 区。该区东邻 TC3 区，西接 TC1 区，北起北冰洋诸岛，南至南极洲，包括欧洲、非洲、中东及附近岛屿。TC2 区与 TC3 区分界线：北起 80°经线，在 75°N 处向南弯折，沿乌拉尔山南下，绕经里海西岸、南岸、伊朗北界、东界，再沿 60°E 经线向南止于南极洲。

（3）TC3 区。该区东邻 TC1 区，西接 TC2 区，北起北冰洋，南至南极洲，包括亚洲（除中东包括的亚洲部分国家）、大洋洲及太平洋岛屿的广大地区。TC3 区与 TC1 区分界线：北起 170°W 经线，向南穿过白令海峡后，向西南折至（50°N，165°E），再折经（7°N，140°W）、（20°S，120°W）等处，最后沿 120°W 经线向南止于南极洲。

2. 各区组成

表 1-12 三大航协区各区组成表

区	次 区	区 域 构 成
TC1 区	加勒比次区	（1）美国（除波多黎各和美属维尔京群岛之外）与巴哈马群岛、百慕大、加勒比群岛、圭亚那、苏里南、法属圭亚那之间的地区。 （2）加拿大/墨西哥与巴哈马群岛、百慕大、加勒比群岛（含波多黎各和美属维尔京群岛）、圭亚那、苏里南、法属圭亚那之间的地区。 （3）由巴哈马群岛、百慕大、加勒比群岛（含波多黎各和美属维尔京群岛）构成的区域。 （4）由上述为一端与圭亚那、苏里南、法属圭亚那为另一端围成的区域。
	墨西哥次区	加拿大/美国（除波多黎各和美属维尔京群岛之外）与墨西哥之间的地区。
	远程次区	以加拿大、墨西哥、美国为一端与中美洲和南美洲为另一端的地区。 以巴哈马群岛、百慕大、加勒比群岛、圭亚那、苏里南、法属圭亚那为一端与中美洲和南美洲为另一端的地区。 中美洲和南美洲之间的地区。 中美洲区域内。
	南美次区	由以下区域构成：阿根廷、玻利维亚、巴西、智利、哥伦比亚、厄瓜多尔、法属圭亚那、圭亚那、巴拿马、巴拉圭、秘鲁、苏里南、乌拉圭、委内瑞拉。对"加勒比"和"远程"区域的定义如下： 加勒比群岛：安圭拉、安提瓜和巴布达、阿鲁巴、巴巴多斯、博奈尔、英属维尔京群岛、开曼群岛、古巴、库拉索、多米尼加联邦、多米尼加共和国、格林纳达（卡里亚库岛、马斯蒂克岛、帕姆岛）、瓜德罗普、海地、牙买加、马提尼克、蒙塞拉特、圣基茨（尼维斯、安圭拉）、圣卢西亚、圣马丁、圣文森特和格林纳丁斯群岛、特立尼达和多巴哥、特克斯和凯科斯群岛。 中美洲：伯立兹、哥斯达黎加、萨尔瓦多、危地马拉、洪都拉斯、尼加拉瓜。 南美洲：同南美次区。 北美洲：主要是美国、加拿大。

续表

区	次 区	区 域 构 成
TC2 区	欧洲次区	阿尔巴尼亚、阿尔及利亚、安道尔、亚美尼亚、奥地利、阿塞拜疆、亚速尔群岛、比利时、白俄罗斯、保加利亚、加拿利群岛、克罗地亚、捷克共和国、丹麦、爱沙尼亚、芬兰、法国、格鲁吉亚、德国、直布罗陀、匈牙利、冰岛、爱尔兰、意大利、拉脱维亚、列支敦士登、立陶宛、卢森堡、马其顿、马德拉岛、马耳他、摩尔多瓦、摩纳哥、荷兰、挪威、波兰、葡萄牙、罗马尼亚、俄罗斯联邦（乌拉山以西）、圣马力诺、斯洛伐克、斯洛文尼亚、西班牙、瑞典、瑞士、突尼斯、土耳其、乌克兰、英国、波斯尼亚和黑塞哥维那、塞尔维亚、黑山、科索沃自治省、伏伊伏丁那自治省。
	中东次区	巴林、塞浦路斯、埃及、伊朗、伊拉克、以色列、约旦、科威特、黎巴嫩、阿曼、沙特阿拉伯、苏丹、叙利亚、（阿拉伯共和国）、阿拉伯联合酋长国（有阿布扎比、阿治曼、迪拜、富查伊拉、哈伊马角、沙迦和乌姆盖万）、也门。
	非洲次区	由中非、东非、印度洋岛屿、利比亚、南非、北非构成。 中非：马拉维、赞比亚、津巴布韦。 东非：布隆迪、吉布提、厄古特里亚、埃塞俄比亚、肯尼亚、卢旺达、索马里、坦桑尼亚和乌干达。 印度洋岛屿：科摩罗、马达加斯加、毛里求斯、马约特岛、留尼汪岛和塞古尔群岛。 南非：博茨瓦纳、莱索托、莫桑比克、南非、纳米比亚、斯威士兰和乌姆塔塔。 西非：安哥拉、贝宁、布基纳法索、喀麦隆、佛得角、中非共和国、乍得、刚果人民共和国、科特迪瓦、赤道几内亚、加蓬、几内亚、几内亚比绍、利比里亚、马里、毛里塔尼亚、尼日尔、尼日利亚、圣多美和普林西比、塞内加尔、塞拉利昂、多哥和扎伊尔。
TC3 区	亚次大陆次区	阿富汗、孟加拉国、不丹、印度（包括安达曼群岛）、马尔代夫、尼泊尔、斯里兰卡。
	东南亚次区	文莱达鲁萨兰国、柬埔寨、中华人民共和国、关岛、中国香港、印度尼西亚、哈萨克斯坦、吉尔吉斯斯坦、老挝、马来西亚、马绍尔群岛、密克罗尼西亚（含除帕劳群岛之外的加罗林群岛）、蒙古国、缅甸、北马里亚那群岛（含除关岛之外的马里亚那群岛）、帕劳、菲律宾、俄罗斯联邦（乌拉尔东部地区）、新加坡、中国台湾、塔吉克斯坦、泰国、土库曼斯坦、乌兹别克斯坦、越南。
	太平洋次区	美属萨摩亚、澳大利亚、库克群岛、斐济群岛、法属波利尼西亚、基里巴斯、瑙鲁、新喀里多尼亚、新西兰（含洛亚蒂群岛）、纽埃、巴布亚新几内亚、萨摩亚、所罗门群岛、汤加、图瓦卢、瓦努阿图、瓦利斯和富图纳群岛。
	日本/朝鲜地区	日本和朝鲜。

3. 时差和世界时区的划分

由地球的自转造成经度不同地区的地方时刻出现差异，称为时差。飞机跨越经度时，就产生了时刻上的不统一。进行时差换算，对于安排航班，更好地进行航空运输非常重要。

（1）理论时区和区时。1884 年在华盛顿举行的国际经度会议上，确定了以平太阳时

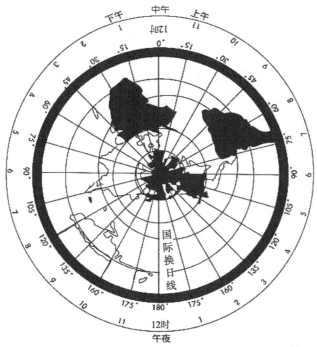

图 1–17　世界时区划分图

为基础的标准时刻度。平太阳时就是日常用的手表时间。标准时刻度按经度线把全球划分为 24 个标准时区。由于地球自转时，每转动 15 个经度所需要的时间恰好为 1 小时，时区划分时就以每 15 经度为跨度标准划分为一个时区。以英国伦敦格林威治天文台原址为 0°经线的起点（亦称为本初子午线），0°经线向东、向西各 7.5°构成零时区，也叫作中时区，中时区的区时被称为世界标准时（Greenwich Mean Time，GMT）；并以地球由西向东每 24 小时自转一周 360°，订定每隔经度 15°，时差 1 小时，每 15°的经线称为该时区的中央经线，将全球划分为 24 个时区；再以 180°经线为中央经线，各划出 7.5°，称为东西十二时区。就全球时间看，东经的时间比西经要早，如果格林威治时间是中午 12 时，则中央经线 15°的时区为下午 1 时，中央经线 30°E 时区的时间为下午 2 时。

各个时区的地方时都可以以格林威治时间作为标准，加以比较换算，计算两地的时差。不过，这种理论区时制的时区，既不考虑海陆分布状况，也不考虑国家政区界限，完全是根据经线划分。实际上各国使用的标准时制度同理论上的标准时制度是有区别的。

（2）法定时区和法定时。法定时区是各国根据本国具体情况自行规定的适用于本国的标准时区。法定时区的界限，一般不是依据经线，而是依据实际的政治疆界和社会经济发展状况来确定的。根据法定时区确定的标准时，成为法定时。法定时是目前世界各国实际使用的标准时。为了充分利用太阳光照，世界各国法定时区普遍比理论时区向东偏离一个时区。例如，法国和西班牙都位于中时区，它们所使用的法定时区却是东一区标准时。

在英国的全球航班信息机构 OAG（Office Airline Guide，官方航线指南）公布的航班时刻表中各城市的时间都是当地标准时间。OAG 公布了国际时间换算表（International Time Calculator），列出了各国当地标准时间与世界标准时的时间差距。

表 1-13　　　　　　　　　　国际时间换算表

国家/地区	标准时间	夏令时间	实行夏令时的日期
澳大利亚（Australia）	+8		
奥地利（Austria）	+1	+2	3 月 27 日至 9 月 24 日
巴西（Brazil）	-2		
加拿大（Canada）	-3.30	-2.30	4 月 3 日至 10 月 29 日
中国（China）	+8		
英国（United Kingdom）	GMT	+1	3 月 27 日至 9 月 24 日
美国（U.S.A.）	-5	-4	4 月 3 日至 10 月 29 日

注：各地的标准时用格林威治时间（GMT）加上（+）或减去（-）表内所示的小时和分钟数。许多国家采用夏令时（Daylight Saving Time，DST），夏令时差及其使用起始终止日期如表中所示。

（3）计算飞行时间。飞行小时，指自始发地机场至目的地机场之间的运输时间，包括中转时间。航班时刻表上的出发和到达时间都是以当地时间（Local Time）公布，计算航班飞行小时要通过时差的换算。

某旅客乘飞机从北京去华盛顿。5 月 16 日乘国航班机从北京首都机场起程，北京时间是 10：30，到达华盛顿国家机场时，当地时间为 5 月 16 日 16：20。计算该旅客的飞行时间。

计算步骤：

第一步，从国际时间换算表中找出始发站和目的站的标准时间。

PEK ＝ GMT ＋0800（standard time）

WAS ＝ GMT －0500（standard time）

第二步，将起飞和到达的当地时间换算成世界标准时（GMT）。

因为北京提前 GMT8 个小时，把北京当地时间减去 8 换算成 GMT。

PEK 10：30 －0800（GMT） ＝ GMT 2：30

因为华盛顿落后 GMT5 个小时，把华盛顿当地时间加上 5 换算成 GMT。

WAS 16：20 ＋0500（GMT） ＝ GMT 21：20

第三步，用到达时间减去起飞时间，即飞行时间。

21：20 －2：30 ＝18：50（18 小时 50 分钟）

（六）国际航空货运业务手册

1. 《航空货运指南》

《航空货运指南》（*OAG Air Cargo Guide*）每月出版一期，主要公布航班时刻表。

2. 国际航空货物运价手册

（1）概述。《国际航空货物运价手册》（*The Air Cargo Tariff Manual*，TACT）是由国际航空协会出版发行的，包括国际航空货物运输相关的规则、规章、货物运价和运费等全面的信息，是从事航空货运业务的承运人和代理人必备手册和工作人员的操作指南。包括我国在内的世界各国航空公司都遵循此运价规则和运价手册办理国际航空运输业务。其主要特征有：

①由 100 多家航空公司提供信息，使它成为航空货运市场最可靠和最全面的信息来源；

②信息来源包括国家和承运人的具备权威性的各类行业规章；

③各类信息由大约 7 万个来自货运行业的专业人士定期进行商讨，这些专业人士来自航空公司、海关部门、货运代理、货主、机场部门等；

④TACT 手册中包含覆盖全球的超过 230 万个运价和运费。

（2）TACT 简介。TACT 主要分为三个部分：规则手册（TACT Rules）、北美运价手册（TACT Rates—North America）、全球运价手册（TACT Rates—Worldwide）。规则手册每年出版两期，在 4 月、12 月出版；北美运价手册每两月出版一期，在 2 月、4 月等双月出版。

①规则手册。内容包括 IATA 在国际运输中一般的运输要求、操作程序和承运人的规定。内容简介如下：

一般规定：

第1章　常用资料，含国际航协代码、术语

第2章　运输货物接管条件，含接管货物和托运人货运文件的要求

第3章　运输费用

第4章　服务和相关费用

第5章　支付运价和费用以及货币转换

第6章　空运单含空运单的填制要求和示范

特殊规定：

第7章　国别介绍含具体国家的费用收取、转运规则和出口管制

货运代理人的名称、联系方式和资质

第8章　承运人的特别规定含联运协议、飞机装卸舱门参数和承运人自身要求等内容

②北美运价手册。包含所有去往和来自美国、加拿大的运价。

③全球运价手册。包含除北美以外的几乎全世界所有城市之间的运价。

3. 航空货运代码

（1）国家的两字代码。

表1-14　　　　　　　　　　　　常见国家的两字代码

英文名称	中文全称	两字代码
China	中国	CN
United States of America	美国	US
United Kingdom	英国	GB
Germany	德国	DE
France	法国	FR
Japan	日本	JP
Korea	韩国	KR
Singapore	新加坡	SG
Canada	加拿大	CA
Australia	澳大利亚	AU

（2）城市的三字代码。国际航协用三个大写英文字表示有定期班机飞航之城市代号，由国际标准组织制定。

表 1 – 15　　　　　　　　　　　　　　常见城市的三字代码

英文全称	中文全称	三字代码
BEIJING	北京	BJS
GUANGZHOU	广州	CAN
SHANGHAI	上海	SHA
CHONGQING	重庆	CKG
TIANJIN	天津	TSN
SHENZHEN	深圳	SZX
HANGZHOU	杭州	HGH
KUNMING	昆明	KMG
QINGDAO	青岛	TAO
XIAMEN	厦门	XMN
DALIAN	大连	DLC
LONDON	伦敦	LON
NAGOYA	多古屋	NGO
SEOUL	首尔	SEL
PAPIS	巴黎	PAR
CHICAGO	芝加哥	CHI
NEW YORK	纽约	NYC
TOKYO	东京	TYO
OSAKA	大阪	OSA

（3）航空公司的两字代码。航空公司通常使用两字代码，但也有三字代码。

表 1 – 16　　　　　　　　　　　　　　常见的航空公司代码

航空公司的英文全称	中文全称	两字/三字代码	所在国家或地区
Air China International Corp.	中国国际航空公司	CA	中国
China Southern Airlines	中国南方航空公司	CZ	中国
China Eastern Airlines	中国东方航空公司	MU	中国
America Airlines	美洲航空公司	AA	美国
Air Canada	加拿大航空公司	AC	加拿大
China Airlines Ltd.	台湾中华航空公司	CI	中国台湾
Cathay Pacific Airways Ltd.	国泰航空公司	CX	中国香港
Korean Air	大韩航空公司	KE	韩国
Dragon Air	港龙航空公司	KA	中国香港
Japan Airlines Co. , Ltd.	日本航空公司	JL	日本
All Nippon Airlines Co. , Ltd.	全日本航空公司	NH	日本
Japan Air System Co. , Ltd.	佳速航空公司	JD	日本

续表

航空公司的英文全称	中文全称	两字/三字代码	所在国家或地区
Lufthansa Germany Airline	汉莎航空公司	LH	德国
United Air Lines, Inc.	美国联合航空公司	UAL	美国
Northwest Airlines Inc.	美国西北航空公司	NW	美国
Asiana Airlines	韩亚航空公司	OZ	韩国
Singapore Airlines Ltd.	新加坡航空公司	SQ	新加坡
Air France	法国航空公司	AF	法国
British Airways	英国航空公司	BA	英国
Royal Dutch Airlines	荷兰皇家航空公司	KLM	荷兰
Air Macao Airlines	澳门航空公司	NX	中国澳门

（4）机场的三字代码。机场通常用三字代码表示，在一些城市机场代码同城市代码一样，但大多数机场的三字代码同城市的三字代码不一样。

表1-17　　　　　　　　　　常见的机场代码

机场的英文全称	中文全称	三字代码	所在国家
Capital International Airport	首都国际机场	PEK	中国
Charles de Gaulle	戴高乐机场	CDG	法国
Narita	成田机场	NRT	日本
Kansai International	大阪关西国际机场	KIX	日本
Dulles International	杜勒斯国际机场	IAD	美国
Heathrow	希斯罗国际机场	LHR	英国
O'Hare International	奥黑尔国际机场	ORD	美国

（5）常见的航空货运操作代码。操作人员在运输的各个环节中，根据运输货物的性质，采取相应的操作策略。

表1-18　　　　　　　　　　常见的航空货运操作代码

操作代码	英文全称	中文全称
AOG	AIRCRAFT ON GROUND	航材
AVI	LIVE ANIMAL	活动物
BIG	OUTSIZED	超大货物
CAO	CARGO AIRCRAFT ONLY	仅限货机
DIP	DIPOMATIC MAIL	外交邮袋
EAT	FOODSTUFFS	食品
FIL	UND EVELOPED/UNEXPOSED FILM	未冲洗/未曝光的胶卷
FRO	FROZEN GOODS	冷冻货物
HUM	HUMAN REMAINS IN COFFINS	尸体
ICE	DRYICE	干冰
LHO	LIVING HUMAN ORGANS/BLOOD	人体器官/鲜血

续表

操作代码	英文全称	中文全称
NWP	NEWSPAPERS, MAGAZINES	报纸、杂志
OBX	OBNOXIOUS CARGO	有强烈异味的货物
OHG	OVERHANG ITEM	拴挂货物
PEF	FLOWERS	鲜花
PEM	MEAT	肉
PER	PERISHABLE CARGO	易腐货物
PES	FISE/SEAFOOD	鱼/海鲜
VAL	VALUABLE CARGO	贵重物品
WET	SHIPMNTS OF WET MATERIAL NOT PACKED IN WATERTIGHT CONTAINERS	湿潮货
HEA	HEAVY CARGO, 150KG AND OVER PER PIECE	单件 150 千克以上的货物

（6）常见危险品代码。危险品运输是航空货物运输中操作最复杂、难度最大的一类货物，在仓储、运输的环节应特别注意。一般在货物包装上会标有操作代码。

表 1 – 19　　　　　　　　　　　常见的危险品代码

危险品代码	英文全称	中文全称
RCL	Cryogenic Liquids	低温液体
RCM	Corrosive	易腐蚀的货物
RCX	Explosives 1. 3C	爆炸物 1. 3C 类
RFL	Flammable Liquid	易燃液体
ROP	Organic Peroxide	有机过氧化物
RPG	Toxic Gas	有毒气体
RRW	Radioactive Material, Category I-white	放射性包装，1 类白色包装

（7）常见的缩写。在航空运输中，经常碰到一些代码形式的缩写，各有不同的含义。

表 1 – 20　　　　　　　　　　　常见的缩写代码

缩写代码	英文全称	中文全称
AWB	AIR WAYBILL	航空货运单
CASS	CHARGO ACCOUNT SETTLEMENT SYSTEM	货运账目清算系统
CC	CHARGO COLLECT	运费到付
CCA	CARGO CHARGES CORRECTION ADVICE	货物运费更改通知
LAR	LIVE ANIMAL REGULATION	活动物规则
NVD	NO VALUE DECLARED	没有声明价值

续表

缩写代码	英文全称	中文全称
PP	CHARGES PREPAID	运费预付
SLI	SHIPPERS LETTER OF INSTRUCTION	空运托运书
ULD	UNIT LOAD DEVICE	集装器，集装化设备
HWB	HOUSE AIR WAYBILL	航空分运单
MWB	MASTER AIR WAYBILL	航空主运单

（七）航线与航空港

航线：民航运输飞行按照规定的线路运行。包括方向、起讫点、经停点、航路宽度、飞行高度层。

1. 世界上最繁忙的航空线与航空枢纽

西欧—北美间的北大西洋航空线。该航线主要连接巴黎、伦敦、法兰克福、纽约、芝加哥、蒙特利亚等航空枢纽。

西欧—中东—远东航空线。该航线连接西欧各主要机场至远东香港、北京、东京等机场，并途经雅典、开罗、德黑兰、卡拉奇、新德里、曼谷、新加坡等重要航空站。

远东—北美间的北太平洋航线。这是北京、香港、东京等机场经北太平洋上空至北美西海岸的温哥华、西雅图、旧金山、洛杉矶等机场的航空线，并可延伸至北美东海岸的机场。太平洋中部的火奴鲁鲁是该航线的主要中继加油站。

此外，还有北美—南美、西欧—南美、西欧—非洲、西欧—东南亚—澳新、远东—澳新、北美—澳新等重要国际航空线。

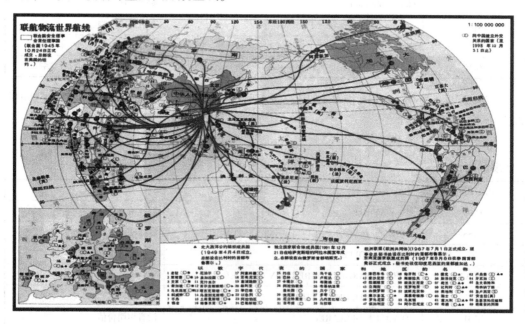

图1—18　联航物流世界航线图

2. 我国的国际贸易航空货运线和机场

在我国，目前主要在北京、上海、天津、杭州、沈阳、大连、哈尔滨、青岛、广州、南宁、昆明和乌鲁木齐等机场接办国际航空货运任务。

3. 世界主要航空港

航空港是航空运输的经停点，又称航空站或机场，是供飞机起飞、降落和停放及组织、保障飞机活动的场所。

机场起降设施包括塔台、起降地带、跑道、滑行道及停机坪。塔台是飞机起降的管控中心，其位置应在机场的几何中心，高度要能纵观全机场，以便监控飞机起降、滑行及地面作业等；起降地带指含跑道在内的长方形地带，是跑道范围内的安全区域；跑道是供飞机起降滑行之用，一般是用水泥铺设；停机坪是停放飞机，供客货上下及加油、维修的地方。

此外，机场设施还有航站、货运站及供油设施等。航站指机场大厦，含服务作业区、办公作业区及候车室，供出入境旅客办理登机手续、证照查验、海关查验、行李提领，以及提供舒适安全的购物、休闲空间等；货运站是提供航空货物提交、理货、通关、存储、转运等作业的仓储区域。

世界 10 个主要航空港：

（1）美国芝加哥奥黑尔国际机场：为目前世界上最大的飞机场，距离芝加哥市 27 公里，占地达 7700 英亩，拥有七条跑道和一个庞大的候机楼。平均不到 3 分钟就有一班航班起降，每天要起降 2700 次航班，工作人员共有 5 万多人。

（2）美国亚特兰大哈兹菲德国际机场：距离亚特兰大市 19 公里，这是世界上登机口最多的机场，共有 6 个航站楼，拥有将近 100 个近机位，是全球飞机数量最多的航空公司美国达美航空公司的总部。

（3）美国纽约约翰·肯尼迪国际机场：距离纽约市 27 公里，是全球第九大航空公司美国西北航空公司和美国大陆航空公司的总部。

（4）英国伦敦希斯罗国际机场：距伦敦市中心 20 公里，是整个欧洲空中交通的中心，是全欧洲最繁忙的机场，也是世界第一大航空公司英国航空公司的总部。

（5）日本成田国际机场（Narita International Airport，NRT）：位于距东京市区 68 公里的千叶县成田市，是日本最大的国际航空港和整个亚洲的航空枢纽。

（6）法国巴黎查尔斯·戴高乐国际机场：距离巴黎市 23 公里，整个机场从外边看起来是个大圆盘，停机坪、加油和维修装置都设在圆心。

（7）美国洛杉矶国际机场：距离洛杉矶市 20 公里，是太平洋上的航空枢纽，平均不到 2 分钟就有一班航班起降，是世界上第二繁忙的机场。

（8）德国法兰克福国际机场：距离法兰克福市 27 公里，是整个欧洲空中交通的枢纽，甚至可以说是欧洲所有交通的命脉，几乎世界各大航空公司每天都有航班飞往该机场，是德国汉莎航空公司总部所在地。

（9）中国香港国际机场。外貌呈"Y"形的国际机场客运大楼占地 51 万平方米，有五个购物中心，其贵宾候机室是全球最大的，大楼为"智能式"环保设计。香港国际机场公布数字显示，香港国际机场连接全球超过 155 个航点，包括逾 40 个内地城市，超过 95 家航空公司在机场营运，客、货吞吐量分别突破 5000 万人次及 400 万公吨。

（10）荷兰阿姆斯特丹斯西霍普国际机场：距离阿姆斯特丹 15 公里，是世界上距离市中心第二近的大型国际机场，是荷兰皇家航空公司的所在地。

（八）揽货渠道

1. 揽货的含义

航空货运代理公司向出口企业销售航空公司舱位和服务的活动，从代理航空公司销售飞机舱位业务的角度，称为市场销售；从货代公司自身承揽货物业务的角度，称为揽货。

货主选择空运，首先考虑的是安全和快捷，其次才是费用。货代帮货主选择航空公司，主要考虑其营运的优势航线、服务质量、价格等。

销售作业流程是销售人员在开展业务工作时所进行的具体工作，包括新客户开发、老客户维护，运费回收、业务管理等诸多方面。

货运代理公司，应有相当数量和素质的销售人员和销售网点从事市场销售工作，主动承揽货物。公司销售团队应充分了解整个区域经济的发展及适合于空运的行业产品；从发展趋势进行潜在市场分析，了解该区域会增加哪些高科技企业，这些企业适合于航空运输的产品将在本公司货运量中占有多少份额；掌握本公司目前货运量在该区域占有的百分比，分析如何提高本公司在区域的空运代理市场份额。

航空货运代理销售人员应具备以下销售业务的知识和能力：了解航空货运市场的基本情况；具备丰富的空运知识和熟练的营销技巧，具备销售人员的行为规范与礼仪；应积极联系拜访各进出口公司和有出口经营权的企业，承揽其运务；应及时向货主介绍本公司的经营范围和经营特色，特别是和航空公司的关系和机场操作能力，以及齐备的服务项目和合理的收费标准，尤其是本公司的优惠运价、服务优势等，赢得货主的信任并争取到货源；对于长期出口或出口货量大的单位，争取能与之签订长期的代理协议。

2. 开发新客户信息的渠道

（1）承揽 FOB 指定货。指定货即卸货地订舱的货，即出口用 FOB 术语的货物。此类货物由国外进口商办理国外的运输事宜。目前国内企业出口 80% 以上均采用 FOB 术语。应对此类货物的主要方法：一是直接寻找国外进口商，争取成为国外进口商的指定货代；二是在海外建立自己的分公司或代理网络。

（2）积极承揽开拓预付货（CFR 货、CIF 货）。CFR 货和 CIF 货均是由出口商办理国外的运输事宜，此类货物是货代需要积极争取的货物。要结合货代公司的情况、航空公司、货物性质和航线等的特殊情况积极承揽预付货。

（3）主动开发客户。货代公司通过建立自己的网站，或者通过平面媒体、印刷公司资料发布询价广告等方法主动开发客户。

3. 开发新客户信息的方法

（1）通过一定渠道查找分析潜在客户信息。要求公司业务员通过网络、客人介绍，以下电子商务平台、论坛、展销会、交易会等，寻找新客户，分析客户信息，筛选客户资源。

阿里巴巴速卖通网：www. alibaba. com

ebay：www. ebay. cn

亚马逊网：http：//www. Amazon. cn

福步外贸论坛：www. FOBbusiness. com

中国制造网：www. made – in – china. com

环球资源网：www. globalsourse. com

交易会：中国进出口商品交易会（广交会、京交会）

　　　　义乌国际小商品博览会（义博会）

　　　　华东进出口商品交易会（华交会）

　　　　义乌国际电子商务博览会

　　　　……

（2）收集客户信息，录入公司客户系统。业务员主要收集、分析客户以下信息：公司名称、地址、联系人、联系方法（含电子邮件）、行业、产品信息、主要出口国、公司性质等。分析潜在客户的信息，并将信息录入公司客户系统，以备查询。

（3）洽谈。

①初次书面洽谈。主要通过电话咨询或电子邮件跟进，一是进一步了解客户信息、对方主要出口目的港、航空公司等；二是使客户对本公司、销售个人初步了解。

②上门拜访与客户洽谈。通过仔细分析了解潜在客户的基本情况之后，销售主动约好见面的时间，上门拜访客户（业内称为"扫楼"），以了解客户需求，有针对性地开展说明和宣传。

业务员初次拜访客户要充分做好以下准备工作：

——事先电话预约时间，获允许后准时登门拜访；

——携带公司简介、报价单、名片、笔记本、笔等物品；

——最好穿正装；

——事先尽可能了解客户的公司、拜访对象情况。

主要详细了解以下内容：

——客户全称、办公地址、负责人姓名、联系方式；

——主要产品结构、月平均进出口货量；

——主要运输类型、对货运的大致要求、目前的合作货代等。

业务员填写客户拜访记录和开发计划，上缴部门主管。

（4）跟踪联络。根据分析潜在客户和上门拜访客户的情况，事后通过 QQ、电子邮件等继续和客户保持联系，反复加深客户对我们的印象，促进早日成交。注意不能操之过急，以免引起客户反感。在报价方式上需要视客户情况灵活运用。注意了解客户信息和资金状况，对支付运费时间超过 3 个月的客户原则上不予合作。

4. 客户服务（客服部）

（1）货代向货主进行询价，必须了解以下方面的情况：①品名：是否危险品；②重量和体积：重量、尺寸大小及是否泡货，涉及收费；③包装：是否木箱，有无托盘；④中转站和目的机场：装卸即仓储情况；⑤预定出运日期：直飞或转飞；⑥要求航班：各航班服务及价格差异；⑦运单类别：主单及分单；⑧所需运输服务：报关方式，代办单证，是否清关派送等。

（2）回复客户询价。

①接受询价：在客户询价时，问清楚是实际出货还是核货运成本。如果是核成本，一般将公司商务部常备运价报给客户即可，不需要每票确认，也不要申请特价。

②报实价：如果是实单，须先从客户处准确了解货物类别、货重及包装情况、整箱还是拼箱、目的港、预定出运日期、有无指定承运人、货运要求，然后通过商务部确认运价和舱位情况，在得到肯定的答复之后，根据客户要求将下列信息口头或书面告知客户。推荐的承运人名称、运价（如有附加费要列明）、预计开航日、预计航程、是否直达、中转港名称等，大致说明承运人服务情况和操作要求，增进客户信任度。

③促进成交：准确地了解客户的心理价位和需求，及时反应，适度引导客户递交托运书给公司，促进成交。给客户的报价要及时准确地记录下来，以备日后查询。

④跟进：客户如果没有马上递交委托书，需适时提醒，以免错过配舱时间，价格有变动最好主动通知客户，如果客户没有将委托交给我公司，需及时电话跟踪，询问不选择我公司的原因，以便在接下来的工作中改进。

五、能力实训

2012 年 9 月，浙江新洲国际物流有限公司（ZHEJIANG XINZHOU INTERNATIONAL LOGISTICS CO.,LTD.）因拓展业务需要招聘了一名新员工王丹，主要负责揽货、操作、客服等岗位工作。作为公司的新员工，王丹要为独立开展工作做好准备，她的工作任务如下：

【实训任务 1】收集客户潜在信息

通过网络搜索、电话营销等方式寻找和获得区域潜在客户信息。

区域 4 家进出口公司的基本情况表

序号	公司名称	公司地址	联系人	电话、电子邮箱
1				
2				
3				
4				

【**实训任务2**】筛选重点客户，拜访获得重点客户信息

需要登门拜访的3家重点客户的基本情况

序号	公司名称	主营产品	主要出口国	公司性质	是否有过合作
1					
2					
3					

【**实训任务3**】熟悉主要国际航空公司代码

航空公司英文全称	中文全称	两字代码	所在国家
Air China International Corp.	中国国际航空公司		中国
China Southern Airlines	中国南方航空公司		中国
China Eastern Airlines	中国东方航空公司		中国
Lufthansa Germany Airline	汉莎航空公司		德国
Royal Dutch Airlines	荷兰皇家航空公司		荷兰

学习情境二

接托书与订舱操作

JIETUOSHU YU DINGCANG CAOZUO

一、学习目标

能力目标
- 会填制与审核货主托运书
- 会整理报关相关单证
- 能操作预订舱

知识目标
- 掌握航空货运对托运货物的要求
- 熟悉托运书填制内容与要求
- 掌握托运书审核的要求

【学习导图】

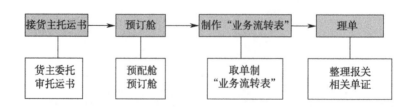

【业务环节关键点】

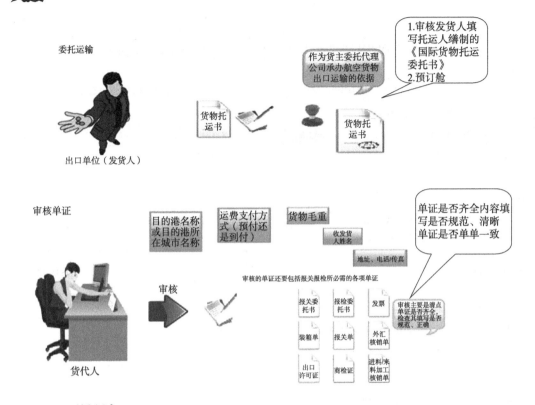

二、项目任务

【项目背景】

2014 年 3 月 10 日，佳佳进出口有限公司委托捷顺达国际货运代理有限公司（以下简称我公司）办理该公司一笔出口航空货运代理业务。业务活动中各主体关系如下：

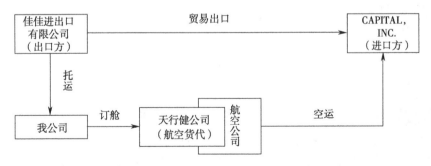

【任务一】接受货主委托，审核货主托运书（出口货物明细单）

【任务二】预配舱与预订舱

【任务三】取单，整理报关相关单证

佳佳进出口有限公司向我公司办理托运，合同等资料如下：

合同 CONTRACT			
卖方 SELLER	SHANGHAI XIUHONG TRADING CO. ,LTD.	编号 NO：425	
		日期 DATE：JAN 15 2014	
买方 BUYER：	KNITWORK CORP.	地点 SIGNED IN：YIWU	
买卖双方同意以下条款达成交易： THIS CONTRACT IS MADE BY AND AGREED BETWEEN THE BUYER AND SELLER，IN ACCORDANCE WITH THE TERMS AND CONDITIONS STIPULATED BELOW			
1. 商品号 ART NO.	2. 品名与规格 COMMODITY&SPECIFICATION	3. 数量 QUANTLY PCS	4. 单价及价格条款 UNITPRICE&TRADE TERMS USD	5. 金额 AMOUNT USD

1. 商品号 ART NO.	2. 品名与规格 COMMODITY&SPECIFICATION	3. 数量 QUANTLY PCS	4. 单价及价格条款 UNITPRICE&TRADE TERMS USD	5. 金额 AMOUNT USD
	COSTUME JEWELRY 仿首饰（项链）	5193	FOB SHANGHAI 0.49	2544.57
PRICE TERMS：		总值 TOTAL		2544.57

允许　溢短装，由卖方决定 WITH MORE OR LESS OF SHIPMENT ALLOWED AT THE SELLERS' OPTION
6. 总值 TOTAL VALUE　USD2544.57
7. 包装 PACKING 55 CARTONS
8. 唛头 SHIPPING MARKS：KNITWORK 　　　　　　　　　　　　　PRODUCTIONS
9. 装运期及运输方式　TIME OF SHIPMENT & MEANS OF TRANSPORTATION BEFORE THE END OF MAR BY AIR
10. 装运港及目的地　FROM SHANGHAI PORT CHINA TO LAX，USA
11. 保险 INSURANCE
12. 付款方式 TERMS OF PAYMENT 100% T/T IN ADVANCE
13. 备注 REMARKS

三、操作示范

任务一　接受货主委托，审核货主托运书（销售部）

第一步，杨丹了解到，接受委托应与客户签订代理协议（签订代理合同），日常操作中有时并不签署合同，而是以寄送委托书或是出口货物明细单的方式确定委托代理关系。

杨丹和 A 公司沟通，了解客户货物名称、数量、出运日期、价格、出运要求、航空公司选择等意向后，请客户传真"国际货物托运书"。

佳佳进出口有限公司

地址：永市小区 9 幢 8 号 505 室　　　　电话：0571 – 85176273

传真：0571 – 85176273　　contact：张涛

出口货物委托书

发货人（Shipper）JIAJIA IMP. & EXP. CO., LTD.				

收货人（Consignee）Consignee：TRADE CAPITAL, INC., 18 SHORECLIFF NECK, NY PH：212 – 997 – 0155 FX：516 – 320 – 8084				

通知人（Notify Party）SAME AS CONSIGNEE				

PORT OF LOADING 起运港 SHANGHAI	PORT OF DISCHARGE 目的港 LAX , USA	SHIPMENT OF DATE 预配船 This week	CONTAINER SIZE 预配箱量 BY AIR	SHIPPING COMPANY 船公司
标记 & 号码 Mark & No. KNITWORK PRODUCTIONS	件数 & 包装 Quantity & Pack 55CTNS	货物描述 Description of goods COSTUME JEWLELRY NO. 425	毛重 KG Gross weight 780	尺寸 CBM Measurement 2 CBM

B/L 份数	正 三	副 三	运费 方式	预付 Prepaid	第三方 Payable at	到付 Collect	协议号码
分批	准□		不准□			转船　准□　　不准□	
备注							

　　杨丹告知客户货代公司一般规定：由于目前航空货运单基本都由航空公司或其代理人代为填制，为此，作为填开货运单的依据——"国际货物托运书"必须由托运人自己填写，并在托运书上签字加盖公章，并传真给货运代理公司，作为委托和接受委托的依据，否则公司将不办理货运业务。如果客户没有委托书，销售应按委托书要求为其拟订委托书，并让客户签字回传。货代将根据委托书要求办理出口手续，并据此结算费用。

　　第二步，货运委托书内容。杨丹告知客户，货运委托书必须包括以下内容：发货人、收货人、通知人（联络方式）、起运港、卸货港、最终目的地、运输方式（整箱/拼箱/空运）、品名、唛头、货物描述、件数、毛重、体积、运费付费方式、装运期限、订舱要求、拼箱要求等，以免实际操作产生不必要的麻烦甚至引发纠纷。

　　杨丹根据公司规定，要求发货人应如实提供货物资料：品名、件数、重量、箱规尺寸、目的港及目的港收货人名称、地址、电话、出货时间、发货人名称、电话、地址等。

　　第三步，确认货主托运书内容，审核货主托运书（出口货物明细单）（客服部）。销售在收到客户委托后，立即认真审核托运书上述内容，即合同评审。通过电话向客户表明托书已收到并表示谢意，如有疑问应及时协商解决。

　　1. 明确审托书要求。客服审核托运书内容齐全清晰，应特别注意以下问题：必须标明目的港名称或目的港所在城市名称，明确"运费预付"或"运费到付"、货物毛重、收发货人、电话/电传/传真号、托运人签字处签名；收发货人、到预付情况、公章；货物类别及对报关、运输的影响；快件货物的特殊运输要求；预定货单到达时间，注意早、晚班机。

2. 审核货主托书（出口货物明细单）

表 2－1　　　　　　　　　　　　　　审核托书明细表

审核栏目	审核要点
（1）收、通知人信息	A 公司托书中收货人为进口方 KNITWORK CORP.，通知人相同。在实践中，通知人也可以是收货人在目的地的货运代理。
（2）运费支付方式	托书中为预付，即由发货人负担空运运费。 注意运费支付方式与贸易术语的对应关系，本业务的贸易术语为 FOB SHANGHAI，买方承担运费，运费方式为到付。
（3）始发站、目的站	在实践中，很多发货人海运、空运使用相同格式的托书。在本业务中，A 公司托书这两栏的名称为"起运港""目的港"，填写的内容分别是要求货物发运机场所在城市——中国上海和抵达机场所在城市——美国 LAX。
（4）可否转运	托书中为 No，意为不可转运。此时需查询航空公司有无直达 LAX 的航班。如无直达，但是如果运费较低、抵达目的港的时间与直达航班相差不大，也可与客户协商，改走转运航班。
（5）装运期限	托书中为 2014 年 3 月 10 日本周，需查询航空公司有无本周直达或转运 LAX 的航班。
（6）货物品名	审核品名时，注意是否为禁止航空托运的货物；如属特种货物，是否有相关手续证明。本托书中托运货物为服装，属普通货物。
（7）数量、体积、重量	数量、重量、体积关系到运费核算和出口报关，需将托书中的数据与发票、装箱单核对。通常情况下，货主会在货物生产完毕前提前办理托运，托书及随附的发票、装箱单中的数量、体积、重量为预估数值，但一般与最终确定数值相差不大，可据此先确定舱位，最后依照送到航空公司指定仓库的货物实际数字为准。托书中货物数量：55CTNS（5193PCS），毛重：780 千克，总体积：2.0 立方米。与货主确认托书、发票与装箱单的数量。

任务二　预配舱与预订舱（操作部）

第一步，预配舱。操作部根据预托数据、客户委托要求和航班情况进行预配舱。

（1）销售汇总所接受的委托和客户的预报信息，并输入电脑出口操作系统，对每票货配上运单号。

（2）计算出各航线的件数、重量、体积，按照客户的要求和货物重、高情况，根据航空公司不同机型对不同板箱的重量和高度要求，制订预配舱方案。

（3）配载。确定箱型箱量，此票货物毛重 780 千克，总体积 2.094 立方米，为拼箱货。

表 2－2　　　　　　　　　　　　　　配舱单

业务编号	客户编号	进仓编号	委托单位	运单号
JD080800486	TDA80179C	JD080800486	佳佳进出口有限公司	1123473686 40008012
品名	件数	体积（CBM）	毛重（kg）	箱型
COSTUME JEWELRY 仿首饰（项链）	5193	2.0	780	拼箱，1×20'HQ
起运港	目的港	航空公司	航班/日期	运费方式
SHANGHAI	LAX，USA	CK223	CK223，2/MAR	PREIGHT PREPAID

第二步，预订舱。根据预配舱向航空公司或其代理订舱。

订舱：原则上需在装运日期一周前订舱，遇到舱位紧张时需适当提前。如在实际订舱时发现没有舱位，应立即与订舱单位或承运人联系，争取舱位；同时和客户商量是否能改配其他承运人或延期出运。特例：在配舱时间紧迫的情况下，可以先凭"工作流转表"订舱，再让客户补传托书。

订舱部根据出口操作系统中反映的订舱信息与预配舱方案，按航班、日期打印出总运单号、件数、重量、体积，通过操作系统向中国货运航空有限公司（CK）预订舱。杨丹与佳佳进出口有限公司联系人确认本次托运的出运日期为 3 月 12 日，选择中国货运航空有限公司（CK），确定航班为 CK223。

需要注意：此时货物可能还没有入仓库，预报和实际的件数、重量、体积等都会有差别，这些留待配舱时再作调整；为保证货物安全快速地到达目的地，需要选择合适的机型，要从重量限制、容积限制、舱门限制、飞机货舱的地板承受力四个方面来选择合适的机型，否则可能造成货物装载不成功无法储运等情况；注意托盘货物的尺寸，注意订舱要求中的现场操作要求，并核实货物情况；中转货物应提前确认二程舱位。

第三步，与航空公司确认舱位。舱位初步确认后才可以接单接货。

第四步，制好"运费确认单"与托运人确认运价。经过磋商，与佳佳进出口有限公司确定每千克运费 30.97 元，另加 150 元报关费，50 元运单费，12544 元燃油附加费，948 元安全附加费。

表 2 - 3　　　　　　　　　　　　　　　运费确认单

公司名称：<u>宁波捷达顺</u>　　ATTN：<u>张涛</u>

运单号：<u>1123473686 40008012</u>　件数：<u>55 件</u>

始发地：<u>SHA</u>　目的地：<u>LAX</u>　航班：<u>CK</u>

项目	金额	备注
空运费	24156.60	单价：30.97
报关费	150.00	
AWC：	50.00	重量：780
MSC：	940.80	体积：2.0
MYC：	12544.00	计费重量：780
合计	31691.40	
客户确认栏	签名：	盖章：

请提供发票抬头：□与托运人相同

　　　　　　　　□其他（请注明）_____

尊敬的客户，请确认以上费用无误后，签字盖章后回传，FAX：0574 - 27705222。如若有异议，请及时与我公司联系，联系人：郑云 TEL：15058882220　27705200。费用确认时间为 48 小时，如过时未回复视为默认已开票。

我公司人民币账号如下：捷达顺国际货运代理有限公司宁波分公司中国工商银行宁波中门支行

人民币账户：39011000××0000×××3

美元账户：390110000×××××××5

任务三 取单，整理报关相关单证（操作部）

第一步，取得报关资料。本公司由专职跑单师傅或者销售负责拿取报关资料，在取件时应认真核对报关资料的份数是否正确，每一份资料（报关单、报关委托书、发票、装箱单或者商检单、商会证明等）是否齐全，章是否已盖齐，是否已上网备案等。报关资料须在操作部规定的合理时间内送达操作员手中。市区以外可请客户将资料寄给我公司，时间紧的时候也可请他们直接寄给报关单位。

<table>
<tr><td colspan="5" align="center">上海秀宏贸易有限公司
SHANGHAI XIUHONG TRADING CO. ,LTD.</td></tr>
<tr><td colspan="2">TO：KNITWORK CORP.</td><td>号码 NO. ：</td><td colspan="2">425</td></tr>
<tr><td colspan="2"></td><td>日期 DATE：</td><td colspan="2">MAR 11 2014</td></tr>
<tr><td colspan="5" align="center">商 业 发 票</td></tr>
<tr><td colspan="5" align="center">COMMERCIAL INVOICE</td></tr>
<tr><td>装船口岸</td><td colspan="2">目的地</td><td colspan="2">经过</td></tr>
<tr><td>FROM：SHANGHAICHINA</td><td colspan="2">TO：LAX, USA</td><td colspan="2">VIA：- - - - - - -</td></tr>
<tr><td>信用证号</td><td colspan="2"></td><td colspan="2">开证银行</td></tr>
<tr><td>DOCUMENTARY CREDIT NO. ：</td><td colspan="2"></td><td colspan="2">ISSUED BY：</td></tr>
<tr><td>标志及箱号</td><td>品名及数量</td><td>单 价</td><td colspan="2">金 额</td></tr>
<tr><td>MARKS &NOS.</td><td>DESCRIPTION</td><td>QUANTITY（PCS）</td><td>UNIT PRICE</td><td>AMOUNT</td></tr>
<tr><td>KNITWORK PRODUCTIONS</td><td>COSTUME JEWELRY 仿首饰（项链）</td><td>5193</td><td colspan="2">FOB SHANGHAI
US $ 0.49　US $ 2544.57</td></tr>
</table>

<table>
<tr><td colspan="6" align="center">上海秀宏贸易有限公司</td></tr>
<tr><td colspan="6" align="center">SHANGHAI XIUHONG TRADING CO. ,LTD.</td></tr>
<tr><td colspan="6" align="center">装箱单 PACKING LIST</td></tr>
<tr><td colspan="2">TO：KNITWORK CORP.</td><td colspan="4">号码 NO. ：425</td></tr>
<tr><td colspan="2"></td><td colspan="4">日期 DATE：MAR 11 2014</td></tr>
<tr><td>标志及箱号</td><td>品名及规格</td><td>数量</td><td>件数</td><td>毛重</td><td>净重</td><td>尺码</td></tr>
<tr><td>MARKS & NOS.</td><td>DESCRIPTIONS OF GOODS AND SPECIFICATIONS</td><td>Q'TY</td><td>NO. OF PKGS</td><td>G. W.</td><td>N. W.</td><td>MEAS.</td></tr>
<tr><td></td><td></td><td>PCS</td><td>CTNS</td><td>KG</td><td>KG</td><td>CBMS</td></tr>
<tr><td>KNITWORK PRODUCTIONS</td><td>COSTUME JEWELRY 仿首饰（项链）</td><td>5193</td><td>55</td><td>784</td><td>729</td><td>2.094</td></tr>
<tr><td></td><td>TOTAL：</td><td>5193</td><td>55</td><td>784</td><td>729</td><td>2.094</td></tr>
</table>

报关资料

Shanghai		价格术语	单价	金额	件数	毛重	净重
上海秀宏贸易有限公司		FOB	USD 0.49	2544.57	55	784	729
运输方式	运抵国	目的地	境内货源地	付款方式	包装		
空运	美国	洛杉矶	义乌	T/T	CTNS		
01	7117190000	仿首饰（项链）	5193			美国	
申报要素	种类项链，材质60%锌合金，40%树脂，未镀贵金属						
						= = = = = =	
						TOTAL:	

预录入报关单如下：

表 2 - 4　　　　　　　　　　预录报关单

中华人民共和国海关出口货物报关单

2233 2014 0831 4083 76

预录入编号：000000000939359433　　Page 1　海关编号：22332014083140837 6　　Page 1

出口口岸		备案号		出口日期		申报日期
浦东机场 2233						2014-03-11

经营单位	上海秀宏贸易有限公司 3117982485	运输方式 航空运输	运输工具名称		提运单号 11234736586 40008012	
发货单位	上海秀宏贸易有限公司 3117982485	贸易方式 一般贸易 0110	征免性质 一般征税 101		结汇方式 电汇	
许可证号		运抵国（地区） 美国 502	指运港 美国 502		境内货源地 义乌 33189	
批准文号		成交方式 FOB	运费 000//	保费 000//	杂费 000//	
合同协议号		件数 55	包装种类 纸箱	毛重（千克） 784	净重（千克） 729	
集装箱号 0（0）		随附单证		生产厂家		

标记唛码及备注

项号	商品编号	商品名称、规格型号	数量及单位	最终目的国（地区）单价	总价	币制 征免
1	71171900	仿首饰（项链） 项链60%锌合金40%树脂，未镀贵金属5193.00000备属	729.00000千克 502	美国 0.4900	2544.57	USD 照章征 美元

税费征收情况

录入员	录入单位	兹声明以上申报无讹并承担法律责任	海关审单批注及放行日期（签章）	
ZBP			审单	审价
报关员			征税	统计
单位地址		申报单位（签章）	查验	放行
邮编　　电话		上海敏祥国际货物运输代理有限公司 填制日期 2014-03-11 13:13:34		

三、货主单位留存联

　　第二步，整理、审核单证要求。杨丹了解到，审核单证，是指接受托运人提供的报关文件及其他随机要求文件并进行审核。公司指定专人对单证进行整理、认真核对。

　　1. 报关所审核主要单证

　　（1）发票：发票上要求货物唛码、名称、数量、重量清晰准确；要标明价格术语和单价、总金额；要加盖公章，业务部门章无效。此票货物发票与装箱单单单一致。

　　（2）装箱单：装箱单要求货物唛码、名称、货物件数与包装件数、毛重和净重、体积，以及大写包装件数填写清晰准确；要标明价格术语和单价、总金额；要加盖公章。

　　（3）报关单：注明经营单位注册号、贸易性质、收回方式，要求在申报单位加盖公章。内容见学习情境七。

　　（4）许可证：确认是否具有进出口权以及产品是否需要配额。审核合同号、出口口岸、贸易国别、有效期，符合要求，与其他单据相符。

　　（5）商检证：商检证、商检放行单、盖有商检放行章的报关单均可。商检证上应有海关放行联。

　　（6）进料/来料加工核销本：注意本上的合同号是否与发票相符。

　　（7）索赔/返修协议：要求提供正本，合同双方盖章，外方没章时可以签字。

　　（8）到付保函：凡到付运费的货物，发货人都应提供。

　　（9）关封。

　　2. 审核要求

　　（1）单证是否齐全。

　　①基本报关单证，为所有货物所必需：提供报关委托书、发票、装箱单、报关单等。

　　②证明货物合法出口的各种批准文件，取决于出口货物的类别及其贸易方式，如配额、商检单等。

　　③随机文件，分两种：一种是航空公司或其地面代理根据货物情况要求的文件，如化工品鉴定书、非危保函、无氟证明、磁检报告等；另一种是客户自己要求的随机文件，一般多为目的港清关文件。

　　（2）内容填写是否完整规范清晰。

　　（3）单证是否单单一致。

表 2-5　　　　　　　　　　　　　　　基本报关单证审核要点

审核单证	审核要点
（1）发票	发票上名称、数量、重量、货物唛码清晰准确；标明价格术语和单价、总金额；加盖公章，业务部门章无效。此票货物发票与装箱单单单一致。
（2）装箱单	装箱单货物名称、货物件数与包装件数、毛重和净重、体积，以及大写包装件数填写清晰准确；标明价格术语和单价、总金额；加盖公章。
（3）报关委托书报关单	注明经营单位注册号、贸易性质、收回方式，要求在申报单位加盖公章。内容见学习情境五。

　　航空公司虽然提供免费随机单证服务，但不对其是否安全到达提供保证，也就是说，如果客户提供的随机文件丢失，航空公司免责。因此，注意提醒客户那些比较重要

的、很难重新制作的文件如配额要跟客户说明，尽量不要随机。

3. 整理单证

（1）操作部将审核好的信息输入公司出口操作系统。输入时应如果是现场操作货物，应在备注栏内注明；如果是托盘货物必须输入托盘尺寸；如果是快件货物最好输入货物尺寸。

（2）接受、整理托运人或其代理人送交的已经审核确认的托运书及相关报关单证、收货凭证，并将电脑中的收货记录与收货凭证核对。

（3）制作操作交接单，填上所收到的各种报关单证份数，给每一份交接单配一份主运单或分运单。

（4）将制作好的交接单、配好的总运单或分运单、报关单证确认无误之后，填写"业务流转表"，移交下一环节运单制作和报关。

交接单或业务流转表，是一种内部操作联系的单证，一般包括货物信息和单证信息两大部分。将所配承运人、订舱单位名称、装箱日期、装运日期、销售姓名、货物件数毛重体积、车队名称和陆运费（如有指定），如有特别操作要求等明确填入流转表。单票运费很高或者货值很高，须向相关主管请示，在得到签字同意后方可接单。

交接单打印的必要条件是货物到达。如此时货未到或未全到，可以按照托运书上的数据填入交接单，并注明货物到齐后再进行修改。流转表写好之后，交给商务部审核或填写运价。如果是新客户或者新订舱单位，须先请商务录入系统。经商务审核后及时交给操作订舱。

表 2－6　　　　　　　　　　　　　　操作流转表

委托单位：佳佳进出口有限公司	联系人：张涛
销售人员：杨丹	航空公司：CK223
运单号：1123473686 40008012	航班/日期：12/MAR
运单制作：YANGDAN	口岸代理：
件数/重量/尺码：55/5193/2.0	
注意事项：损内外唛头，拍照确认，HJ6755	
收：30.97/KG＋150.00＋50.00＋940.80＋1254.00	支：
发票抬头：KNITWORK CORP.	
发票要求：	
分单号：0116263	
发票抬头：	
发票要求：	

四、知识要点

（一）国际货物托运书

1. 含义和作用

空运托运书（Shippers Letter of Instruction，SLI）是托运人用于委托承运人或其代理人填开航空货运单的一种表单，表单上列有填制货运单所需各项内容，并应印有授权于承运人或其代理人代其在货运单上签字的文字说明。

根据《华沙公约》第 5 条第（1）款和第（5）款规定，货运单应由托运人填写，也可由承运人或其代理人代为填写；实际上，目前货运单均由承运人或其代理人填制。

作为填开货运单的依据——托运书，应由托运人自己填写，而且托运人必须在上面签字并盖章，作为货主委托代理承办航空货运出口货物的依据。航空货运代理公司根据委托书要求办理出口手续，并据此结算费用。因此，"国际货物托运书"是一份重要的法律文件。

2. 内容

表 2-7　　　　　　　　　　　　　国际货物托运书（样本）

托运人姓名及地址 SHIPPER'S NAME AND ADRESS	托运人账号 SHIPPER'S ACCOUNT NUMBER	供承运人用 FOR CARRIER USE ONLY	
		航班/日期 FLIGHT/DAY	航班/日期 FLIGHT/DAY
收货人姓名及地址 CONSIGNEE'S NAME AND ADDRESS	收货人账号 CONSIGNEE'S ACCOUNT NUMBER	已预留吨位 BOOKED	
		运费 CHARGES	
代理人的名称和城市 ISSUING CARRIER'S AGENT NAME AND CITY		ALSO NOTIFY：	
始发站 AIRPORT OF DEPARTURE			
到达站 AIRPORT OF DESTINATION			
托运人声明的价值 SHIPPER'S DECLARED VALUE	保险金额 AMOUNT OF INSURANCE	所附文件 DOCUMENT TO ACCOMPANY AIR WAYBILL	
供运输用 FOR CARRIAGE　供海关用 FOR CUSTOMS			

处理情况（包括包装方式货物标志及号码等）
HANDLING INFORMATION (INCL METHOD OF PACKING IDENTIFYING MARKS AND NUMBERS)

件数 NO. OF PACKAGES	实际毛重千克（千克） ACTUAL GROSS WEIGHT（kg）	运价类别 RATE CLASS	收费重量千克（千克） CHARGEABLE WEIGHT（kg）	费率 RATE/CHARGE	货物品名及数量（包括体积或尺寸） NATURE AND QUANTITY OF GOODS（INCL. DIMENSIONS OF VOLUME）

电　话： 传　真： 联系人： 地　址： 托运人签字：	★如改配航空公司请提前通知我公司 （公章） 制单日期：　　　年　月　日

托运书包括下列内容栏：

（1）托运人（SHIPPER）。填托运人的全称、街名、城市名称、国名，以及便于联系的电话号、电传号或传真号。

（2）收货人（CONSIGNEE）。填收货人的全称、街名、城市名称、国名（特别是在不同国家内有相同城市名称时，必须要填上国名）以及电话号、电传号或传真号，本栏内不得填写"order"或"to order of the shipper"（按托运人的指示）等字样，因为航空货运单不能转让。

（3）始发站机场（AIRPORT OF DEPARTURE）。填始发站机场的全称。

（4）目的地机场（AIRPORT OF DESTINATION）。填目的地机场（不知道机场名称时，可填城市名称），如果某一城市名称用于一个以上国家时，应加上国名。例如：LONDON UK 伦敦，英国；LONDON KY US 伦敦，肯达基州，美国；LONDON ONT CA 伦敦，安大略省，加拿大。

（5）要求的路线/申请定仓（REQUESTED ROUTING/REQUSETING BOOKING）。本栏用于航空公司安排运输路线时使用，但如果托运人有特别要求时，也可填入本栏。

（6）供运输用的声明价值（DECLARED VALUE FOR CARRIAGE）。填供运输用的声明价值金额，该价值即为承运人负赔偿责任的限额。承运人按有关规定向托运人收取声明价值费，但如果所交运的货物毛重每千克不超过 20 美元（或其等值货币），无须填写声明价值金额。可在本栏内填入"NVD"（NO Valued 未声明价值），如本栏空着未填写时，承运人或其代理人可视为货物未声明价值。

（7）供海关用的声明价值（DECLARED VALUE FOR CUSTOMS）。国际货物通常要受到目的站海关的检查，海关根据此栏所填数额征税。

（8）保险金额（INSURANCE AMOUNT REQUESTED）。中国民航各空运企业暂未开展国际航空运输代保险业务，本栏可空着不填。

（9）处理事项（HANDLING INFORMATION）。填附加的处理要求，例如，另请通知（ALSO NOTIFY）。除填收货人之外，如托运人还希望在货物到达的同时通知他人，请另填写通知人的全名和地址；外包装上的标记；操作要求，如易碎、向上等。

（10）货运单所附文件（DOCUMENT TO ACCOMPANY AIR WAYBILL）。填随附在货运单上往目的地的文件，应填上所附文件的名称，例如，托运人的动物证明（SHIPPER'S CERTIFICATION FOR LIVE ANIMALS）。

（11）件数和包装方式（NUMBER AND KIND OF PACKAGES）。填该批货物的总件数，并注明其包装方法，例如，包裹（Package）、纸板盒（Carton）、盒（Case）、板条箱（Crate）、袋（Bag）、卷（Roll）等。如货物没有包装时，就注明为散装（Loose）。

（12）实际毛重（ACTUAL GROSS WEIGHT）。本栏内的重量应由承运人或其代理人在称重后填入，如托运人已经填上重量，承运人或其代理人必须进行复核。

（13）运价类别（RATE CLASS）本栏可空着不填，由承运人或其代理人填写。

（14）计费重量（CHARGEABLE WEIGHT）（kg）本栏内的计费重量应由承运人或其代理人在量过货物的尺寸（以厘米为单位）由承运人或其代理人算出计费重量后填

入，如托运人已经填上时，承运人或其代理人必须进行复核。

（15）费率（RATE/CHARGE）。本栏可空着不填。

（16）货物的品名及数量（包括体积及尺寸）（NATURE AND QUANTITY OF GOODS）（INCL. DIMENSIONS OF VOLUME）。填货物的品名和数量（包括尺寸或体积）。货物中的每一项均须分开填写，并尽量填写详细具体。本栏所填写内容应与出口报关发票、进口许可证上所列明的相符。危险品应填写适用的准确名称及标贴的级别。

（17）托运人签字（SIGNATURE OF SHIPPER）。托运人必须在本栏内签字。

（18）日期（DATE）。填托运人或其代理人交货的日期。

（二）航空运输设备

1. 民用航空运输飞机

飞机的生产厂家大都是国外的飞机制造商，如空中客车（Airbus）、波音（Boeing）、福克（Fokker）、麦道（McDonnell Douglas）等公司。目前主要从事货运的飞机机型主要是空客系列、波音系列和麦道系列。

（1）飞机的分类。

①按机身的宽窄，飞机可以分为宽体飞机和窄体飞机。

窄体飞机（Narrow-body aircraft）：100座以上200座以下客机一般都是窄体飞机。窄体飞机的机身宽约3米，旅客座位之间有一个走廊，这类飞机往往只在其下货舱装运散货。共有前舱和后舱两个散装舱，不能装板装箱，见图2-1。

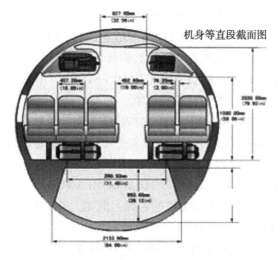

图2-1 波音737客机和全货机剖面图

常见的窄体飞机：

Airbus Industries	A318，A319，A320，A321
Boeing	B707，B717，B727，B737，B757
Fokker	F100
McDonnell Douglas	DC-8，DC-9，MD-80series，MD90
Antonov	AN-72/74

　　宽体飞机（Wide-body aircraft）：宽体飞机的机身较宽，客舱内有两条走廊，三排座椅，机身宽一般在 4.72 米以上，这类飞机可以装运集装货物和散货。有三个货舱（前下货舱、后下货舱、散装货舱），一般前下货舱装板，后下货舱只能装箱，前下货舱的板可以换成箱，散装货舱位于飞机的尾部。

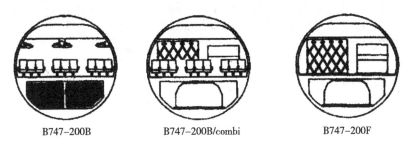

B747-200B　　　　　B747-200B/combi　　　　　B747-200F

图 2-2　波音 747 客机、客货混用机和全货机剖面图

常见的宽体飞机：

Airbus Industries	A300-B，A310，A330，A340
McDonnell Douglas	
Boeing	B747，B767，B777
Ilyushin	IL-86，IL-96
Lockheed	L1011 Tristar
McDonnell Douglas	DC-10，MD-11
Antonov	AN-124

　　②按飞机使用用途分类，民用航空运输飞机按使用用途不同可以分为全货机、全客机和客货混用机。

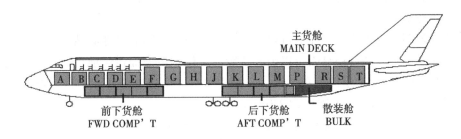

图 2-3　全货机货舱装载侧试图

　　全货机：主舱及下舱全部载货。

　　全客机：只在下舱载货。

　　客货混用机：在主舱前部设有旅客座椅，后部可装载货物，下舱内也可以装载货物。

　　（2）飞机舱位结构。一般飞机主要分为两种舱位：主舱（main deck）、下舱（lower deck），但波音 747 分为三种舱位：上舱（upper deck）、主舱、下舱。货舱一般位于飞机的下腹部，有前下货舱和后下货舱，通常情况下被分成若干个分货舱。窄体飞机的下舱仅仅是用来装运散装货物的，人们通常称为"散装货舱"或简称"散舱"；宽体飞机的主下舱主要是装载集装货物，因此也称为集装货物舱。大多数宽体飞机的下舱也设置散货舱，见图 2-4。

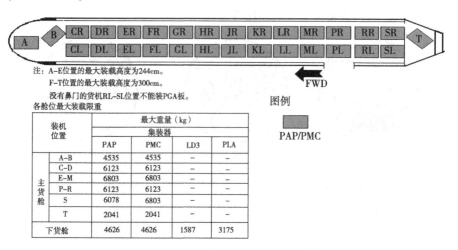

图 2-4　波音 767-200 舱位结构、主货舱货物装载俯视图及装载限重表

（3）飞机的装载限制。

①重量限制。飞机制造商规定了每一货舱可装载货物的最大重量限额。所载货物重量不可超过此限额，否则可能破坏飞机结构，飞行安全受到威胁。

②容积限制。由于货舱内可利用的空间有限，容积成为运输货物的限制条件之一。轻泡货物已经占满了货舱内的所有空间，而未达到重量限额。相反，高密度货物的重量已达到限额而货舱内仍会有很多的剩余空间无法利用。将轻泡货物和高密度货物混运装载，是比较经济的解决办法。

③舱门限制。由于货物只能通过舱门装入货舱内，货物的尺寸必然会受到舱门的限制。为了便于确定一件货物是否可以装入货舱，飞机制造商提供了舱门尺寸表。表内数据以厘米/英寸两种计量单位公布。例：一件货物的尺寸为 240cm×70cm×60cm 装载在 B737 散仓内，则货物的长度限额为 240cm。

④地板承受力。飞机货舱内每平方米可承受一定的重量。如果超过它的承受能力，地板和飞机结构很有可能遭到破坏。因此，装载货物时应注意不能超过地板承受力的限额。在实际操作中，可以按照公式：地板承受力=货物的重量/地板接触面积（千克/平方米）。

计算出地板承受货物实际的压强，如果超过飞机的地板承受力最大限额，应使用 2~5cm 厚的垫板，加大底面积，可以按照公式：

垫板面积=货物的重量/地板承受力限额（平方米）

波音系列：下货舱散舱：$732kg/m^2$　　下货集货舱：$976kg/m^2$

　　　　　　主货舱集货舱：$1952kg/m^2$　　$488kg/m^2$（T 区）

空中客车系列：下货舱散舱：$732kg/m^2$　　下货集货舱：$1050kg/m^2$

例：货物意见，毛重 200 千克，底部面积 0.6 米×0.4 米，货物不可倒置。该货运送的航程上，有 TU154、B767 和 BAE146 机型，问：（1）可装运在哪种机型飞机上？（2）如上述货物只能由 BAE146 机型运送，需加多大面积的垫板？

各种飞机每平方米地板承受力如下：

机型	TU154	B767	BAE146
地板承受力（千克/平方米）	600	散货仓 732	366

解答：飞机机舱地板每平方米所承受的货物重量为

$$\frac{200}{0.6\times0.4}=833.3（千克/平方米）$$

故 TU154 和 BAE146 机型均不能装载，只能装载到 B767 机型上。

如上述货物只能由 B767 机型运送，则：

$$\frac{200}{732}=0.27（平方米）$$

故需加 0.27 平方米面积的垫板。

表 2 - 8　　　　　　　　飞机舱门尺寸及各舱最大装载重量表

货舱	高（cm）	宽（cm）	最大载重（kg）	动物舱位
鼻门	249	264	51661	有
主货舱	305	340		有
前下货舱	168	264	26489	有 *
后下货舱	168	264	26081	有
散装舱	112	119	6749（22.6m³）	有

注："*"表示该货仓内没有通风系统，只有加温，因此只能装载少量依靠外界供氧的动物。

2. 集装器简介

（1）集装运输的特点。集装运输就是将一定数量单位的货物装入集装箱内或装在带有网套的集装板上作为运输单位进行整装整卸运输。

集装运输具有如下特点：①减少货物装运时间，提高工作效率。②以集装运输替代散件装机，可以减少地面等待时间。③减少货物周转次数、提高完好率。④减少差错事故，提高运输质量。⑤节省货物的包装材料和费用。⑥有利于组织联合运输和门到门服务。

（2）集装设备的种类。装运集装器的飞机，其货舱底部应有滚轴轨道和叉眼装置等固定集装器的设备，把集装器固定在机舱内，这时集装器就成为飞机的一部分，所以，飞机集装器的大小有严格规定。

①集装器按注册与非注册划分。

注册的飞机集装器是指国家有关政府部门授权集装器生产厂家生产的，适宜于飞机安全载运的，在其使用过程中不会对飞机的内部结构造成损害的集装器。

图 2 – 5　机舱内的滚轴轨道和叉眼装置

非注册的集装器是指未经有关部门授权生产的，未取得适航证书的集装器，非注册的集装器不能看作飞机的一部分。因为它与飞机不匹配，一般不允许装入飞机的主货舱，它适合于地面操作环境，仅适合于某些特定机型的特定货舱。见图 2 – 6。

　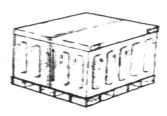

注册的飞机集装器　　　　　　　　非注册的飞机集装器

图 2 – 6　注册与非注册的飞机集装器

②集装器按用途分类。

集装板和网套（Pallet & Net）。集装板是具有标准尺寸的，四边带有卡锁轨或网带卡锁眼，带有中间夹层为硬铝合金制成的平板，以便货物在其上码放。集装板的识别代号以字母"P"开头。网套是用来把货物固定在集装板上，靠专门的卡锁装置来固定，见图 2 – 7。

　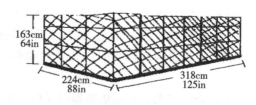

图 2 – 7　集装板和网套示意图

结构集装棚与非结构集装棚（Structural Igloo Assembly & Non - structural Igloo）。结构集装棚是指带有固定在底板上的外壳的集装设备，它形成了一个完整的箱，不需要网套固定，分为拱形和长方形两种。非结构集装棚是一个非结构的棚罩或称无结构拱形盖板（可用轻金属制成），无底、前端敞开，罩在货物和网套之间，见图 2 – 8。

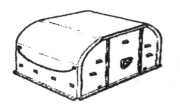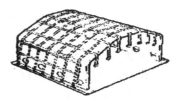

图 2 - 8 结构集装棚与非结构集装棚

③集装箱（Container）。集装箱类似于结构集装棚，与飞机的固定系统直接结合，不需要任何附属设备。可分为：

空陆联运集装箱：分为 20 英尺或 40 英尺长，高和宽均为 8 英尺。属于非专用航空集装箱，用于空运转入地面用，主要用于陆空、海空联运。

主货舱集装箱：只能装于全货机或客机的主货舱，这种集装箱的高度在 163 厘米以上。

下货舱集装箱：只能装于宽体飞机的下货舱。高度不超过 163 厘米。

此外还有一些特殊用途的集装箱，例如：保温箱，分为密闭保温主箱和动力控制保温箱两种；还有运载活体动物和特种货物专用集装箱，如马厩（Horse stall）、牛栏（Castle stall）、汽车运输设备（Automobile transport equipment）。

（3）集装器编号的组成。在集装器的面板和集装器的四周，常会看到诸如 AKE1203MU、PAP2234CA 等集装器的识别代号。这些编号是基于集装器的类型、尺寸、外形、与飞机的匹配、是否注册等几方面因素形成的。集装器编号由九位字母与数字组成，一般分为 AKE、AKN、DPE 和 DPN 四种类型。

位置	字母或数字	含义
1	字母	集装器的类型
2	字母	底板尺寸
3	字母	外形或适配性
4，5，6，7	数字	序号
8，9	字母	所有人、注册人

集装器的编号表示

首位字母表示集装器的种类：

A：CERTIFIED AIRCRAFT CONTAINER　注册的飞机集装器

B：NON – CERTIFIED AIRCRAFT CONTAINER　非注册的飞机集装器

F：NON – CERTIFIED AIRCRAFT PALLET　非注册的飞机集装板

G：NON – ERTIFIED AIRCRAFT PALLET NET　非注册集装板网套

J：THEMAL NON – STRUCTURED IGLOO　保温的非结构集装棚

M：THERMAL NON – CERTIFIED AIRCRAFT CONTAIN　保温的非注册的飞机集装箱

N：CERTIFIFDD AIRCRAFT PALLET NET　注册的飞机集装板网套

P：CERTIFIED AIRCRAFT PALLET　注册的飞机集装板

R：THERMAL CERTIFIED AIRCRAFT CONTAINER　注册的飞机保温箱

U：NON STRUCTURAL IGLOO　非结构集装棚

H：HORSE STALL　马厩

V：AUTOMOBILE TRANSPORT EQUIPMENT　汽车运输设备

X、Y、Z：RESFRVED FOR AIRLINE USE ONLY　供航空公司内部使用

第二位字母表示集装器的底板尺寸：

A：318cm×224cm

B：274cm×224cm

E：224cm×135cm

G：606cm×224cm

K：156cm×153cm

L：318cm×153cm

M：318cm×224cm

Z：498cm×224cm

第三位字母表示集装器的外形以及与飞机的适配性：

E：适用于 B747、A319、DC10、L1011 下货舱无叉眼装置的半型集装箱

N：适用于 13747、A310、DC10、L1011 下货舱有叉眼装置的半型集装箱

P：适用于 B747COMB 上舱及 B747、DC10、L1011、A310 下舱的集装板

A：适用于 B747F 上舱集装箱

第四至第七位数字表示集装器的序号码。由各航空公司对其所拥有的集装器进行编号。

第八至第九位字母表示注册号码。一般为航空公司的 ITAT 二字代码。

---

3. 各类飞机装载的数据

了解不同飞机能装载多少板、箱，有助于国际货运装板装箱。飞机装载数据如表 2 – 9 所示。

表 2 - 9　　　　　　　　　　　　　飞机的装载数据

机　型	地面承受（kg/m²）	货舱门尺寸（cm）	最大装载量（m³）	动物舱位
B777 - 200	976	前货舱：170 × 270	6 块 P1P/P6P 板或 18 个 AVE 集装箱	可以（无气味）
		后货舱：175 × 180	14 个 AVE 箱	可以（限板）
	732	散舱：114 × 97	17m³（4082kg）	
B767 - 200	976	前货舱：175 × 340	3 块 P1P/P6P 集装板	可以（无气味）
	732	后货舱：175 × 187	10 个 DPE 箱	
		散货舱：119 × 97	12.0m³（2925kg）	
B767 - 300	732	前货舱：175 × 340	4 块 P1P/P6P 集装板	可以（无气味）
		后货舱：175 × 187	14 个 DPE 箱	
		散货舱：119 × 97	12.0m³（2925kg）	
B757	732	前货舱：107 × 107	21.6m³（4672kg）	可以（无气味）
		后货舱：140 × 112	24.7m³（7393kg）	
B737 - 300	732	前货舱：88 × 121	10.4m³（2269kg）	可以
		后货舱：88 × 117	19.6m³（3462kg）	
B737 - 800	732	前货舱：89 × 122	19.6m³（3558kg）	可以
		后货舱：84 × 112	25.4m³（4850kg）	
A340 - 300（313 型）	1050	前货舱：169 × 270	6 块 P1P/P6P 集装板或 18 个 AVE 集装箱	可以
		后货舱：169 × 270	4 块 P1P/P6P 集装板或 14 个 AVE 集装箱	不可以

4. 常见集装器的数据

了解一些常见集装箱的数据，对装板箱非常有帮助，见表 2 - 10。

表 2 - 10　　　　　　　常用集装器的识别代码，板箱规格、限高和尺寸

IATA 代码	底板尺寸（mm）	高度（mm）	容积（m）	自重（kg）	最大毛重（kg）	适用机型
P1P	2235 × 3175	163		120 ~ 126	6804	通用
P6P	2438 × 3175	163		131 ~ 135	6804	宽体飞机 货机
P6P	1190 × 1534	163		1250		B767 专用
PLA PLB	1534 × 3175	163		80 ~ 97	3174	767 禁用
P7E PG	2438 × 6058	163		540 ~ 665	13608	747combi 747F
FQA	1534 × 2438	163		100	2449	767 专用
FQW	1534 × 2438	163		118	2449	767 专用
PMW	2438 × 3175	163		175	6804	767 禁用
AKE	1534 × 1560	163			1588	通用

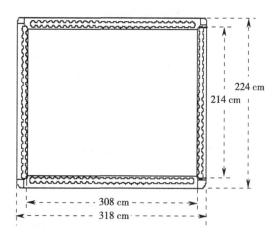

集装板类型：P1

集装板代号：P1P、PAP、PAG、P1A、P1C、PAJ、PAX

最大毛重：6804 kg（含板网重量125 kg左右）

适用机型：所有宽体飞机主货舱、下货舱

（含波音707F、727F/QC、737F/QC主货舱）

图 2-9　P1 型集装板

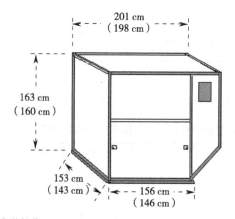

集装箱代号：AVE、AKE、AVA、AVB、AVM、DVA、DVP、DVE

最大毛重：1588 kg（含箱重100 kg左右）

轮廓容积：4.8 m³

可用容积：4.3 m³

适用机型：所有宽体飞机下货舱

图 2-10　LD3 型集装箱

5. 集装货物的基本原则

（1）检查所有待装货物：根据货物的卸机站、重量、体积、包装材料以及货物运输要求，设计货物组装方案（见图 2-11）。

（2）一般情况下，大货、重货装在集装板上；体积较小、重量较轻的货物装在集装箱内。组装时，体积或重量较大的货物放在下面，并尽量向集装器中央集中码放；小件

图 2 - 11 设计货物组装方案

和轻货放在中间,见图 2 - 12;危险物品或形状特异可能危害飞机安全的货物,应将其固定,可用填充物将集装器塞满或使用绳、带捆绑。合理码放货物,做到大不压小、重不压轻、木箱或铁箱不压纸箱,见图 2 - 13。同一卸机站的货物应装在同一集装器上,避免分散装在集装器。

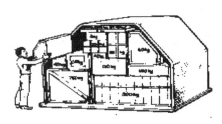

图 2 - 12 合理组装

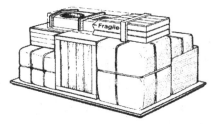

图 2 - 13 大不压小

(3)在集装箱内的货物应码放紧凑,间隙越小越好。为防止货物在集装箱中不规则端坍塌,可以在箱内加一些垫舱的隔板,见图 2 - 14。

  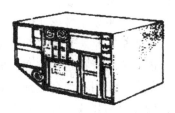

图 2 - 14 垫舱隔板

(4)如果集装箱内没有装满货物,即所装货物的体积不超过集装箱容积的 2/3,且单件货物重量超过 150 千克时,就要对货物进行捆绑固定。最好用绳具将货固定在集装箱的卡锁轨里,见图 2 - 15。

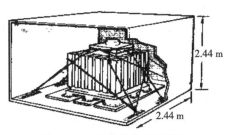

图 2 - 15 用绳具将货物固定

（5）特别重的货物放在下层，底部为金属的货物和底部面积较小重量较大货物必须使用垫板，以防损害集装板，分散对集装板底板压力，保证平稳顺利装入飞机，见图 2-16。

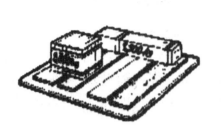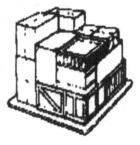

图 2-16　装载顺序

（6）装在集装板上的货物要码放整齐，上下层货物之间要相互交错，骑缝码放，避免货物与货物坍塌、滑落。

（7）装在集装板上的小件货物，装在其他货物的中间予以固定，防止其从网套及网眼中滑落；一块集装板上装载两件或两件以上的大货时，货物之间应尽量紧邻码放，尽量减少货物之间的空隙。

（8）探板（OVERHANG）货物组装：一般情况下不组装低探板货物。确因货物多，需充分利用舱位，且货物包装适合装低探板时，允许装低探板。但是，装低探板货物要按照标准码放，码放货物要合理牢固，网套要挂紧，必要时要用尼龙带捆绑，保证集装货物在运输过程中不发生散落或倾斜。

探板或称出板，是装货时货物的部分超出集装板正常尺寸，探出外悬在空中无支撑。探板可能是因为货物超长超宽，也可能仅仅是为了充分利用飞机舱。由于探板是集装板的突出部分，使用不当会撞到其他货物或机身，所以要慎用。

缩板，则是货物装载的总尺寸小于集装板的尺寸。缩板可能是因货物单件很大，也可能是因货量不足，也可能是为了配合邻近集装板的探板。

探板的使用：航空货运经常会碰到一些超大、超高或超长的货物，如何对这些货物进行科学的装载才不会造成舱位的浪费？为了充分利用飞机舱位，当货物适合装探板时，应尽量组装探板。组装探板的时候，起探高度和探出的宽度要符合标准。通常集装板不是正方形的，所以，根据探出的位置分为宽面探或长面探，或宽探和窄面探，或叫短面探或窄探。操作时要根据情况在货运单证上加备注。根据探出高度又可分为高探和低探。

五、能力实训

【背景资料】绍兴绣品服饰有限公司出口一批绣品给尼日利亚的雷金森公司，委托绍兴通港国际货运代理有限公司代理托运，绍兴通港委托捷达顺公司订舱。相关单证如下：

CONTRACT

CONTRACT NO. : FOLLOW – 3 – 10			DATE：	2014/3/10
PARTY A：SHAOXING EMBROIDERY GARMENT & ORNAMENT CO. ,LTD.				
PARTY B： MR LEKINSON				
THIS CONTRACT IS MADE BETWEEN PARTY A AND PARTY B				
ACCORDING TO THE TERMS AND CONDITIONS				
AS STIPULATED HEREINAFTER：				
NAME	Q'TY		CNF	AMOUNT
100%POLYESTER EMBROIDERY	2045	YDS	USD9. 00	$ 18405. 00
TOTAL				$ 18405. 00
2. PACKING： Packing Condition： IN CARTON				
3. SHIPMENT：				
Time of Shipment： MAR. 12. 2014				
Port of Shipment： HANGZHOU ,CHINA				
Port of Destination： LAGOS, NIGERIA				
4. SHIPPING MARKS： AT REQUST OF PARTY B.				
5. TERMS OF PAYMENT： T/T REIMBURSEMENT .				
6. DOCUMENTS： INVOICE, PACKING LIST, B/L				

绍 兴 绣 品 服 饰 有 限 公 司
SHAOXING EMBROIDERY GARMENT & ORNAMENT CO. ,LTD.
COMMERCIAL INVOICE

Exporter： SHAOXING EMBROIDERY GARMENT & ORNAMENT CO. ,LTD. YANGCHUAN VILLAGE ,DONGPU ZONE ,JINGHU NEW ZONE ,SHAOXING CITY ,ZHEJIANG PROVINCE ,CHINA		To Messrs： MR LEKINSON TEL：00234 – 80333352 COMPLEX , NAHCO , MM. INTER'L AIRPORT LKEJA LAGOS	
Issued by(Bank and Branch)		Invoice No. FOLLOW – 3 – 12	
		Date：MAR – 12 – 2014	
Vessel/Aircraft etc. BY AIR	From： HANGZHOU ,CHINA	Country of Origin： CHINA	
To： LAGOS ,NIGERIA		Terms of Payment：T/T	
Marks and Numbers, Description of Goods		Quantity Yds	Unit Price USD	Amount
Shipping Mark KADMOS 2348034787548 100%POLYESTER WITH EMBROIDERY		2045. 00YDS	FOB 7. 70/YD	HANGZHOU USD15746. 50
		FOB HANGZHOU		USD15746. 50
		FREIGHT CHARGES		USD2658. 50
		CNF LAGOS		USD18405. 00
TOTAL：USD EIGHTEEN THOUSANDS FOUR HUNDREDS AND ZERO FIVR ONLY				
Stamp or Signature				

绍 兴 绣 品 服 饰 有 限 公 司
SHAOXING EMBROIDERY GARMENT & ORNAMENT CO. ,LTD.
PACKING LIST

Exporter： SHAOXING EMBROIDERY GARMENT & ORNAMENT CO. ,LTD. YANGCHUAN VILLAGE,DONGPU ZONE, JINGHU NEW ZONE, SHAOXING CITY, ZHEJIANG PROVINCE, CHINA		Importer： MR LEKINSON TEL：00234－80333352 COMPLEX, NAHCO, MM. INTER'L AIRPORT LKEJA LAGOS			
Issued by(Bank and Branch)		Invoice No. FOLLOW－3－12			
		Date：MAR－12－2014			
Vessel／Aircraft etc. BY AIR	From： HANGZHOU ,CHINA	Country of Origin： CHINA			
To： LAGOS , NIGERIA		Terms of Payment： T/T			
Marks and Numbers, Number and Kind of Packages, Description of Goods		Quantity Ctns	Gross Wt. Kilos	Net Wt. Kilos	Meas. m^3
Shipping Mark KADMOS 2348034787548 100% POLYESTER WITH EMBROIDERY		5CTNS	524KG	495KG	2. 527CBM
		5CTNS	524KG	495KG	2. 527CBM
	TOTAL：PACKED IN FIVE (5) CTNS ONLY				
	Stamp or Signature ————————————				

【实训任务 1】请对客户交来的托运书和随附单据进行审核。

绍兴通港国际货运代理有限公司托书

Shipper （发货人） SHAOXING CO. ,LTD. JINCHUAN ROAD, YANCHUAN VILLAGE, DONGPU, SHAOXING, ZHEJIANG CHINA			D/R No. （提单号） （箱属公司）
Consignee （收货人） MR LEKINSON TEL：00234－8033335202 ADD：ANA COMPLEX, NAHCO, MM. INTER'L AIPORT LKEJA LAGOS			（托运编号） GT1403E105
Notify Party （通知人） MRS KADMOS TEL：00234－8034787586			1. 请配 3 月 4 日杭州 ET 2. 29.5
Ocean vessel （船名）	Voy. No. （航次）	Port pf Loading （装货港） HANGZHOU	

续表

Port of Discharge （卸货港） LAGOS		Place of Delivery （交货地点） LAOGS		Final Destination for the Merchant's Reference （目的地）
Marks（唛头） MRS KADMOS 2348034787548 CTN：1－5 LAGOS	No. of Containers or P'kgs. （箱数或件数） 5CTNS	Kind of Packages： Description of Goods （包装类型与货名） PERSONAL EFFECT	Gross Weight 毛重（千克） 500 KG	Measurement 尺码（立方米） 2 CBM
SHIPPED ON BOARD	FREIGHT PREPAID			

【实训任务 2】作为宁波捷达顺公司的货代员，请制作订舱委托书，通过空代杭州日通向埃塞俄比亚航空公司（ET）订舱。

捷达顺（厦门）国际货运代理有限公司宁波分公司

地址：宁波市海曙区中山西路 2 号恒隆中心 12B

电话：0086－574－27705222　传真：0086－574－27705222

委　托　书

SHIPPER：	TO 杭州日通 FR：宁波捷达顺 TEL：0574－27705222
CNEE：	1. 2.
NOTIFY：	3. 运费：
Pre－carriage by.（前程运输）	Place of receipt（收货地点）
Freight term：	Destination（目的地）

Marks & Nos.	Package	Description of Good	Gross Weight	Measurement
		实际品名：		

接货与运单制作

JIEHUO YU YUNDAN ZHIZUO

一、学习目标

能力目标

- 能操作"送货通知书"和送货地图
- 能按要求及时送货进航空公司监管仓
- 能缮制"航空货运单"、主运单和分运单
- 能运用《华沙公约》

知识目标

- 熟悉航空货物交接手续与检查要求
- 掌握货运单的填制要求
- 熟悉华沙体制在航空货运中的应用
- 区分主运单和分运单

【学习导图】

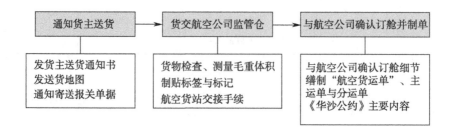

【业务环节关键点】

货交监管仓

缮制航空货运单

二、项目任务

【项目背景】

3月10日，天行健公司回复舱位订妥，传真我公司"送货通知书"，交代货物务必于3月11日上午10：00前送到指定仓库，我公司对佳佳进出口有限公司的托运书、单证进行了审核，向天行健国际货运有限公司委托办理托运手续，并按要求填制航空货运单。

【任务一】 通知货主佳佳进出口公司送货

【任务二】 接收货物

【任务三】 订舱

【任务四】 缮制"航空货运单"

【任务五】 案例分析

三、操作示范

任务一 通知货主佳佳进出口公司送货

3月10日，天行健公司回复舱位订妥，传真给我公司"送货通知书"，交代货物务必于3月11日上午10：00前送到指定仓库。

表3-1　　　　　　天行健公司空运出口（浦东机场）送货通知书

进仓编号：	ETE - JDS0312				
发货单位	SHANGHAI XIUHONG TRADING CO. ,LTD.			客服联系人	张涛
代理名称		联系人		电话	
货名	COSTUME JEWELRY	目的港	LAX	目的港国家	美国
唛头：KNITWORK		件数	毛重（KG）	体积（CBM）	包装类型	备注
		55	784	2.094	CTNS	

第一步，通知佳佳进出口公司送货。

（1）将"送货通知书"传真给佳佳进出口公司。

（2）根据空运货代上海天行健公司传来的以下送货地图，通知货主佳佳进出口公司务必在规定时间内即 3 月 11 日上午 10：00 前将货物送到天行健公司指定仓库。

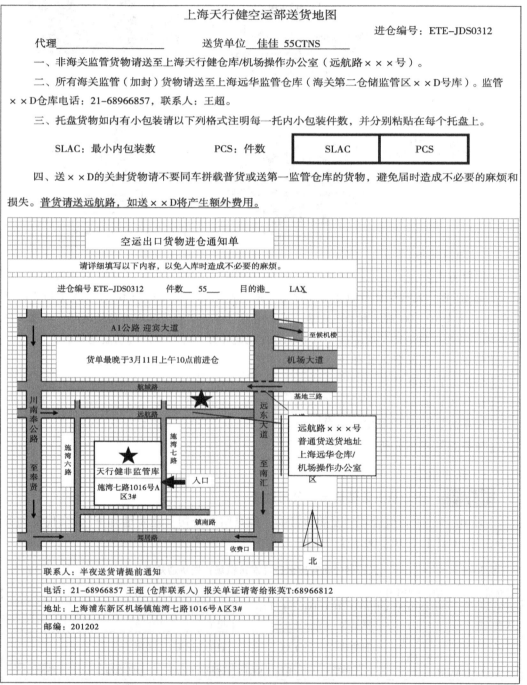

图 3－1 送货地图

第二步，通知佳佳进出口公司寄送报关单据。

通知客户将出口报关单证（发票、装箱单、报关单、报关委托书、出境货物换证凭条、报检委托书）寄往天行健公司空运出口办公室，联系人：张英，联系电话：021－68966812。

COMMERCIAL INVOICE　　　　　　　　　　　　Page No. 1

Exporter					Invoice No.	YW－1425	Exporter's Ref.	
JIAJIE IMP. & EXP. CORP. , LTD.					Dt：03/10/2014			
					Buyer：KNITWORK　CORP.			
No. & Kind of Pkgs.			Description of Goods					
			COSTUME JEWELRY					
ID	PO#	DEC	CONTENT	STYLE	TOTAL Q'TY	UNIT PRICE（USD）	TOTAL AMOUNT（USD）	
803879	617522	COSTUME JEWELRY	60% ALLOY，40% RESIN	J－N5070	4968	0.65	3229.2	
803880	615267	COSTUME JEWELRY	60% ALLOY，40% RESIN	J－N5070	225	0.65	146.25	
					5193		3375.45	
佳 佳 进 出 口 有 限 公 司								
YIWU JIAJIE IMP. & EXP. CORP. LTD.								
Authorize signature（s）＿＿＿＿　张涛								

佳佳进出口有限公司

JIAJIA IMP. & EXP. CORP. , LTD.

装 箱 单

PACKING/WEIGHT LIST

TEL：86 － ··· － ······　　　FAX：86 － ··· － ······

PACKING LIST								Page No. 1			
Exporter：JIAJIA IMP. & EXP. CORP. , LTD.							Invoice No.	YW－1425	Exporter's Ref.		
Buyer： KNITWORK CORP.							Dt：03/10/2014				
	No. & Kind of Pkgs.			Description of Goods：							
				COSTUME JEWELRY							
CTN NO	ID	PO#	DEC	CONTENT	STYLE	CUSTOMER	Q'TY/CTN	TOTAL Q'TY	GW（KG）	CTNS	CBM
1－51	803879	617522	COSTUME JEWELRY	60% ALLOY，40% RESIN	J－N5070	CHARLO	96	4896	738.4	51	1.94
52	803879	617522	COSTUME JEWELRY	60% ALLOY，40% RESIN	J－N5070	CHARLO	72	72	11.1	1	0.038
53－55	803880	615267	COSTUME JEWELRY	60% ALLOY，40% RESIN	J－N5070	CHARLO	75	225	34.5	3	0.116
						合计		5193	784	55	2.094

制单：×××

第三步，对货主送货过程中的意外情况处理做好预案。可能出现的意外情况包括：

1. 未按时送货：（1）整批延误；（2）分批延误。

2. 送错地点。

3. 货物送达包装有破损：（1）严重；（2）轻微。

任务二 接受货物

第一步，根据发票、装箱单或送货单清点货物；并核对货物的数量、品名、合同号或唛头等是否与货运单和报关单上所列一致；检查货物的外包装是否符合航空公司的运输要求。货物如有遗漏、破损或受潮，必须要求客户确认，同时要及时与货主取得联系，整理补足后，与货主办理交接手续。

第二步，给每件货物贴上主标签和分标签。

第三步，货物过磅和丈量。将贴好标签的货物交由货站过安全检查、过磅、丈量货物尺寸，以得到货物实际的毛重、体积。如数据差异太大，尤其是体积，可要求货站仓库人员进行复量甚至拍照为证，货代立即与航空公司重新确认舱位以确保货物顺利出运。一定要和客户确认好进仓货物品名、数量、重量、体积等之后才可发运此票货物。

第四步，办理货物的交接，货站仓库人员将接受所发运货物的信息填入"国际货物入库交接单"中，货代签字。

表 3-2
国际货物入库交接单

代理人名称：捷达顺国际货运代理有限公司   0020815

航班（日期）	目的站	货物目的站	备注
CK223（12/MAR）	LAX, US		
运单号	件数	毛重	计费重量
1123473686 40008012	55CTNS	784KG	784KG
尺寸	品名		
2.094CBM	COSTUME JEWELRY		
本人郑重声明，此入库交接单所填货物名称和实际交运货物名称完全一致，并愿意遵守航空货站的一切载运章程。本人保证所交接货物不含危险品及隐含危险性。			
代理人：	安检：	仓管：	时间：

第五步，货站将整单货物的实际重量以及体积重量写入"可收运书"，加盖"安检章""可收运章"以及签名确认。货运代理根据货站的"可收运书"将全部货物数据，打入航空公司的运单上。

任务三 订舱

与航空代理天行健公司客服确认订舱细节。

（1）收到发货人的发货预报后，向航空公司吨控部门领取并填写"订舱单"，提供相应信息：货物名称、体积（必要时提供单件尺寸）、重量、件数、目的地、要求出运时间、其他运输要求（温度、装卸要求、货物到目的地时限等）。

航空公司根据实际情况安排航班与舱位。杨丹了解到航空公司舱位销售的原则：① 保证有固定舱位配额的货物；② 保证抢险救灾、急救、外交信袋、枪械、灵柩骨灰、AOG 押运货物、政府指定急运物品；③保障邮件、快件舱位；④优先预订运价较高的货物舱位；⑤保留一定的零散货物舱位；⑥未订舱的货物，按交运时间的先后顺序安排舱位。

预订的舱位有时会因货物原因、单证原因、海关原因使得最终舱位不够或者空舱，此类情况需通过有经验人员在一定程度的预见并调整补救，综合考虑。

（2）确认订舱细节。杨丹已将货物订舱系统中录入数据，向航空公司代理天行健公司申请预订舱位。货物入库以后，根据实际所接收的发运货物，与之确认委托书中各项栏目订舱细节，向航空公司确认订舱。

（3）缮制"国际货物空运委托书"。杨丹将缮制好的"国际货物空运委托书"发送给天行健公司客服，因本笔业务使用分运单，我公司须以自己的名义向承运人订舱取得主运单。杨丹完成后的"国际货物空运委托书"如下：

表 3 - 3　　　　　　　　　　国际货物空运委托书

SHIPPER'S LETTER OF INSTRUCTION

捷达顺国际货运代理有限公司

地址：宁波市海曙区中山西路 2 号恒隆中心 11B

电话：0086 - 574 - 27705201　传真：0086 - 574 - 27705200

国际航空货运委托书	
SHIPPER： OHL（XIAMEN）CO.,LTD. NINGBO BRANCH ROOM 11B, DRAGON TOWER, NO. 2 WEST ZHONGSHAN ROAD, HAISHU DISTRICT, NINGBO, CHINA P. C.：315000 TEL：86 - 574 - 27705201 FAX：86 - 574 - 27705200	TO：上海天行健 1. 货物 3 月 11 日上午进仓，请订 3 月 12 日的 CZ 航班，直达 LAX 2. 运费：30.9KG + 150 3. 主单品名：CONSOL CARGO 4. 要贴中性标签：DER40008012 5. 尽快提供进仓单，客人今天发货
CNEE： OHL - INTERNATIONAL 18200 CASCADE AVE SOUTH, SEATTLE, WA 98188 DIRECT TEL（425）656 - 57 MAIN TEL（425）656 - 57 FAX（425）251 - 67	FR：宁波捷达顺 联系人：小郑
NOTIFY： SAME AS CONSIGNEE	
Pre - carriage by.（前程运输） BY AIR	Place of receipt（收货地点） SHANGHAI, CHINA
Freight term： FREIGHT PREPAID	Destination（目的地） LAX

Marks & Nos.	Package	Description of Good	Gross Weight	Measurement
KNITWORK	55 CTNS	CONSOL 实际品名：COSTUME JEWELRY（项链）	780 KG	2 CBM

委托人签章：×××　　　　　　　　　　　　　　　　　　　　日期：2014/03/11

"国际货物空运委托书"缮制要求：

(1) 填制发货人姓名及地址栏：这一栏填写我公司的名称、地址及联系方式。

(2) 填制收货人姓名及地址栏：与上一栏对应，此栏填写我公司在目的站的海外代理的名称、地址及联系方式。

(3) 代理资料：收货人如在目的港通过货运代理提货，则填写此栏。本笔业务不填。

(4) 始发港、目的港：按照 A 公司的托书填写，可使用城市三字代码。本笔业务中，始发站是上海，填写 SHA；目的站是洛杉矶，填写 LAX。

(5) 托运人申明货物价值："供海关用"栏所填价值是提供给海关的征税依据。当以出口货物报关单或商业发票作为征税时，本栏可空白不填或填"AS PER INVOICE"，如果货物系样品等数量少且无商业价值，可填"NCV"（NO COMMERCIAL VALUE）；"供运输用"栏填写托运货物总价值，一般可按发票额列，如不愿申报，则填"NVD"（NO VALUE DECLARED），即无申报价值。

(6) 保险金额：如发货人根据本运单背面条款要求保险，则在本栏内注明保险金额，若无，可填 NIL。

(7) 航班日期：按照 A 公司托书中"装运期限"栏填写，本笔业务填写 2014/03/12，此日期下的具体时间如无要求，则默认为 00：00。

(8) 运费、杂费：这两栏填写支付方式，按照佳佳进出口有限公司托书，运费和杂费均采用预付方式，因此，这两栏填写 PP。

(9) 通知人：一般填写 SAME AS CONSIGNEE，如收货人在目的港通过货运代理提货，则填写该代理的信息，同"代理资料"一栏的信息。

(10) 唛头：按照佳佳公司托书填写，本笔业务填写 KNITWORK。

(11) 订舱情况及要求：第一栏：ATTN：天行健公司航空货代客服。第二栏开始填写需要航空货代注意的订舱要求。本笔业务中，经过查询，中国货运航空公司（两字代码：CK）有 3 月 12 日从上海起飞的直达航班，优势航线服务好价格合适。经与佳佳公司商量，佳佳公司同意走此航班，所以须在此处注明"请配 3 月 12 日 CK"。

与佳佳公司确认价格。通常货代公司会与长期合作的航空货代达成一个比较优惠的运费价格，货代公司对货主报价时即以此价格作为成本加上自身的利润。我公司与佳佳公司达成的上海至洛杉矶航线的价格为 30.97/KG。考虑到市场行情的波动，每次正式订舱时还需再次确认，所以须在此处注明"请确认价格：30.97/KG + 150"（150 为出口报关费用。如不需航空货代代理报关，则无此项费用）。

航空货代接受订舱后会书面通知送货地点。通知书中附有具体的仓库地图，又称为进仓图，所以须在此处注明"请提供进仓图"，以便安排佳佳公司送货。

由于本业务使用分运单，我公司需提供分运单和集中托运货物舱单，供航空公司制作识别标签以及在目的地分拨。分运单和舱单均附在主运单后随货物送达目的地，所以须在此处注明"随机分舱单"，提醒航空公司以上事宜。如有其他要求，一并在此说明。

(12) 件数（包装）、毛重、体积：按照佳佳公司的托书填写。

(13) 货物品名：在使用分运单的情况下，这一栏填写："CONSOLIDATION AS PER ATTACHED MANIFEST"（集中托运货物，见所附舱单），本笔业务此栏简写为 CONSOL。

(4) 订舱后，航空公司签发"舱位确认书"（空运货运舱单 MANIFEST），同时给予装货集装器领取凭证，以表示舱位订妥。见表 3 - 4。

表 3－4　　　　　　　　　　　空运货运舱单 MANIFEST

AGENT/FORWARDER：				FLIGHT NO：CK223			DESTINATION：LAX	DATE：2014/3/12
MAWB NO.：	签单	PCS	G. W	HAWB	SLAC	NOTE：		
112－34736586	检查	55	784	1				
HAWB NO.：	有/无	PCS	G. W (KG)	ORG	DES	SHIPPER NAME AND DETAILED ADDRESS	CONSIGNEE NAME AND DETAILED ADDRESS	NATURE OF GOODS / DECLARED VALUE
DER40008012		55	784	PVG	LAX	JIAJIA IMP& EXP CO. ,LTD.	NAME：EXPRESS CAPITAL, INC.	COSTUME JEWELRY
						ROOM 501 UNIT 5 BUILDING 8 YONGSHENG	ADD： 18 SHORE-CLIFF	
						YIWU, CHINA 322000	NECK, NY 11023	
						T：0579－85362177	PH：212－015－9975	
						CITY：YIWU	FX：516－808－3204	
						STATE：ZHEJIANG	CITY：LOS ANGELES	
						COUNTRY：CHINA	STATE：CA	
						POST CODE：322000	COUNTRY：U.S.A	
						CONTACT NO：T： 0579－85362177	POST CODE：11023	CONTACT NO：PH：

任务四　缮制"航空货运单"

确认订舱后，我公司填制"航空货运单"（总运单），委托天行健航空公司向中国货运航空公司（CK）订立运输契约。

1. 填制的基本要求

（1）货运单要求用英文打字机或计算机，用英文大写字母打印，各栏内容必须准确、清楚、齐全，不得随意涂改。

（2）货运单已填内容在运输过程中需要修改时，必须在修改项目的近处盖章，注明修改货运单的空运企业名称、地址和日期。修改货运单时，应将所有剩余的各联一同修改。

（3）货运单的各栏目中，有些栏目印有阴影。其中，有标题的阴影栏目仅供承运人填写；使用投有标题的阴影栏目一般不需填写，除非承运人特殊需要。

2. 航空货运单各栏目填写说明。如表 3－5 所示。样本见表 3－6。

表 3-5 航空货运单主要项目填写说明

序号	项 目	说 明
1~3	The Air Waybill Number（货运单号码）	印在货运单的左右上角及右下角（中性货运单需自行填制）；包括航空公司的数字代号 Airline Code Number 和货运单序号及检验号 Serial Number。注意：第八位数字是检验号，是前七位数字对 7 取模的结果；第四位数字与第五位数字之间应留有比其他数字之间较大的空间。如：999-1234 5675
4~5	Shipper（托运人栏）	Shippers Name and Address（托运人姓名和地址）：填制托运人姓名（名称）、地址、国家（或国家两字代号）以及托运人的电话、传真、电传号码；托运人账号（Shippers Account Number）：此栏不需填写，除非承运人需要。
6~7	Consignee（收货人栏）	Consignees Name and Address（收货人姓名和地址）：填制收货人姓名（名称）、地址、国家（或国家两字代号）及收货人的电话、传真、电话号码；Consignees Account Number（收货人账号）：此栏仅供承运人使用，一般不需填写，除非承运人需要。
8	Issuing Carriers Agent（承运人的代理人栏）	填制向承运人收取佣金的目的站国家的国际航协代理人的名称和所在机场或城市。填入"Commisionable Agent"（收取佣金代理人）字样。
9	Agent's IATA Code（国际航协代号）	代理人在非货账结算区，打印国际航协 7 位数字代号，如：14-302888；代理人在货账结算区，打印国际航协 7 位数字代号，后面是三位 CASS 地址代号，和一个冠以 10 位的 7 位数字代号检验位。如：34-41234/5671。
10	Account No.（账号）	一般不需要填，除非承运人需要。
11	Airport of Departure and Requested Routing（始发站机场）	第一承运人地址和所要求的运输路线。填始发站机场的 IATA 三字代号（如果始发地机场名称不明确，填机场所在城市的 IATA 三字代号）。
12~17	Routing and Destination（运输路线和目的站）	由民航填写经由的航空路线。To（by First Carrier）至（第一承运人）：目的站机场或第一个转运点的 IATA 三字代号，当该城市有多个机场，不知道机场名称时，可用城市代号；By First Carrier（由第一承运人）：第一承运人的名称（全称与 IATA 两字代号皆可）；To（by Second Carrier）至（第二承运人）：目的站机场或第二个转运点的 IATA 三字代号（当该城市有多个机场，不知道机场名称时，可用城市代号）；by（Second Carrier）由（第二承运人）：第二承运人的 IATA 两字代号；To（by Third Carrier）至（第三承运人）：目的站机场或第三转运点的 IATA 三字代号（当该城市有多个机场，不知道机场名称时，可用城市代号）；by（Third Carrier）由（第三承运人）：第三承运人的 IATA 两字代号。
18	Airport of Destination（目的站机场）	最后承运人的目的地机场全称（如果该城市有多个机场，不知道机场名称时，可用城市全称）。
19	Flight/date（航班/日期）	仅供承运人用，本栏一般不需填写，除非参加运输各有关承运人需要。

续表

序号	项　　目	说　　明
20	Accounting Information（财务说明）	填有关财务说明事项。 付款方式：现金支票或其他方式； 用 MCO 付款时，只能用于作为货物运输的行李的运输，此栏应填制 MCO 号码，换取服务金额，以及旅客客票号码、航班、日期及航程。 注意：代理人不得接受托运人使用 MCO 作为付款方式。货物到达目的站无法交付收货人而需退运的，应将原始货运单号码填入新货运单的本栏内。
21	Currency（货币）	始发国的 ISO（国际标准组织）的货币代号。 除目的站"国家收费栏"内的款项外货运单上所列明的金额均按上述货币支付。
22	CHGS code（运费代号）	仅供承运人用。本栏一般不需填写，仅供电子传送货运单信息时使用。
23	WT/VAL and Other（航空运费/声明的价值费及其他费用）	WT（Weight Charge）航空运费：指根据货物计费重量乘以适宜的运价收取的运费。 VAL（Valuation Charge）声明价值费：指下面24中向承运人声明了价值时，必须与运费一起交付声明价值费。 Other（charges at origin）在始发站的其他费用预付和到付。在 PPD 中打"×"表示预付，在 COLL 中打"×"表示到付。
24	Declared Value for Carriage（供运输用声明价值）	托运人向货物运输声明的价值金额；如果托运人没有声明价值，此栏必须打印"NVD"字样，即 No Value Declared（没有声明价值）。
25	Declared Value for Customs（供海关用声明价值）	货物及通关时所需的商业价值金额；如果货物没有商业价值，此栏必须打印"NCV"字样，即 No Commercial Value（没有商业价值）。
26	Amount of Insurance（保险的金额）	如果承运人向托运人提供代办货物保险业务时，此栏打印托运人货物投保的金额；如果承运人不提供此项服务或托运人不要求投保时此栏内必须打印"×××"符号。
27	Handling Information（运输处理注意事项）	填制相应的代码票航空公司注意事项。 如果是危险货物，有两种情况，一种是需要附托运人危险品申报单的，则本栏内应打印"Dangerous Goods As Per Attached Shipper's Declaration"字样，对于要求装货机上的危险货物，还应加上"Cargo Aircraft Only"字样。另一种是属于不要求附危险品申报单的危险货物，则应打印"Shipper's Declaration not Required"字样。 当一批货物既有危险货物也有非危险货物时，应分别列明，危险货物须列在第一项，此类货物不要求托运人附危险品申报单，且危险货物不是放射性物质且数量有限。

序号	项　　目	说　　　　　明
28～36	Consignment Rating Details（货物运价细目）	一票货物中如含有两种或两种以上不同运价类别计费的货物应分别填写，每填写一项另起一行，如果含有危险品，则该危险货物应列在第一项。
	No. of Pieces RCP（件数/运价组合点）	打印货物的件数。
	Gross Weight（毛重）	适用于运价的货物实际毛重（以千克为单位时可保留至小数点后一位）。
	kg/lb（重量单位）	以千克为单位用代号"K"。以磅为单位用代号"L"。
	Rate Class（运价等级）	根据需要打印下列代号： M——最低运费（Minimum Charge）； N——45千克以下（或100千克以下）运价（Normal Rate）； Q——45千克以上运价（Quantity Rate）； C——指定商品运价（Specific Commodity Rate）； R——等级货物附减运价（Class Rate Reduction）； S——等级货物附加运价（Class Rate Surcharge）； U——集装化设备基本运费或运价（Unit Load Device Basic Charge or Rate）； E——集装化设备附加运价（Unit Load Device Additional Rate）； X——集装化设备附加说明（Unit Load Device Additional Information）； Y——集装化设备折扣（Unit Load Device Discount）。
	Commodity Item No.（商品品名编号）	使用指定商品运价时，此栏打印指定商品品名代号（打印位置应与运价代号C，保持水平）； 使用等级货物运价时，此栏打印附加"S"或附减"R"运价的比（百分比）； 如果是集装货物，打印集装货物运价等级。
	Chargeable Weight（计费重量）	打印与运价相应的货物计费重量；如果是集装货物则： （a）与运价代号"U"对应打印适合集装货物基本运费的运价点重量； （b）与运价代号"E"对应打印超过使用基本运费的重量； （c）与运价代号"X"对应打印集装器空重。
	Rate/Charge（运价/运费）	当使用最低运费时，此栏与运价代号"M"对应打印最低运费。 打印与运价代号"N""Q""C"等相应的运价。 当货物为等级货物时，此栏与运价代号"S"或"R"对应打印附加或附减后的运价；如果货物是集装货物则： （a）与运价代号"U"对应打印集装货物的基本运费； （b）与运价代号"E"对应打印超过基本运费的集装货物运价。
	Total（总计）	打印计费重量与适用运价相乘后的运费金额。
	Nature and Quantity of Goods（货物品名和数量）	本栏应按要求打印，尽可能地清楚、简明。 （a）打印货物的品名（用英文大写字母）； （b）当一票货物中含有危险货物时，应分列打印，危险货物应列在第一项； （c）活动物运输，本栏内容应根据IATA活动物运输规定打印"LIVE ANI-MALS"； （d）对于集合货物，本栏应打印"Consolidation as Per Attached List"； （e）打印货物的体积，用长×宽×高表示，如： DIMS：40cm×30cm×20cm； （f）可打印货物的产地国。

续表

序号	项　目	说　明
37	Weight Charge （Prepaid） （预付运费）	打印货物计费重量计得的货物运费。
38	Valuation Charge （Prepaid） （预付声明价值附加费）	如果托运人向货物运输声明价值的话，预付声明价值附加费 =（声明价值 – 实际毛重 × 最高赔偿额）× 0.5%
39	Tax（Prepaid） （预付税款）	打印适用的税款。
40	Total Charges Due Agent（Prepaid） （预付由代理人收取的 其他费用总额）	打印由代理人收取的其他费用总额。
41	Total　Charges Due Carrier（Prepaid） （预付由承运人收取的 其他费用总额）	打印由承运人收取的其他费用总额。
42	Total Prepaid （预付总计）	打印 37～41 栏有关预付款项之和。
43	Total Collect （到付总计）	打印 37～41 栏有关到付款项之和。
44	Currency Conversion Rate （货币兑换比价）	用目的站国家货币付费（仅供承运人使用）。打印目的站国家货币代号，后面是兑换比率。
45	CC Charges in Destination Currency （用目的站国家货币付费）	将到付总额，折算成目的站国家货币的金额，打印在本栏内。
46	For Carrier's Use only at Destination （仅供承运人在目的 站使用）	本栏不需打印。
47	Charges at Destination （承运人目的站发生的 费用总额）	最后承运人将目的站发生的费用金额包括利息等，（自然增长的）打印在本栏内。
48	Total Collect Charges （到付费用总额）	填到付费用总额。
50	Signature of Shipper or Its Agent （托运人或其代理人签字）	表示同意承运人的装运条款。
51～52	Executed on Date/ Place （运单签发日期、地点）	日期应为飞行日期，如货运单在飞行日期签发，则应以发行日期为货物装运期。
53	Signature of Issuing Carrier or Its Agent （承运人或其代理人签字）	有此签字，货运单才有效。

表 3 – 6 航空货运单的样本

航空货运单

① 999	②	③		999—

Shipper's Name and Address	Shipper's Account Number ⑤	NOT NEGOTIABLE 中国民航 CAAC
④		AIR WAYBILL AIR CONSIGNMENT NOTE ISSUED BY: THE CIVIL AVIATION ADMINIASTRATION OF CHINA BEIJING CHINA

Copies 1, 2 and 3 of this Air Waybill are originals and have the same validity.

Consignee's Name and Address	Consignee's Account Number ⑦	It is agreed that the goods described herein are accepted in apparent good order and condition (except as noted) for carriage SUBJECT TO THE CONDITIONS OF CONTRACT ON THE REVERSE HEREOF. THE SHIPPER'S ATTENTION IS DRAWN TO THE NOTICE CONCERNING CARRIER'S LIMITATION OF LIABILITY. Shipper may increase such limitation of liability by declaring a higher value for carriage and paying a supplemental charge if required.
⑥		

ISSUING CARRIER MAINTAINS CARGO ACCIDENT LIABILITY INSURANCE

Issuing Carrier's Agent Name and City ⑧	Accounting Information

Agent's IATA Code ⑨	Account No. ⑩	

Airport of Departure (Addr. of First Carrier) and Requested Routing ⑪	⑳

to ⑫	By First Carrier \ Routing and Destination ⑬	to ⑭	by ⑮	to ⑯	by ⑰	Currency ㉑	CHGS Code ㉒	WT/VAL		Other		Declared Value for Carriage ㉔	Declared Value for Customs ㉕
								PPD	COLL	PPD	COLL		

Airport of Destination ⑱	Flight/Date ⑲	For Carrier's Use only	Flight/Date	Amount of Insurance ㉖	INSURANCE If carrier offers insurance, and such insurance is requested in accordance with conditions on reverse here of, indicate amount to be insured in figure in box marked amount of insurance. ㉓

Handling Information ㉗

(for USA only) Those commodities licensed by U.S. for ultimate destination...Diversion contray to U.S. law is prohibited.

No. of Pieces RCP ㉘	Gross Weight ㉙	Kg Lb ㉚	Rate Class ㉛ Commodity Item No. ㉜	Chargeable Weight ㉝	Rate	Charge ㉞	Total ㉟	Nature and Quantity of Goods (incl. Dimensions or Volume) ㊱

㊲ Prepaid \ Weight Charge \ Collect	Other Charges
㊳ Valuation Charge	
㊴ Tax	㊾
㊵ Total Other Charges Due Agent	Shipper certifies that the particulars on the face hereof are correct and that insofar as any part of the consignment contains dangerous goods, such part is properly described by name and is in proper condition for carriage by air according to the applicable Dangerous Goods Regulations.
㊶ Total Other Charges Due Carrier	
	㊿
	Signature of Shipper or his Agent

㊷ Total Prepaid	㊸ Total Collect	
㊹ Currency Conversion Rate	㊺ CC Charges in Dest. Currency	51 52 53 Executed on (date) at (place) Signature of Issuing Carrier Or its Agent
㊻ For Carrier's use only at Destinaion	㊼ Charges at Destination	Total Collect Charges ㊽ 999—

由于本票业务是集运货物，航空货运单（MAWB）为我公司向航空公司订舱运单，见表 3 – 7。

表 3 - 7 航空货运单

航空货运单		
999 ⌐ ⌐		**999—**

Shipper's Name and Address	Shipper's Account Number	NOT NEGOTIABLE **中国民航** **CAAC**
OHL(XIAMEN)CO.,LTD.NINGBO BRANCH ROOM 118 DRAGON TOWER, NO.2 WEST ZHONGSHAN ROAD, HAISHU DISTRICT, NINGBO.CHINA P.C.:315000 FAX:86-574-27705200		AIR WAYBILL AIR CONSIGNMENT NOTE ISSUED BY:THE CIVIL AVIATION ADMINIASTRATION OF CHINA BEIJING CHINA Copies 1,2 and 3 of this Air Waybill are originals and have the same validity.

Consignee's Name and Address	Consignee's Account Number	It is agreed that the goods described herein are accepted in apparent good order and condition (except as noted) for carriage SUBJECT TO THE CONDITIONS OF CONTRACT ON THE REVERSE HEREOF.THE SHIPPER'S ATTENTION IS DRAWN TO THE NOTICE CONCERNINC CARRIER'S LIMITATION OF LIABILITY.Shipper may increase such limitation of liability by declaring a higher value for carriage and paying a supplemental charge if required. ISSUING CARRIER MAINTAINS CARGO ACCIDENT LIABILITY INSURANCE
OHL-INTERNATIONAL 18200 CASCADEAVESOUTH,SUITE202 SEATTLE,WA98188 DIRECTTEL(425)656-5716 MAIN TEL(425) 656-5710 FAX(425)251-4567		

Issuing Carrier's Agent Name and City :ETE SHA		Accounting Information
Agent's IATA Code 0831568	Account No.	**FREIGHT PREPAID**
Airport of Departure(Addr. of First Carrier)and Requested Routing SHANGHAI		

to	By First Carrier	Routing and Destination	to	by	to	by	Currency	CHGS Code	WT/VAL		Other		Declared Value for Carriage N.V.D	Declared Value for Customs N.C.V
									PPD	COLL	PPD	COLL		
LAX	CK						CNY							

Airport Destination	Flight/Date	For Carrier Use only	Flight/Date	Amount of Insurance	INSURANCE if carrier offers insurance, and such insurance is requested in accordance with conditions on reverse here of, indicate amount to be insured in figure in box marked amount of insurance.
LOSANGELES	CK223		12-MAR-2014	XXX	

Handling Information

(for USA only)Those commodities licensed by U.S. for ultimate destination...Diversion contray to U.S.law is prohibited.

No.of Pieces RCP	Gross Weight	Kg Lb	Rate Class Commodity Item No.	Chargeable Weight	Rate Charge	Total	Nature and Quantity of Goods (incl.Dimensions or Volume)
55	784.0	K	Q	784.0	30.97	24280.48	CONSOLIDATION AS PER ATTACHED MANIFEST VDL:2.094 CBM

Prepaid	Weight Charge	Collect	Other Charges
24280.48			AWA:50 MSC:940.80 MYC:12544.00

	Valuation Charge	

	Tax	

	Total Other Charges Due Agent		Shipper certifies that the particulars on the face hereof are correct and that insofar as any part of the consignment contains dangerous goods, such part is properly described by name and is in proper condition for carriage by air according to the applicable Dangerous Goods Regulations. ETE SHA

	Total Other Charges Due Carrier		11MAR2014 SHANGHAI CHINA GQ
13534.80			Signature of Shipper or his Agent

Total Prepaid	Total Collect	
37815.28		

Currency Conversion Rates	CC Charges in Dest.Currency	Executed on (date) at (place) Signature of Issuing carrier or its Agent

For Carrier's use only at Destination	Charges at Destination	Total Collect Charges	**999—**

我公司收货时，开给佳佳进出口公司分运单（HAWB），见表3-8。

表3-8　　　　　　　　　　　航空货运单分运单（HAWB）

112 PVG 34736586							DER40008012	

Shipper's Name and Address YIWU JIAJIE IMP&EXP CO., LTD ROOM 401 UNIT 1 BUILDING 3 YONGSHENG AREA YIWU, CHINA 322000 T:0579-85177362	Shipper's Account Number	NOT NEGOTIABLE Air Waybill Issued by	**BarthcoDart** DIVISION OF OHL Global Logistics (Xiamen)Co.,Ltd ShangHai Branch

Copies 1, 2 and 3 of this Air Waybill are originals and have the same validity.

Consignee's Name and Address EXPRESS TRADE CAPITAL, INC. AKA PARTNERS 18 SHORECLIFF PLACE GREAT NECK, NY 11023 PH: 212-997-0155 FX: 516-320-8084	Consignee's Account Number	It is agreed that the goods described herein are accepted in apparent good order and condition (except as noted) for carriage SUBJECT TO THE CONDITIONS OF CONTRACT ON THE REVERSE HEREOF. ALL GOODS MAY BE CARRIED BY ANY OTHER MEANS INCLUDING ROAD OR ANY OTHER CARRIER UNLESS SPECIFIC CONTRARY INSTRUCTIONS ARE GIVEN HEREON BY THE SHIPPER, AND SHIPPER AGREES THAT THE SHIPMENT MAY BE CARRIED VIA INTERMEDIATE STOPPING PLACES WHICH THE CARRIER DEEMS APPROPRIATE. THE SHIPPER'S ATTENTION IS DRAWN TO THE NOTICE CONCERNING CARRIER'S LIMITATION OF LIABILITY. Shipper may increase such limitation of liability by declaring a higher value for carriage and paying a supplemental charge if required.

Issuing Carrier's Agent Name and City OHL/NGB	Accounting Information FREIGHT COLLECT

Agent's IATA Code	Account No.	

Airport of Departure (Addr. of First Carrier) and Requested Routing SHANGHAI, CHINA	

To	By First Carrier	Routing and Destination	to	by	to	by	Currency	CHGS Code	WT/VAL		Other	Declared Value for Carriage	Declared Value for Customs
									PPD	COLL			
LAX	CK						USD		CC		CC	N.V.D.	AS PER INV.

Airport of Destination LOS ANGELES	Flight/Date CK223/12. MAR. 2014	Amount of Insurance NIL.	INSURANCE-If Carrier offers insurance, and such insurance is requested in accordance with the conditions thereof, indicate amount to be insured in figures in box marked 'Amount of Insurance'.

Handling Information
NOTIFY:
OHL-INTERNATIONAL
18200 CASCADE AVE SOUTH, SUITE202 SEATTLE, WA 98188
DIRECT TEL (425) 656-5716 MAIN TEL (425) 656-5710
FAX (425) 251-4567
SCI

No. of Pieces RCP	Gross Weight	kg lb	Rate Class Commodity Item No.	Chargeable Weight	Rate / Charge	Total	Nature and Quantity of Goods (incl. Dimensions or Volume)
55	784.0	K	Q	784.0		AS ARRANGED	COSTUME JEWELRY

MARKS:
KNITWORK
PRODUCTIONS

VOL: 2.094 CBM

Prepaid	Weight Charge	Collect	Other Charges
	AS ARRANGED		

Valuation Charge

Tax

Total other Charges Due Agent AS ARRANGED	Shipper certifies that the particulars on the face hereof are correct and that insofar as any part of the consignment contains dangerous goods, such part is properly described by name and is in proper condition for carriage by air according to the applicable Dangerous Goods Regulations.

Total other Charges Due Carrier	

OHL(XIAMEN)CO.,LTD NINGBO BRANCH
Signature of Shipper or his Agent

Total Prepaid	Total AS ARRANGED

Executed on (date)	at (place)	Signature of Issuing Carrier or its Agent

ORIGINAL 3 (FOR SHIPPER)

任务五　案例分析

进口商A从长滩进口一票货物干酪到上海，1件857千克，货物价值3600美元。货物到达上海，A办完海关手续后前来提货时，发现这件货物没有被放在冷库保存。经过调查，货运单的操作注意事项栏中明显注明 "KEEP COOL" 字样，但航空公司的工作人员没有看到。经过挑选，最终损失达 60% 左右。

请根据《华沙公约》的规定，分析：该项损失应由谁负责？赔偿金额为多少？

分析：

该批货物的损失应由承运人负责。该批货物属于国际运输，根据《华沙公约》的规定，对于交运的行李或货物因毁灭、遗失或损坏而产生的损失，如果造成这种损失的事故发生在航空运输期间，承运人应负责任。此批货物属于国际运输。《华沙公约》第 22 条第 2 款（B）规定："如交运的行李或货物的一部分或行李，或物种的任何物品发生灭失、损坏或延误，用于确定承运人有限责任赔偿金额的重量，仅为有关包件的总重量。" 这批货物有 60% 左右损坏，并不影响其他包装件的货物，因此赔偿的金额为总重量的 60%，即 $857 \times 60\% = 514.2$ 千克，按照每千克 20 美元折合人民币赔偿，赔偿限额为 10284 美元，但货物价值为 3600 美元，实际损失为 $3600 \times 60\% = 2160$ 美元，所以，应赔偿 2160 美元。

四、知识要点

（一）接收货物

1. 接收货物。指货代公司和货主交接货物，将发运货物从托运人手中接过来并送进货代公司仓库或直接运至航空公司海关监管仓库的过程。一般接收货物和接受单证同时进行。有两种接货方式：

（1）发货人自送货：货运代理应传真进仓通知、货物进仓图给发货人，注明联系人、电话、送货地址、时间等，以便客户及时安排车辆，将货物及时准确入仓。

（2）货运代理接货物：发货人需向货运代理提供具体接货地址、联系人、电话、时间等相关信息，以确保货物及时入仓；货代也可委托车队上门取货，此时应及时将取货通知发给车队。

对于通过空运或铁路从内地运往出境的出口货物，货代按照发货人提供的运单号、航班号及接货地点、接货日期，代其提取货物。如果货物已经在始发地办理了出口海关手续，发货人应该同时提供始发地海关的关封。

2. 收运货物时货物外包装应符合运输的要求

（1）基本要求。

①包装除应适合货物的性质、状态和重量外，还要便于搬运、装卸和码放；包装外表面不能有突出的钉、钩、刺等；包装要整洁、干燥、没有异味和油渍。

②托运人提供的货物包装应坚固、完好、轻便，在运输过程中能防止包装破裂、内物漏出、散失；填塞要牢，防止因码放、摩擦、振荡或因气压、气温变化而引起货物损坏或变质；不因气压、气温变化而引起货物损坏或变质；防止伤害操作人员或污染飞机、地面设备及其他物品。

③为不使密封舱飞机的空调系统堵塞，不得用带有碎屑、草末等的材料作为包装，如草袋、草绳、粗麻包等。包装的内衬物（如木屑、纸屑）不能外漏。

④包装内的垫付材料（如木屑、纸屑）不能外漏。除纸袋包装的货物（如文件、资

料等），托运货物都应使用包装带捆绑，包装带应能承受该货物的全部重量，并保证提起货物时不致断开。严禁使用草袋包装或草绳捆扎货物。

⑤包装材料要良好，不得用腐朽、虫蛀、锈蚀的材料。木器或其他容器，为了安全，必要时可用塑料、铁箍加固。

⑥托运人应在每件货物的包装上详细写明收货人、另请通知人和托运人的姓名和地址。如包装表面不能书写，可写在纸板、木条或布条上，拴挂在货物上。填写必须清楚、明晰。

⑦如果收到的包装件有轻微破损，应在货运单"Handling Information"标出详细情况。

⑧如果货物包装不符合本手册中的相关规定，要求托运人改进或重新包装后方可收运。

（2）部分包装类型的要求。

①纸箱。应能承受同类包装货物码放 3 米或 4 层的总重量。

②木箱。厚度及结构要适合货物安全运输的需要；盛装贵重物品、精密仪器、易碎物品的木箱，不得有腐蚀、虫蛀、裂缝等缺陷。

③条筐、竹篓。编制紧密、整齐、牢固、不断条、不劈条，外形尺寸以不超过50 厘米 ×50 厘米 ×60 厘米为宜，单件毛重以不超过 40 千克为宜，内装货物及衬垫材料不得漏出。应能承受同类货物码放 3 层高的总重量。

④铁桶。铁皮的厚度应与内装货物重量相对应。单件毛重 25～100 千克的中小型铁桶，应使用 0.6～1.0 毫米的铁皮制作，单件毛重在 101～180 千克的大型铁桶，应使用 1.25～1.5 毫米的铁皮制作。

（3）对部分特殊货物包装材料的具体要求。

通用：木箱、结实的纸箱（塑料打包加固）、皮箱、金属或塑料桶等。

①液体货物。无论瓶装、灌装或桶装，容器内部必须留有 5%～10% 的空隙，封盖必须平密，不得溢漏。用陶瓷、玻璃容器盛装的液体，每一容器的容量不得超过 500 毫升。单件货物毛重不超过 25 千克。箱内应使用衬垫和吸湿材料填实，防止晃动、内装容器碰撞破碎、液体渗出。外包装应加贴"易碎物品""不可倒置"标贴。

②易碎物品。单件货物毛重不超过 25 千克。用木箱包装。用内衬物填实。外包装应加贴"易碎物品"标贴。

③粉状货物。用袋盛装的，最外层应使用塑料涂膜纺织袋作外包装，保证粉末不致漏出，单件货物毛重不得超过 50 千克；用硬纸桶、木桶、胶合板桶盛装的，要求桶身不破、接缝严密、桶盖密封、桶箍坚固结实；用玻璃装的，每瓶内装物的重量不得超过 1 千克；用铁制或木制材料作外包装，箱内用衬垫材料填实，单件货物毛重不超过25 千克。

④精密仪器和电子管等易损、质脆易碎货物。单件货物毛重不超过 25 千克，可以采用以下方法包装：

多层次包装，即货物—衬垫材料—内包装—衬垫材料—运输包装（外包装）。内衬物有一定弹性，不得使货物移动位置和相互摩擦。

悬吊式包装，即用几根弹簧或绳索，从箱内各个方向把货物悬置在木箱中间，适合于电子管运输。

防倒置包装，即底盘大、有手提把环或屋脊式箱盖的包装，加大包装底盘，不使货物倾倒。不宜平放的玻璃板，挡风玻璃等必须使用此类包装。

玻璃器皿的包装：应使用足够厚度的泡沫塑料及其他衬垫材料围裹严实，外加坚固的瓦楞纸箱或木箱，箱内物品不得晃动。

⑤裸装货物、不怕碰压的货物。不怕碰撞的货物，如轮胎等，可以不用包装；不易清点件数、形状不规则、外形与运输设备相似或容易损坏飞机的货物，应使用绳、麻布包扎或外加包装。

⑥混运货物。一票货物中含有不同物品。这些物品可以装在一起也可分别包装，以下物品不得混装：贵重货物、动物、尸体、骨灰、外交信袋、作为货物运送的行李。

⑦特种货物与危险品等，注意其包装必须依据危险品运输包装的规定。

（4）部分包装类型的要求。

①木箱。厚度及结构要适合货物安全运输的需要；木质包装或垫板表面应清洁、光滑、不携带任何种类植物害虫；木质包装应注意进口国家的检疫规定，有些国家要求货运单"Handling Information"栏中注明"The solid wood materials are totally free from bank and apparently free from live plant pests"，并随附熏蒸证明。

②纸箱。应能承受同类包装货物码放 3 米或 4 层的总重量。

③条筐、竹篓。编制紧密、整齐、牢固、不断条、不劈条，外形尺寸以不超过 50 厘米×50 厘米×60 厘米为宜，单件毛重以不超过 40 千克为宜，内装货物及衬垫材料不得漏出。应能承受同类货物码放 3 层高的总重量。

④铁桶。铁皮的厚度应与内装货物重量相对应。单件毛重 25～100 千克的中小型铁桶，应使用 0.6～1.0 毫米的铁皮制作；单件毛重在 101～180 千克的大型铁桶，应使用 1.25～1.5 毫米的铁皮制作。

3. 制贴标记和标签

当货物送至相关的货站后，货运代理会根据航空公司的运单号码，制作主标签和分标签，贴在货物上，以便于起运港及目的港的货主、货代、货站、海关、航空公司、商检及收货人识别。

（1）标记。在货物外包装上由托运人书写的有关事项和记号，见图 3 - 2。应写明：

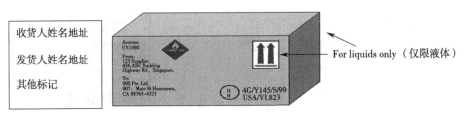

图 3 - 2　标记示意图

①托运人、收货人的姓名、地址、联系电话、传真；

②合同号等；

③操作（运输）注意事项，如：

不要暴晒　Don't Expose to Excessive Sunlight

防　　潮　Keep Dry

小心轻放　Handle with Care

④单件超过 150 千克的货物。

（2）标签。

①从标签的作用区分：识别标签、特种货物标签、操作标签。

识别标签：说明货物的货运单号码、件数、重量、始发站、目的站、中转站的一种运输标志。分为挂签、贴签两种。体积较大的货物需对贴两张标签；袋装、捆装、不规则包装除使用两个挂签外，还应在包装上写清货运单号码和目的站，见图 3 - 3。

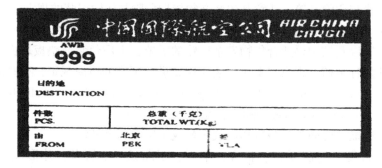

图 3 - 3　识别标签示意图

特种货物标签：说明特种货物性质的各类识别标志。分为活体动物标签、危险品标签和鲜活易腐物品标签，见图 3 - 4。

（a）危险物品标签

（b）活体动物标签　　　　（c）鲜活易腐物品标签

图 3 - 4　特种货物标签

操作标签：说明货物储运注意事项的各类标志，见图 3 - 5。

（a）易碎标签

（b）向上标签

图 3 - 5 操作标签

②按类别分，标签分为航空公司标签和分标签。

主标签为航空公司标签，是对其所承运货物的标识。各航空公司的标签虽然在格式、颜色上各有不同，但基本内容相同。标签上三位阿拉伯数字代表承运航空公司代码，后八位数字是总运单号码。

分标签是代理公司对出具分标签货物的标识。凡出具分运单的货物都要制作分标签，填制分运单号码和货物到达城市或机场的三字代码。

一件货物贴一张航空公司标签，有分运单的货物，每件再贴一张分标签。

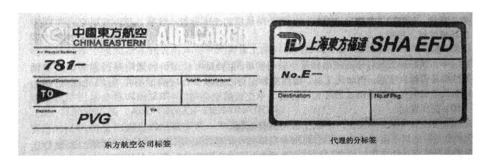

图 3 - 6 主标签与分标签

4. 配舱

根据实际入库货物情况配舱。配舱时，需运出的货物都已入库。具体工作为：（1）核对货物的实际件数、重量、体积与托运书上预报数量的差别；（2）对预订舱位、板箱有效利用、合理搭配，按照各航班机型、板箱型号、高度、数量进行配载；（3）对于货物晚到、未到情况及未能顺利通关放行的货物作出调整处理，为制作配舱单做准备。

（二）华沙体制在航空货运中的应用

本部分主要引用华沙体制，分析其在航空货运中的应用。华沙体制主要包括《华沙公约》《海牙议定书》和《蒙特利尔第四号议定书》，其中《华沙公约》中的许多条款在海牙议定书中都做了修改。在形式上，《华沙公约》和《海牙议定书》构成一个不可分离的统一文件；在内容上，《华沙公约》《海牙议定书》和《蒙特利尔第四号议定书》

连成了一组有机结合的法律规范整体。我国已经加入了《海牙议定书》。

1. 华沙体制的适用范围

条约原文	应用分析
第一条 （1）公约适用于所有以航空器运输旅客、行李或货物而收取报酬的国际运输。本公约同样适用于航空运输企业以航空器办理的免费运输。（《华沙公约》） （2）公约所指的国际运输是指：根据当事方所订合同，无论运输中有无间断或转运，其始发地和目的地在两个缔约国领土内，或在一个缔约国领土内，而在另一国家，即或是非缔约国，其领土内有一约定的经停点的任何运输。在一个缔约国领土内两点间的运输，如在另一国家的领土内，没有一个约定的经停点，不是本公约所指的国际运输。（《海牙议定书》） （3）几个连续的航空承运人所办理的运输，如经合同各方认为是一个单一的业务活动，则无论以一个合同还是一系列合同的形式订立，在本公约中均应视为一个单一的运输，并不只因一个合同或一系列合同全部在同一国家的领土内履行而丧失其国际性质。（《海牙议定书》） 第二条 （2）本公约不适用于邮件和邮包的运输。（《海牙议定书》）	华沙体制主要应用于国际航空运输。国际航空运输主要是指：（1）航空器的始发地点和目的地点位于两个国家的运输。（2）或者同属一个国家，但航空器在另一个国家有一约定的经停点的运输。同时，国际航空运输的国际航班的国内段同样适用于华沙体制，而不要用国内航空法。 《海牙议定书》规定该公约不适用于受国际邮政公约约束的邮件和邮包的航空运输。但物品类特快专递、邮政快件及包裹属于营利性法人所办理的商务运输，则要受华沙体制约束。

2. 航空货运单

（1）航空货运单是运输合同的证明。

条约原文	应用分析
第五条 （2）没有这项凭证，或凭证不合规定或遗失，不影响运输合同的存在和有效。除必须遵守第九条规定外，这项运输合同仍受本公约规则的约束。（《华沙公约》） 第十一条 （1）航空货运单是订立合同、接受货物和运输条件的证明。（《华沙公约》）	航空货运单是运输合同的证明。空运单本身不是运输合同，现行空运单的格式，是由国际航空运输协会（IATA）统一设计而为全世界会员航空公司所一致采用，即使非会员航空公司也比照 IATA 格式。如将此空运单视为合同，将会对托运人和收货人造成损害。空运单作为订立合同的证据，证实了货物运输合同的依法、客观存在，所以公约第五条规定"没有这项凭证，或凭证不合规定或遗失，不影响运输合同的存在和有效"。 航空货运单是接受货物的初步证明。一旦承运人收取了托运人所交运的货物，就应当向托运人签发空运单，并说明货物的状态，以免日后发生争议。 航空货运单是运输条件的初步证明。航空货运单上承运条件，包括对货物的重量、尺寸、包装的要求，对货物性质正确描述的要求，对货物强制安检的要求，对航空运输企业在特殊情况下改变约定经停地点及解除运输合同等权利做了规定。托运人接受承运人所签发的空运单，即表示托运人已经初步概括性地接受了承运人对承接运输所规定的条件。

承运人所开具的航空货运单具有以下作用：①是承运人与托运人之间缔结运输合同、接受货物和承运条件的凭证；②是承运人收运货物的证明；③是承运人在货物运输组织的全过程中运输货物的依据；④是运费结算凭证及运费收据；⑤是国际进出口货物办理清关的证明文件。

（2）航空货运单的签发。

条约原文	应用分析
第五条 （1）货物承运人有权要求托运人填写一种称为"航空货运单"的凭证，托运人有权要求承运人接受这项凭证。（《华沙公约》）	如果承运人承运货物而不出具运单，则无法享受法律所规定的免责和责任限额。虽然《华沙公约》《民航法》均规定空运单的三份正本应由托运人填写，但在实践中，托运人一般只填写托运单，而其他的则由承运人或承运人的代理人签发。如果托运人以自己未亲自填写空运单而提出抗辩，《华沙公约》《民航法》都采取同样的方式，即在没有相反证明的情况下，承运人填写的空运单视为代托运人填写。

托运人应自行填制航空货运单，也可以要求承运人或承运人授权的代理人代为填制。托运人在航空货运单上的签字，证明其接受航空货运单正本背面的运输条件。托运人对货运单所填各项内容的正确性、完备性负责。由于货运单所填内容不准确、不完全，致使承运人或其他人遭受损失，托运人负有责任。

航空货运单通常包括出票航空公司（ISSUE CARRIER）标志的航空货运单和无承运人任何标志的中性货运单两种。

航空货运单的构成。目前，航空公司使用的都是统一的一式十二联的空运单，其中：

① 3 份正本（Original）。正本 3（浅蓝色）交托运人、正本 2（粉红）交收货人、正本 1（浅绿色）交出票航空公司。正本的背面印有运输条款。

② 6 份副本（Copy）。

③ 3 份额外副本（Extra Copy）。

各份的用途及流转如表 3 - 9 所示。

表 3 - 9　　　　　　　　　　　航空货运单各份的用途

顺序	名　称	颜色	用　途
1	正本 1	绿	交承运人财务部门。除了作为承运人财务部门的运费账单和发票外，还作为承托双方运输合同成立的证明。
2	正本 2	粉红	随货物交收货人。
3	正本 3	蓝	交托运人。作为承运人收到货物的证明，以及作为承托双方运输合同成立的证明。
4	副本 4	黄	交付联。收货人提货后应签字并交承运人留存，以证明已交妥货物。
5	副本 5	白	交目的港机场。
6	副本 6	白	交第三承运人。
7	副本 7	白	交第三承运人。
8	副本 8	白	交第三承运人。
9	副本 9	白	交代理人，供代理人留存。
10	额外副本	白	供承运人使用。
11	额外副本	白	供承运人使用。
12	额外副本	白	供承运人使用。

航空货运单的限制：

①航空货运单只是货物航空运输合同的证明，不是特权凭证，不可以转让，所有权属于出票的航空公司（ISSUING CARRIER）。货运单正面印有"不可转让"（NOTNEGO-TIABLE）字样。

②航空货运单可用于单一种类货物的运输，也可以用于不同种类货物的集合运输。可用于单程运输，也可以用于联程运输。

③一张航空运单可以用于一个托运人在同一时间、同一地点托运的由承运人运往同一目的站的同一收货人的一件或多件货物。

④托运人对填开的货物说明和声明的正确性负责。由于货运单上所填的说明和声明不符合规定，或不完整、不正确，给承运人或其他人造成的损失，托运人应当承担赔偿责任。

⑤空运单的有效期：当货物运至目的地，收货人提取货物并在货运单交付联上签字认可后，货运单作为运输契约凭证的有效期即告结束。作为运输契约，其作为法律依据的有效期应延伸至运输停止后的两年内有效。

⑥全套正本：空运单必须提交注明"托运人/发货人正本"的那一联，即使信用证要求全套正本空运单，也只要提交托运人联即可。

（3）航空货运单的流通性。

条约原文	应用分析
第十五条 （3）本公约不妨碍签发可以转让的航空货运单。（《海牙议定书》）	从《华沙公约》第十一条第一款分析，航空货运单是由承运人或其代理人出具的运输货物的单据，不是有价证券或物权凭证，不具有可转让性。而且，航空货运单都是记名的，在实际业务中，空运单都印有"不可转让"的字样。本条的流通限制规定，主要表现在托运人与收货人应当在履行航空货运合同所规定的条件下，才能转让空运单的权利；而且，即使空运单的权利进行了转让，在向承运人主张权利时，也只能由托运人或收货人以本人的名义进行。所以，航空货运单同海运提单不同，它主要作为运输凭证、货物收据和运费账单而起作用，同时还起到报关单据、保险证明等作用。

3. 托运人的权利与义务

（1）托运人的权利。

条约原文	应用分析
第五条 （1）货物承运人有权要求托运人填写一种称为"航空货运单"的凭证，托运人有权要求承运人接收这项凭证。（《华沙公约》）	根据行业习惯，托运人只填写托运书，而空运单则由承运人或承运人的代理人代为填写，并将由承运人签章的第三份空运单正本交还给自己，即正本3（orginal 3）。
第十二条 （1）托运人在履行运输合同所规定的一切义务的条件下，有权在起运地航空站或目的地航空站将货物提回，或在途中经停时中止运输，或在目的地或运输途中交给非航空货运单上所指定的收货人，或要求将货物退回起运地航空站，但不得因为行使这种权利而使承运人或其他托运人遭受损害，并且应该偿付由此产生的一切费用。 （2）如果托运人的指示不能执行，承运人应该立即通知托运人。 （3）收货人的权利根据第十三条的规定开始时，托运人的权利即告终止。但是如果收货人拒绝接收货运单或货物，或无法同收货人联系，托运人就恢复他对货物的处理权。（《华沙公约》）	托运人在履行运输合同所规定的一切义务的条件下，有权变更合同，因为货物在收货人完成提货或依照合同规定履行提货手续前，托运人对货物有处置权。但收货人拒绝接收货运单或货物，或无法同收货人联系，托运人对货物的处置权又自动恢复。托运人在行使上述权利时，只能以本人的名义进行才有效，且不得损害承运人或其他托运人的权利。

续表

条约原文	应用分析
第二十二条 （2）（a）在运输交运行李和货物时，承运人的赔偿责任以每千克250金法郎为限，除非旅客或托运人在向承运人交运包裹时，曾特别声明在目的地交付时的利益，并已交付必要的附加费。在后一种情况下，承运人应偿付声明的金额，除非承运人证明声明的金额高于在目的地交付时旅客或托运人的实际利益。 （b）如交运的行李或货物的一部分，或行李或货物的任何物品发生灭失、损坏或延误，用于确定承运人有限责任赔偿金额的重量，仅为有关包装件的总重量。如交运的行李或货物的一部分或者货物中任何物件发生遗失、损坏或者延误，以致影响同一份货运单所列的另一包装件或其他包装件的价值时，在确定责任限额时，另一包装件的总重量也应当考虑在内。（《华沙公约》）	托运人的货物价值超过每千克250金法郎，托运人有权在空运单上声明货物价值，承运人不得以任何理由拒绝托运人的声明价值。

（2）托运人的义务。

条约原文	应用分析
第十条 （1）对于在航空货运单上所填货物的项目和声明的正确性，托运人应负责任。 （2）托运人应对提供的项目和声明的不合规定、不正确或不完全而使承运人或承运人对之负责的任何其他人遭受的一切损失负责。（《华沙公约》） 第十一条 （4）货运单中关于货物重量、尺寸和包装以及件数的记载，应是所属的事实情况的初步证明。除非承运人和托运人当面查对并在航空货运单中注明经过查对，或者是关于货物外表状况的记载外，关于货物的数量、体积和状况的记载不能构成不利于承运人的证据。（《华沙公约》）	法律对空运单内容正确性采取的是一种推定正确的态度：在没有相反的证据时，承运人可以信赖托运人在空运单上的各项声明和说明是正确的，未经托运人、承运人当面查对的空运单不能构成使承运人负担空运单正确性的证据。这样做在事实上根本排除了托运人以"承运人应当或知道空运单内容的不正确"为由提出的抗辩。但对于货物的外表状况即使没有经过查对，承运人也应该对其负责。
第十六条 （1）托运人应提供各种必需的资料，并将必需的单证附在航空货运单后面，以便在货物交付收货人以前完成海关、税务或公安手续。除非由于承运人或其代理人的过失，这种资料或单证的缺乏、不足或不合规定所造成的任何损失，应由托运人对承运人负责。 （2）承运人对这种资料或单证是否正确或完备没有检查的义务。（《华沙公约》）	托运人应提供正确、完备的单证，以便承运人办理海关、税收或公安等手续。 由于单证不合规定造成的损失，应由托运人对承运人负责。例如，由于托运人疏忽未在空运单上附带必要的文件，导致飞机不能准确起飞而造成其他托运人货物延误损失，此时，托运人应对其他人的延误负责。

（3）收货人的权利和义务。

条约原文	应用分析
第十三条 （1）除前条所列情况外，收货人在货物到达目的地后，并在交付应付款项和履行航空货运单上所列的运输条件后，有权要求承运人移交航空货运单并将货物交付给他。 （2）除另有约定外，承运人应在货物到达后立即通知收货人。 （3）如承运人承认货物遗失或在应该到达的日期7天内仍未到达，收货人有权向承运人行使运输合同所赋予的权利。（《华沙公约》）	在航空货运合同规定由收货人支付费用时，收货人应在收到承运人货物到达目的地通知后，按照运输合同的规定足额支付到付运费。 收货人应向承运人支付相关费用。在航空运输中，有些费用应由收货人支付，如目的地机场仓库保管费等。在收货人结清上述费用前，承运人有权对货物给予留置。 如果货物在空运单上约定的到达时间届满后7天内仍未到达，收货人便可以向承运人主张权利。如果承运人承认货物遗失，则不受7天的限制。

4. 承运人的责任

条约原文	应用分析
第十八条 （1）对于交运的行李或货物因毁灭、遗失或损坏而产生的损失，如果造成这种损失的事故发生在航空运输期间，承运人应负责任。 （2）上款所指航空运输的意义，包括行李或货物在承运人保管的期间，不论在航空站内、在航空器上或在航空站外降停的任何地点。 （3）航空运输期间不包括在航空站以外的任何陆运、海运或河运。但如果这种运输是为了履行航空运输合同，为了装货、交货或转运，责任和损失应认为是航空运输期间发生的结果，除非有相反的证据。 第十九条 承运人对旅客、行李或货物在航空运输过程中因延误而造成的损失应负责任。（《华沙公约》）	由于飞机的延误，使货物未能按时到达，由此产生的损失，即便不涉及货物本身，只要对托运人造成利益上的损害，承运人就应该负责。
第十二条 （1）如承运人按照托运人的指示处理货物未要求托运人出示它所收执的航空货运单，而使该航空货运单的合法执有人遭受损失时，承运人应负责任，但并不妨碍承运人向托运人要求赔偿的权利。 第二十四条 如遇第十八条、第十九条所规定的情况，要求赔偿损失的诉讼，不论其根据如何，只能按照本公约规定的条件和赔偿责任限额提出。	指不论货物毁损、遗失、运输延迟所造成损失的根据是什么，只能按照公约规定的条件和责任限额向承运人提出。

续表

条约原文	应用分析
第二十五条 （1）如经证明损失是由于承运人及其雇用人员或代理人员故意造成或明知可能造成而漠不关心的行为或不行为所致，则不适用于第二十二条规定的责任限额；如受雇人或代理人有上述行为或不行为，还必须证明它是在受雇职务范围内行事。 （2）（a）如因本公约所致损失对承运人的雇用人员或代理人员提起诉讼，而该受雇人或代理人证明它是在受雇职务范围内行事，则有权引用承运人根据第二十二条得以援引的责任限额。 　　（b）在此情况下，承运人及其雇用人员和代理人的赔偿限额总额不得超过上述限额。 　　（c）如经证明损失是由于受雇人或代理人故意造成或明知可能造成而漠不关心的行为或不行为所致，则本款第（a）、（b）项的规定均不适用。	本条是对前面承运人责任限额规定的补充，承运人并不是无限制地使用减免责任条款，如果造成损失的原因在于承运人或代理人的故意不良行为，承运人或代理人会丧失这些条款的保护。

5. 承运人的免责

条约原文	应用分析
第二十条 如承运人证明他和他的代理为了避免损失，已经采取了一切必要措施，或不可能采取这种措施时，承运人不负担责任。	《华沙公约》对行为人的过错的主观形态严格区分为故意与过失，两种主观形态所导致的法律后果迥异。 《华沙公约》对过失的认定，采取推定过失责任原则，即除非承运人能够证明他和他的代理人已经采取了一切必要措施或者不可能采取这种措施时方能免除责任，否则，它就必须承担赔偿责任。这里强调的是承运人举证，是一种倒置举证。
第二十一条 如果承运人证明受害人自己的过失是造成损失的原因或原因之一，法院可以按照其法律规定，免除或减轻承运人的责任。	由托运人、收货人过失所造成的货损主要有以下几种情况：托运人填错运单，如托运人将货物需要冷冻保管运输，错填为冷藏保管；空运单中收货人地址不详或错误导致的货损；收货人不及时提货或不足额交费引发的货损。 受害人有过失时，承运人并非一概全部免责，而是根据受害人过失与货损间的因果关系来确定承运人免责范围。只有货损全部由受害人过失造成，承运人才不承担责任。是否免责或减轻责任的幅度，不是由公约决定，而是接受法院的规定处理。 《蒙特利尔第四号议定书》第四条第三款规定了承运人免责的四种情形： （1）货物的属性或本身的缺陷所引发的损失； （2）承运人或其受雇人以外的人包装不善； （3）战争行为或武装冲突； （4）政府有关部门实施的与货物入境、出境和过境有关的行为。

6. 索赔期限和诉讼期限

条约原文
第二十六条 （1）如收件人在收到行李或货物时没有异议，应作为行李或货物已经完好地交付并符合运输凭证的初步证据。 （2）如有货物损坏情况，收件人应在发现损害后立即提出异议，最迟延至收到货物之日起14天内提出。如有延误，应最迟在货物交收货人自行处置之日起21天内提出异议。货物没有收到的，应当自货运单填开之日起120天内提出。 （3）任何异议应在规定期限内写在运输凭证上或另以书面提出。 （4）除非承运人方面有欺诈行为，如在规定期限内没有提出，就不能向承运人起诉。 第二十九条 （1）诉讼应在航空器到达目的地之日起，或应该到达日起，或运输停止之日起的两年内提出，否则就丧失要求赔偿的起诉权。 （2）诉讼期限的计算方法根据受理法院的法律规定。（《华沙公约》）

（三）航空集中托运的主运单与分运单

1. 航空集中托运含义与特点

航空集中托运（Consolidation transport），指集中托运商（集运商，Consolidator）将若干个托运人的货物集中起来，作为一票货物向航空公司办理托运，填写一份总运单，将货物发送到同一目的站，由航空货运代理公司委托目的站当地的分拨代理商（Break Bulk Agent）负责收货、统一办理海关手续，并将货物分拨交给各实际收货人的一种运输方式。

航空货运代理公司对每一委托人另发一份代理公司签发的运单，以便委托人转给收货人凭此提取货物或收取价款。

集中托运的特点：

（1）节省运费。航空运价随着货物计费重量增加而逐级递减，代理人集中发运大批量货物越多，可以争取航空公司更低运价，从而可以给予货主更低运价。

（2）提供方便。集中托运商完善的专业性地面服务网络使托运人收益。

（3）提早结汇。航空公司的主运单与集中托运人的分运单效力相同。集中托运形式下，发货人将货物交与航空货代后，即取得货物分运单，可持分运单到银行提早办理结汇，加快资金周转。

2. 航空集中托运服务过程

具体操作时：（1）集中托运商将各个货主的货集中；（2）集中托运商给各个货主签发航空分运单，格式参照航空公司主运单印制，分运单的"托运人"栏和"收货人"栏都是真正的托运人和收货人；（3）按照航线与目的地等将货物组装入集装器；（4）以自己的名义向航空公司托运，将"待运状态"的散装货物交付给承运人，获得航空公司签发的航空主运单，航空主运单的"托运人"栏和"收货人"栏分别为办理集中托运的装运地集中托运商（航空货运代理人）和其在目的地的代理；（5）进行货物的信息追踪。

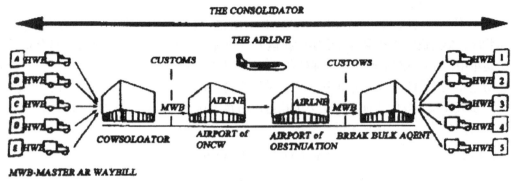

图 3 - 7　航空集中托运的服务过程

3. 航空集中托运的货物

集中托运的货物具有局限性。代理人把来自不同托运人的货物并在一个主单上运输，航空公司对待主单上所有货物的操作方式一样，因此，对于集中托运货物的性质有一定的要求。由于货物出运时间不能确定，集中托运货物不适合易腐烂变质的货物、紧急货物或其他对时间要求高的货物的运输；书本等可享受航空公司优惠运价的货物，也不会采取集中托运方式。

并不是所有的货物都可以采取集中托运的方式，根据航空公司规定，贵重物品、活体动物、尸体、骨灰、危险品、外交信袋等不得采用集中托运的形式运输。

4. 集中托运与直接运输的区别

直接运输：

（1）货物由承运人的委托人——代理人交付给承运人；

（2）货运单由代理人填开，并列明真正的托运人和收货人。

集中托运货物：

（1）集中托运货物由托运人的委托人——集中托运商交付给承运人；

（2）货运单由集中托运人填开；

（3）货物的收、发货人分别为集中托运人和分拨代理人。

表 3 - 10　　　　　　　　　　集中托运与直接运输的区别

项目	直接运输	集中托运
货物交付	由货主或航空货代交付给航空公司	集中托运货物由货主交付给集运商，然后再由集运商交付给航空公司。
使用运单类型	只使用航空公司的货运单	同时使用航空公司的主运单和集运商的分运单。
运单填开	航空货运单由代理人填开；托运人栏和收货人栏分别填列真正的托运人和收货人。	主运单、分运单均由集运商填开；主运单上记载的货物发货人、收货人分别为集中托运商和分拨代理人；分运单上记载的货物收货人、发货人分别为真正的托运人和收货人。

5. 航空集中托运的文件

（1）分运单（House Air Waybill, HAWB）。在进行集中托运货物时，从各个托运人收取货物时，集运商需要签发给各个实际托运人一个航空运单凭证，这个凭证就是分运单。在分运单中，托运人栏和收货人栏都是真正的托运人和收货人。

分运单的作用为：①是集中托运商交付货物给真正收货人的一个正式文件；②是空代与发货人交接货物的凭证；③是集中托运商与每个托运人结算运费的正式依据。银行接受该分运单作为空运单据来结算货款。

表 3 – 11　　　　　　　　　　　　分运单（House Air Waybill）

空运分单

| MASTER AIRWAY BILL NO.　×××　 | HOUSE AIRWAY BILL NO.　NO.- ××× |

| Shipper's Name and Address
A TRADE CO.LTD | Shipper's Account Number |
| Consignee's Name and Address
HARVEY HUTTER&CO.,INC
(PO BOX ×××)123TH STREET
VERPLANCK,NY ×××
P:××× F:××× | Consignee's Account Number |

Not negotiable
Air Waybill
(Air Consignment note)
Issued By

上海××国际货物运输代理有限公司
SHANGHAI SMILE CARGO SERVICE CO.,LTD.

Carrier's Name SHANGHAI SMILE CARGO SERVICE CO.,LTD.

Accounting Information
AGENT: ××× LOGISTICS
NEW YORK
××× 182ND STREET JAMAICA,NY ×××
TEL:×××　　FAX:×××
ATTN:danny
FREIGHT COLLECT

IATA Code　　Account No.

Place/Airport of Departure and requested Routing
SHANGHAI,CHINA

| To NYC | By first Carrier CO | To | By | To | By | Currency USD | Other PPD COLL PPD COLL C C | Declared Value for Carriage N.V.D. | Declared Value for Customs |

Place/Airport of Destination NEW YORK　Flight/Date CO086/2009-08-01

Amount of Insurance INSURANCE – If carrier offers insurance, and such insurance is requested in accordance with conditions on reverse hereof, indicate amount to be insured in figures in box marked "amount of insurance".

Handling Information

| No. of Pieces RCP | Gross Weight | Rate Class Commodity Item No. | Chargeable Weight | Rate Charge | Total | Nature and Quantity of Goods (incl. Dimensions or Volume) |
| 20 CTNS | 352 | | 359.0 | AS ARRANGED | | N.Y."HEARTS"PJ TANK PANTS
PARKS:NY PJ TANK PANTS
SIZE:
C/NO
MADE IN CHINA |

VOL:　2.150　CBM

Prepaid　Weight Charge　Collect
AS ARRANGED
Valuation Charge
Other Charges

Tax

Total Other Charges Due Agent

Total Other Charges Due Carrier

Shipper certifies that the particulars on the face hereof are correct and that insofar as any part of the consignment contains dangerous goods, such part is properly described by name and is in proper condition for carriage by air according to the applicable Dangerous Goods Regulations.

BETTY
Signature of Shipper or its agent

Total Prepaid　Total Collect
AS ARRANGED

01Aug,2009　　SHA

Currency Conversion Rate　CC Charges in Dest. Currency

Charges at Destination

Executed on　(Date)　at　(Place)　Stamp and Signature of Carrier or its agent

For Carriers Use Only at Destination　Total Collect Charges

ORIGINAL 2 (FOR CONSIGNEE)

（2）主运单（Master Air Waybill, MAWB）。代理人在收取货物之后，进行集中托运，需要把来自不同托运人的货物集中到一起，交给航空公司，代理人和航空公司就需要签发一个航空运单作为凭证，这个凭证就是主运单。在主运单中，托运人栏和收货人栏都是代理人。集中托运业务下，主运单在集运商和航空公司之间使用。

主运单的作用为：①是集运货代公司与航空公司交接货物的凭证；②是航空公司接收与运输货物的正式文件；③是航空公司与集中托运人结算运费的依据。

一份主运单对应多份分运单。一票集中托运货物的所有分运单都要装在结实的信封内附在主货运单后，并在货运单"Nature and Quantity"栏内注明："Consolidation as per attached manifest"，意为"集中托运货物的相关信息附在随带的舱单中"。

表 3-12　　　　　　　　　　　主运单（Master Air Waybill）

分运单与主运单填制内容的区别如表 3 – 13 所示。

表 3 – 13　　　　　　　　　　　分运单与主运单填制内容的区别

空运单	运单签发者	印制颁布者	收发货人	货名	数量重量	运费与支付方式
分运单 （HAWB）	货代	货代	实际收、 发货人	实际货名	单票量	单独运费预付 或到付
主运单 （MAWB）	航空公司或 获授权货代	航空公司	集运商 （货代）	集运货物	合计量	集运运费 只能预付

（3）集中托运货物舱单（Manifest）。一票集中托运货物的所有分运单都要装在结实的信封内，附在主运单后。主运单"nature and quantity"栏注明"consolidation as per attached manifest"。"manifest"为集中托运货物舱单。由于主运单中没有列出具体的货物品名，只是在品名栏中注明了"集中托运货物的相关信息附在随带的舱单中"，因此，需要查询集中托运货物舱单，才能了解在主运单中有哪些分运单和货物。舱单有分运单号、各分运单货物目的地、件数、重量、体积等项目，如表 3 – 14 所示。

表 3 – 14　　　　　　　　　　　集中托运货物舱单

ATU CONSOLIDA TOR
Langer kornweg D-6092 Kelsterbach Germany
CONSOLIDATION MANIFEST

MWB:131-1234 5675
AIRLINE　　　　　　　　　:JAPAN AIRLINES　　　　　　　　　FLIGHT:JL678/23
POINT OF LOADING　　　　:FRANKFURT
POINT OF UNLOADING　　 :TOKYO　　　　　　　　　　　　　　DATE:20 JAN

HWB NR ACCORDING	DEST	NUMBER OF PACKAGES NATURE OF GOODS	GROSS WEIGHT	TOTAL CC	
77846117	TYO	7　　CLOTH	160.5KG	DEM	1 460.74
77846118	TYO	4　　AIRCRAFT PARTS	10.0KG	DEM	1 22.95
77847005	FUK	4　　MUSICAL INTRU	235.0KG	DEM	1 838.60
77847123	TYO	1　　SPARE PART POR 　　　CUTTING MACH	8.8KG	DEM	173.40
77847124	TYO	30　　PLASTIC SHEBTS	360.0KG	DEM	5 939.30
77847125	TYO	1　　ADVE MAT	45.0KG	PREPAID	
77847126	TYO	4　　HELICO PARTS	11.7KG	DEM	252.40
77847127	OSA	6　　SHOES	139.0KG	DEM	1 173.69
77847128	TYO	49　　PARTS POR SHOES	692.0KG	DEM	5 746.66
		106	1662.0KG	DEM	16 721.74

（4）识别标签。集中托运，要在每一件货物上贴上识别标签，识别标签上要特别注明主单号和分单号。

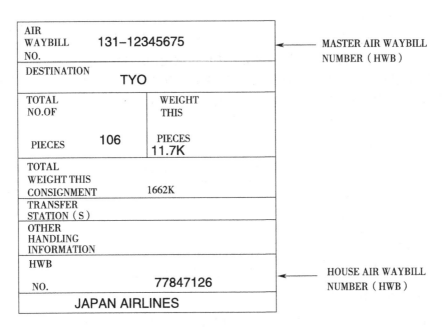

图 3－8 集中托运货物识别标签

（四）航空货物运输方式

航空货物运输服务是使用飞机作为运输工具，将货物或邮件以较快的速度运往目的地（国家或地区）的一种服务。航空货物运输服务的主要方式包括班机运输、包机运输、集中托运和航空快递。

1. 班机运输

（1）班机运输（Scheduled Air Line），是指航空公司使用固定航线、固定时间、固定始发站和到达站、途经站的客机或货机或客货机进行航空运输。

班机一般都是使用客货混合飞机，一些较大的航空公司在一些航线上也开辟定期的货运航班，使用的是全货机。

（2）运输优势。由于班机在航线和时间上基本都有保证，因此，采用班机运输货物使收货人、发货人比较容易掌握货物的发出和到达的时间和地点，从而保证货物能安全、迅速并准确地到达世界各通航地点。

（3）适运货物。由于班机运输方式使用定期、定点开航，因此，鲜活易腐商品、时令性较强商品、急需物资和贵重商品等多采用班机方式运送。

2. 包舱包板运输

（1）定义。

包舱运输，指包舱人在一定时期内或一次性包用承运人在某条航线或某个航班上的全部或部分货舱。

包板运输，指有固定货源且批量较大、数量相对稳定的托运人在一定时期内、一定航线或航班上包用承运人一定数量的集装板或集装箱运输货物，称为包集装器（板、箱）运输，简称包板运输。

（2）包舱包板的方式。

①固定包舱：托运人在承运人的航线上，通过包舱/板（箱）的方式运输时，托运人无论向承运人是否交付货物，都必须支付协议上规定的运费。

②非固定包舱：托运人在航班起飞前 72 小时，如果没有确定舱位，承运人则可以自由销售舱位，但承运人对代理人的包板（舱）的总量有一个控制。

（3）运输凭证。货运单和包舱/板合同（至少一式五份）作为包舱/板的运输凭证。货运单收货人栏只能填写一个收货人名称。

表 3－15 　　　　　　　　　运输凭证包舱包板操作细节比较表

项　　目	包　　　　舱	包　　　　板
单　据	货运单＋包舱运输合同	货运单＋包板运输合同
收货人	一个收货人名称	
货物件数	货物实际件数	包用的集装器数量
货物品名	货物实际名称	包用的集装器识别代码
注意事项栏	"包舱运输" ＋合同号码	"包集装器运输" ＋合同号码

（4）包舱/板运输注意事项。

表 3－16 　　　　　　　　　包舱包板运输注意事项对比表

包　　　　舱	包　　　　板
按约定时间将货物送至指定机场，自行办理检验检疫、托运手续； 包舱/板人应保证托运的货物没有夹带危险品或政府禁止运输或限制运输物品； 除天气或其他不可抗力原因外，合同双方应当履行包舱/板运输合同规定的各自承担的责任和义务； 由于不可抗力造成合同不能履行，承运人不负责任； 无论何种原因，一方不能如期履行合同时，应及时通知对方； 包舱/板运输合同中的未尽事宜，按照承运人的业务规定办理。	
货物实际重量、体积不能超过合同规定最大可用吨位与体积，否则拒运。	货物只能装载在所包用的集装板器上，包板不够时，余货按正常散货运输。 如果一票货物需包用两个或两个以上集装器运输，且根据合同有最低计费标准时，该票货物的最低计费重量为包用的每一个集装器的最低计费重量之和。
航班在起飞前或到达后，由于包舱人或其受雇人的原因而造成的飞机延误，由此对承运人造成的损失，包舱人应承担赔偿责任。	承包人对集装器货物件数、包装情况负责； 承运人对货物短少、损坏等不承担责任（除承运人原因外）。
包舱人在飞机起飞前取消、变更包舱计划，造成承运人损失的，应承担赔偿责任。	每件货物粘贴或拴挂识别标签，货运单号码与货运单一致，每集装器配一识别标签。
	只限直达航班。

（5）采用包舱包板运输的意义。

①对某些开发难度较大或新开辟的航线，可以减少承运人的初期市场运营风险，有一个稳定的收入。

②能充分调动包板人最大限度地挖掘市场潜力的积极性和主观能动性。

③有利于一些新开辟的航线、冷航线的市场开发。

④对承运人营销力量较为薄弱的回程、中间站航线有利。

（6）包舱、包板存在的问题。

①打乱了航空货运的市场价格。包舱、包板使得代理人掌握着舱位价格的制定权，可以随着市场随意放价而导致承运人对价格失控。

②不利于承运人的收益最大化。

③助长不正之风的蔓延。容易出现包"热"不包"冷"航线的现象，诱发暗箱操作，削弱了承运人网络优势，造成中转和联运的困难。

3. 包机运输

（1）包机运输（Chartered Carrier），指托运人按照与航空公司约定的条件和费率，包用承运人整架飞机运输货物或邮件的一种运输方式。

包机人指发货人或航空货运代理公司，包租整架飞机可能有一个或若干个包机人。包机运输适合于大宗货物运输，费率低于班机，但运送时间则比班机要长些。

包机费用包括飞机及货物在仓库与飞机之间的地面运输、装机、卸机等地面服务费用，但在始发地和目的地的地面运输、货物装卸集装器以及海关检查和税收等其他费用由包机人自行办理，并承担费用，且此项费用不计入包机费中。

（2）包机种类。包机运输分为整包机和部分包机两类。

——整包机，即包租整架飞机，指航空公司按照与租机人事先约定的条件及费用，将整架飞机租给包机人，从一个或几个航空港装运货物至目的地。

包机人一般要在货物装运前一个月与航空公司联系，以便航空公司安排运载和向起降机场及有关政府部门申请、办理过境或入境的有关手续。包机的费用一次一议，运费随国际市场供求情况变化，原则上，包机运费是按每一飞行公里固定费率核收费用，并按每一飞行公里费用的80%收取空放费，因此，大批量货物使用包机时，均要争取来回程都有货载，这样费用比较低，只使用单程，运费比较高。整架包机适用于运输大宗货物。包机人应依据准确的市场预测，综合考虑物流成本、注意流程环节的合理性，采用合适的包机策略。

整包机的优点：

①解决班机仓位不足的矛盾；

②货物全部由包机运出，节省时间和多次发货的手续；

③弥补没有直达航班的不足，且不用中转；

④减少货损、货差或丢失的现象；

⑤在空运旺季缓解航班紧张状况；

⑥解决海鲜、活体动物的运输问题。

——部分包机，指由几家航空货运公司或发货人联合包租一架飞机或者由航空公司把一架飞机的舱位分别卖给几家航空货运公司装载货物。

部分包机适用于托运不足一架整飞机舱位，但货量又较重的货物运输。

部分包机与班机的比较有以下不同：①时间比班机长，尽管部分包机有固定时间表，但往往因各种原因不能按时起飞。②各国政府为了保护本国航空公司利益，常对从事包机业务的外国航空公司实行各种限制。如包机的活动范围比较狭窄；降落地点受到限制，需降落非指定地点外的其他地点时，一定要向当地政府有关部门申请，同意后才能降落（如申请入境、通过领空和降落地点）。

（3）包机申请。包机人至少提前20天向航空公司提出书面申请，申请包机时应出示介绍信或个人有效身份证件，并提供货物品名、件数、重量、尺寸、体积、始发站及目的站等。

航空公司根据包机申请人提供的信息确定包机机型与包机价格。

（4）包机运输合同。至少一式五份，一份交包机人，一份随货运单财务联报财务部门审核，一份由收运部门留存，一份随货运单存根联留存，一份随货运单运往目的站。

除天气或其他不可抗力原因外，合同双方应当履行包机运输合同规定各自承担的责任和义务；包机人应保证托运货物没有夹带危险品或政府禁止运输或限制运输物品；由于不可抗力原因，导致包机运输合同不能履行，承运人不承担责任；无论何种原因，一方不能如期履行合同时，应及时通知对方。

（5）包机运输注意事项。

①航路申请。由航空公司负责航路的申请，经有关部门批准后，航空公司应尽快告知包机人准备运输。

②运输凭证。每架次包机应填制一份或几份货运单，货运单和包机合同作为包机的运输凭证。

③其他注意事项。

· 包机人应按约定时间将货物送达指定机场，自行办理检验检疫和托运等手续。

· 包机货物的实际重量和体积不得超过包机运输合同中规定的最大可用吨位和体积，否则，承运人有权拒绝运输，由此造成的飞机损失由包机人承担。

· 航班在起飞前或到达后，由于包机人或其受雇人的原因（如货物迟到、装机困难、货物不符合安全要求、卸货不及时等）而造成飞机延误，包机人应承担责任，并对承运人造成的损失承担赔偿责任。

· 包机人在飞机起飞前取消、变更包机计划，造成承运人损失的应承担赔偿责任。

· 需使用集装设备的包机，包机合同应明确集装设备回收方法及包机人应承担的责任。

· 特殊货物的包机运输，须经国家有关部门和民航总局批准。

（6）包机取消。包机人可以在包机航班执行前24小时，以书面形式通知承运人取消航班，但包机人要根据表3-17所列方式（国航标准）向承运人付退包费。退包费应从包机费用中由承运人扣减。

表3-17　　　　　　　　　　　　退包费一览表

约定的包机起飞前天数	包机费（应退比例）
7天	20%
3~5天	50%
1~2天	75%
1天	100%

如果发生不利于飞行的气候条件、自然灾害、战争、罢工、政局不稳定等不可抗力，以及有可能危害承运人财产及人员生命安全的一切原因，承运人有权取消部分或全部航班。

（7）协议转让。未经承运人同意，包机人不应向第三方转让本协议的任何权利、义务或责任。承运人有权拒绝承运任何可能对飞行安全造成威胁的货物。

五、能力实训

【实训任务1】请以宁波捷达顺公司单证员的角色，根据绍兴绣品服饰有限公司出口业务所给信息，代为缮制埃塞俄比亚航空公司（ET）的航空货运单。要求：用英文大写字母打印，各栏目内容不得随意涂改。

航空货运单

Shipper's name and address	NOT NEGOTIABLE Air Waybill Issued by							
Consignee's name and address	IT IS AGREED THAT THE GOODS DESCRIBED HEREIN ARE ACCEPTED IN APPARENT GOOD ORDER AND CONDITION (EXCEPT AS NOTED) FOR CARRIAGE SUBJECT TO THE CONDITIONS OF CONTRACT ON THE REVERSE HEREOF, ALL GOODS MAY BE CARRIED BY ANY OTHER MEANS. INCLUDING ROAD OR ANY OTHER CARRIER UNLESS SPECIFIC CONTRARY INSTRUCTIONS ARE GIVEN HEREON BY THE SHIPPER. THE SHIPPER'S ATTENTION IS DRAWN TO THE NOTICE CONCERNING CARIER'S LIMITATION OF LIABILITY. SHIPPER MAY INCREASE SUCH LIMITATION OF LIABILITY BY DECLARING A HIGHER VALUE OF CARRIAGE AND PAYING A SUPPLEMENTAL CHARGE IF REQUIRED.							
Issuing Carrier's Agent Name and City								
Agents IATA Code	Account No.							
Airport of Departure (Add. of First Carrier) and Requested Routing	Accounting Information							
to	By first carrier	to	by	to	by	Currency	Declared Value for Carriage	Declared Value for Customs
Airport of Destination	Flight/Date	Amount of Insurance	INSURANCE – If carrier offers insurance and such insurance is requested in accordance with the conditions thereof indicate amount to be insured in figures in box marked "Amount of Insurance"					
Handling Information								

No. of Pieces RCP	Gross Weight	kg 1b	Rate Class		Chargeable Weight	Rate/ Charge	Total	Nature and Quantity of Goods
			Commodity Item No.					

Prepaid	Collect	Other Charges
Valuation Charge		
Tax		Accounting Information Shipper certifies that the particulars on the face hereof are correct and that insofar as any part of the consignment contains dangerous goods, such part is properly described by name and is in proper condition for carriage by air according to the applicable Dangerous Goods Regulations.
Total Other Charges Due Agent		
Total Other Charges Due Carrier		
Total Prepaid	Total Collect	
Currency Conversion Rates	CC Charges in Dest. Currency	Executed on at Signature of issuing Carrier or as Agent
For Carrier's Use Only at Destination	Charges at Destination	Total Collect Charges / AIR WAYBILL NUMBER

【实训任务 2】 请为绍兴绣品服饰有限公司该票每件货物制作标记。

收货人姓名地址
发货人姓名地址

其他标记

OXYGEN,COMPRESSED
UN1072

其他标记

SHIPPER：ABC　　CONSIGNEE：DEF

【实训任务 3】 案例分析

案例分析 2：一票由加州经上海转至大连的新鲜提子，货物价值为每千克 3 美元，共有 1000 千克，收货人收取货物后发现货物丢失了 100 千克。经调查，货物的丢失是由于航空公司管理不善，货物在由上海转至大连时被窃。问：

（1） 处理该事件应用国际公约还是国内航空法？

（2） 承运人应赔偿多少金额？

分析答案：

学习情境四

出口报检报关操作

CHUKOU BAOJIAN BAOGUAN CAOZUO

一、学习目标

能力目标

- 能预审报检委托书、预录报检单
- 能在口岸熟练办理出口报检手续
- 能预审报关委托书、预录报关单
- 能在海关熟练办理出口报关手续

知识目标

- 掌握报检委托书、报检单内容
- 熟悉出口报检流程
- 掌握报关委托书、报关单内容
- 熟悉出口报关流程

【学习导图】

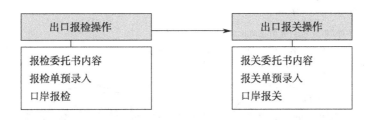

出口报检操作	→	出口报关操作
报检委托书内容 报检单预录入 口岸报检		报关委托书内容 报关单预录入 口岸报关

【业务环节关键点】

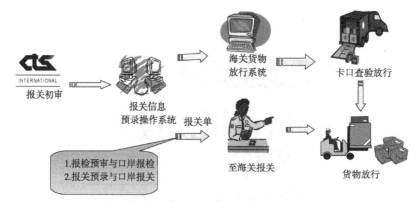

二、项目任务

【项目背景】

2011年3月29日，杨丹收到了佳佳进出口公司全套报检材料和报关材料，委托我公司办理该票业务的出口报检和报关手续。杨丹的工作任务如下：

【任务一】预审报检资料，办理报检手续

【任务二】预审报关资料，办理报关手续

三、操作示范

任务一　预审报检资料，办理报检手续

根据出入境报检的相关法规，杨丹根据客户的发票、箱单等，审核报检委托书、报检单和换证凭条等相关报检材料，并将报检材料邮寄给口岸的同事办理报检手续。

第一步，预审报检委托书。杨丹认真核对报检委托书品名、数量、合同号、信用证号与所提供材料的一致性，并且要验证委托单位公章。

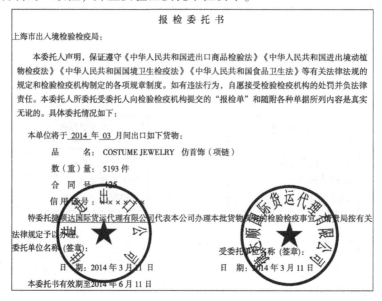

报　检　委　托　书

上海市出入境检验检疫局：

　　本委托人声明，保证遵守《中华人民共和国进出口商品检验法》《中华人民共和国进出境动植物检疫法》《中华人民共和国国境卫生检疫法》《中华人民共和国食品卫生法》等有关法律法规的规定和检验检疫机构制定的各项规章制度。如有违法行为，自愿接受检验检疫机构的处罚并负法律责任。本委托人所受委托人向检验检疫机构提交的"报检单"和随附各种单据所列内容是真实无讹的。具体委托情况如下：

　　本单位将于 2014 年 03 月间出口如下货物：

　　品　　　名：COSTUME JEWELRY 仿首饰（项链）

　　数（重）量：5193 件

　　合　同　号：125

　　信用证号：××××××

特委托捷顺达国际货运代理有限公司代表本公司办理本批货物出口的检验检疫事宜，请贵局按有关法律规定予以办理。

委托单位名称（签章）：　　　　　　　受委托单位名称（签章）：

日　期：2014 年 3 月 11 日　　　　　日　期：2014 年 3 月 11 日

本委托书有效期至2014 年 6 月 11 日

第二步，审核报检单。

中华人民共和国出入境检验检疫

出境货物报检单

报检单位（加盖公章）:	佳佳进出口有限公司	*编　号	380400204061358

报检单位登记370010**73　　联系人: 杨丹　　电话: 8573　　报检日期: 2014年3月11日

发货人	（中文）	上海秀宏贸易有限公司
	（外文）	SHANGHAI XIUHONG TRADING CO.,LTD.
收货人	（中文）	KNITWORK有限公司
	（外文）	KNITWORK CORP.

货物名称(中/外文)	H.S.编码	产地	数/重量	货物总值	包装种类数量
COSTUME JEWELRY 仿首饰（项链）	71171900	义乌	5193件	3375.45美元	55个纸箱

运输工具名称号码	飞机	贸易方式	一般贸易	货物存放地点	
合同号	NO.425	信用证号	×××	用途	其他
发货日	2014.03.12	输往国家(地区)	美国	许可证/审批号	无
起运地	上海	到达口岸	洛杉矶	生产单位注册号	无

集装箱规格、数量及号码		
合同、信用证订立的检验检疫条款或特殊要求	标记及号码	随附单据（画"✓"或补填）
	KNITWORK PRODUCTIONS	(✓)合同　　(✓)装箱单 (✓)信用证　(✓)厂检单 (✓)发票　　(✓)包装性能结果单 ( )换证凭单　( )许可/审批文件

需要证单名称（画"✓"或补填）		*检验检疫费	
( )品质证书　　　正 ( )重量证书　　　副 ( )数量证书　　　正 ( )兽医卫生证书　副 ( )健康证书　　　正 ( )卫生证书　　　副 ( )动物卫生证书　正	( )植物检疫证书　　正　副 ( )熏蒸/消毒证书　　正　副 (✓)出境货物换证凭单　正　副 　　　　　　　　　副 　　　　　　　　　正 　　　　　　　　　副 　　　　　　　　　正	总金额 （人民币元）	
		计费人	
		收费人	

报检人郑重声明: 　1. 本人被授权报检。 　2. 上列填写内容正确属实，货物无伪造或冒用他人的厂名、标志、认证标志，并承担货物质量责任。 　　　　　　　签名: _杨丹_	领　取　证　单	
	日期	
	签名	

注: 有"*"号栏由出入境检验检疫机关填写。　　　　　　◆国家出入境检验检疫局制

报检委托书审核要点如下：

1. 编号。由系统在正式受理报检时自动生成15位数的报检号。

2. 报检单位是指经国家质量监督检验检疫总局审核，获得许可、登记，并取得国家质检总局颁发的《自理报检单位备案登记证明书》或《代理报检单位备案登记证明书》的企业。本栏应填报报检单位的中文名称，并加盖与名称一致的公章。

3. 报检单位登记号、联系人和电话。报检单位登记号指报检单位在国家质检总局登记的10位数登记证号码；联系人填报检人员姓名；电话填报检人员的联系电话。

4. 报验日期是指检验检疫机构接受报检当天的日期。本栏填制的报检日期统一用阿拉伯数字表示，而不用英文等表示。

5. 发货人是指外贸合同中的供货商，或商业发票上的出票人。本栏分别用中、英文对照分行填报发货人名称。

6. 收货人是指外贸合同中的收购商或商业发票上的受票人。本栏分别用中、英文填报收货人名称。

7. 货物名称（中/外文）是指被申请报检的出境货物名称、规格、型号、成分以及英文对照。

8. H.S.编码是指海关《协调商品名称及编码制度》中所列编码。并以当年海关公布的商品税则编码为准。本栏填报八位商品编码。有些商品有最后两位补充编码时，应填报十位编码。

9. 产地。在出境货物报检单中指货物生产地、加工制造地的省、市、县名。

10. 数/重量是指以商品编码计量标准项下的实际检验检疫数量、重量。本栏按实际申请检验检疫的数/重量填写，重量还须列明毛/净/皮重。

注意：本栏可以填报一个以上计量单位，如第一计量单位"个"，第二计量单位"千克"等。

11. 货物总值是指出境货物商业总值及币种。本栏应按合同、发票或报关单上所列货物总值一致。

12. 包装种类及数量是指货物实际运输外包装的种类及数量。

13. 运输工具名称号码是指载运出境货物运输工具的名称和运输工具编号。本栏填制与实际出境运输工具的名称及编号，如船舶名称及航次等。

注意：实际报检申请时，若未定运输工具的名称及编号时，可以笼统填制运输方式总称，如填报"船舶"或"飞机"等。

14. 合同号是指对外贸易合同、订单、形式发票等的号码。

15. 贸易方式是指该批货物的贸易性质，即买卖双方将商品所有权通过什么方式转让。本栏填报与实际情况一致的海关规范贸易方式。常见的贸易方式有"一般贸易""进料加工""来料加工贸易""易货贸易""补偿贸易"等90多种贸易方式。

16. 货物存放地点是指出口货物的生产企业所存放出口货物的地点。

17. 发货日期是指货物实际出境的日期。按实际开船日或起飞日等，填报发货日期，以年、月、日的方式填报。

18. 输往国家（地区）是指出口货物直接运抵的国家（地区），是货物的最终销售国。

19. 许可证号/审批号。凡需申领出口许可证或其他审批文件的货物，本栏应填报有关许可证号或审批号。无须许可证或审批文件的出境货物本栏免报。

20. 生产单位注册号是指出入境检验检疫机构签发给生产单位的卫生注册证书号或加工厂的注册号码等。

21. 起运地。本栏填报出境货物最后离境的口岸或所在地的中文名称。

22. 到达口岸是指出境货物运往境外的最终目的港。本栏最终目的港预知的，按实际到达口岸的中文名称填报；最终到达口岸不可预知的，可按尽可能预知的到达口岸填报。

23. 集装箱规格、数量及号码。集装箱规格是指国际标准的集装箱规格尺寸。若不是整箱货，可以不填此栏目；若不知道集装箱号码，也可只填集装箱规格和数量。

24. 合同、信用证订立的检验检疫条款或特殊要求。在合同中订阅的有关检验检疫的特殊条款及其他要求应填入此栏。

25. 标记和号码。货物的标记号码，又称为货物的唛头，主要用于识别货物。本栏应根据实际合同、发票等到外贸单据上相同内容填报。注意：如没有唛头应填报"N/M"，不可以空缺。

26. 用途。从以下9个选项中选择符合实际出境货物用途来填报：（1）种用或繁殖；（2）食用；（3）奶用；（4）观赏或演艺；（5）伴侣动物；（6）试验；（7）药用；（8）饲用；（9）其他。

27. 随附单据（画"√"或补填）。按照实际随附的单据种类画"√"或补充填报随附单据。

28. 签名。由持有报检员证的报检员手签。

29. 检验检疫费用。由检验检疫机构计费人员核定费用后填写，如熏蒸费和消毒费等。

30. 领取证单。报检人在领取单证时填写领证日期和领证人签名。

第三步，核对换证凭条。

注意报检委托书、报检单和换证凭条三张单据数据和逻辑的一致性。

换证凭条

转单号	380400204008677T		报检号	380400204061358	
报检单位	SHANGHAI XIUHONG TRADING CO. ,LTD.				
品名	仿首饰（项链）				
合同号	425		HS 编码	71171900	
数（重）量	5193 件	包装件数	55 个纸箱	金额	3375.45 美元

评定意见：

贵单位报检的该批货物，经我局检验检疫，已合格。请执此单到上海局本部办理出境验证业务。本单有效期截至 2014 年 3 月 11 日。

杭州局本部 2014 年 3 月 11 日

任务二　预审报关资料，办理报关手续

中华人民共和国海关出口货物报关单

预录入编号：			海关编号：	
出口口岸 上海海关		备案号	出口日期 2014-03-12	申报日期 2014-03-11
经营单位 佳佳进出口有限公司 330121**77		运输方式 航空运输	运输工具 CK	提运单号 112-34736586
发货单位 上海秀宏贸易有限公司 海关注册号 330121**577		贸易方式 一般贸易	征免性质 一般征税	结汇方式 T/T
许可证号		运抵国(地区) 美国	指运港 洛杉矶	境内货源地 义乌
批准文号	成交方式 FOB	运费 RMB¥24280.48	保费 USD**	杂费
合同协议号	件数 55	包装种类 纸箱	毛重(千克) 784	净重(千克) 729
集装箱号 PCIU3725578		随附单据		生产厂家 上海秀宏贸易有限公司

标记唛码及备注
KNITWORK PRODUCTIONS

项号	商品编码	商品名称、规格型号	数量及单位	最终目的国(地区)	单价	总价	币制	征免
01	71171900	COSTUME JEWELRY 803879	4968 件	美国	0.65	3229.20	美元	照章征税（0）
		COSTUME JEWELRY 803880	225 件	美国	0.65	146.25	美元	照章征税（0）

税费征税情况				
录入员　　录入单位	兹声明以上申报无讹并承担法律责任		海关审单批注及放行日期(签章)	
报关员 单位地址： 邮编　　电话　　填制日期	申报单位(签章) 报关专用章		审单　　　审价 征税　　　统计 查验　　　放行	

　　杨丹根据佳佳进出口有限公司提交的合同、信用证、合同、发票等资料审核报关单、报关委托书等审核报关单证。

　　第一步，审核以下报关单的内容。报关委托书审核要点如下：

1. 预录入编号。报关单录入凭单的编号规则由申报单位自行决定。预录入报关单及 EDI 报关单的预录入编号由接受申报的海关决定编号规则，计算机自动打印。

2. 海关编号。该栏目是海关接受申报时给予报关单的编号，共 9 位数码，其中前两位为分关编号，第三位由各关自定义，后六位为顺序号。

3. 进口口岸/出口口岸是指货物实际进（出）口我国关境口岸海关的名称。该栏目应根据货物实际进（出）口的口岸海关选择填报"关区代码表"中相应的口岸海关名称及代码。在不同出口加工区之间转让的货物，填报对方出口加工区海关名称及代码。无法确定进（出）口口岸以及无实际进出口的报关单，填报接受申报的海关名称及代码。

4. 备案号，具体填报要求如下：（1）加工贸易出口报关单本填报"登记手册"编号；进口报关单填报"征免税证明"等审批证件编号；（2）凡涉及减免税备案审批的报关单，本栏目填报"征免税证明"编号，不得为空；（3）无备案审批文件的报关单，本栏目免予填报；（4）一份的报关单只能填报一个备案号，备案号长度为 12 位。

5. 进口日期/出口日期。进口日期是运载所申报货物的运输工具申报进境的日期，必须与相应的运输工具申报进境日期一致。出口日期是运载所申报货物的运输工具办结出境手续的日期。该栏目供海关打印报关单证明联用，预录入报关单及 EDI 报关单均免予填报。无实际进出口的报关单填报办理申报手续的日期。本栏目为 8 位数，顺序为年 4 位，月、日各 2 位。

6. 申报日期是指海关接受进（出）口货物的收、发货人或代理人申请办理货物进（出）口手续的日期。预录入及 EDI 报关单填报向海关申报的日期，与实际情况不符时，由审单关员按实际日期修改批注。本栏目为 8 位数，顺序为年 4 位，月、日各 2 位。

7. 经营单位。填报经营单位名称及经营单位编码。经营单位编码是进出口企业在所在地主管海关办理注册登记手续时，海关给企业设置的注册登记编码。

8. 运输方式是指载运货物进出关境所使用的运输工具的分类。该栏目应根据实际运输方式按海关规定的"运输方式代码表"选择填报相应的运输方式。特殊情况下运输方式的填报原则如下：（1）非邮政方式进出口的快递货物，按实际运输方式填报；（2）进出境旅客随身携带货物，按旅客所乘运输工具填报；（3）进口转关运输货物根据载运货物抵达进境地的运输工具填报，出口转关运输货物根据载运货物驶离出境地的运输工具填报；（4）无实际进出口的，根据实际情况选择填报"运输方式代码表"中的运输方式；（5）出口加工区与区外之间进出口的货物，填报"Z"；同一出口加工区内或不同出口加工区的企业之间相互结转（调拨）的货物，填报"9"（其他运输）。

9. 运输工具名称是指载运货物进出境的运输工具的名称或运输工具编号。一份报关单只能填写一个运输工具名称。本栏目填制内容应与运输部门向海关申报的载货清单一致。具体填报要求如下：（1）江海运输：填报"船名/航次"，或载货清单编号（注：按受理申报海关要求选填）；（2）汽车运输填报该跨境运输车辆的国内行驶车牌号码；（3）铁路运输：填报"车次或车厢号/进出境日期"；（4）航空运输：填报"航班号＋进出境日期/总运单号"；（5）邮政运输：填报"邮政包裹单号/进出境日期"。

10. 提/运号。该栏目是进出口货物提单或运单的编号，应与运输部门向海关申报的载货清单所列内容一致。一票货物对应多个提运单时，应按接受申报的海关规定，分单填报。具体填报要求如下：（1）运输填报进口运单号或出口运单号；（2）铁路运输填报运单号；（3）汽车运输免予填报；（4）航空运输填报总运单号；（5）邮政运输填报邮政包裹单号；（6）无实际进出口的，本栏目为空；（7）转关运输货物免予填报。

11. 收货单位/发货单位。该栏目应填报收、发货单位的中文名称或其海关注册编码。加工贸易中，报关单的收发货单位应与"登记手册"的"货主单位"一致。本业务同发货单位的填写内容。

12. 贸易方式。该栏目应根据实际情况按海关规定的"贸易方式代码表"选择填报相应的贸易方式简称或代码。一份报关单只允许填报一种贸易方式。出口加工区内企业填制的"出口加工区进（出）境货物备案清单"应选择填报适用于出口加工区货物的监管方式简称或代码。本业务填写一般贸易。

13. 征免性质。该栏目是海关对进出口货物实施征、减、免税管理的性质类别，应按照海关核发的"征免税证明"中批注的征免性质填报，或根据实际情况按海关规定的"征免性质代码表"选择填报相应的征免性质简称或代码。一份报关单只允许填报一种征免性质。加工贸易中，报关单本栏目应按照海关核发的"登记手册"中批注的征免性质填报相应的征免性质简称或代码。特殊情况下填报的具体要求如下：（1）保税工厂经营的加工贸易，根据"登记手册"填报"进料加工"或"来料加工"；（2）三资企业按内外销比例以加工内销产品而进口料件，填报"一般征税"，或其他相应的征免性质；（3）加工贸易转内销的货物，按实际应享受的征免性质填报；（4）料件退运出口、成品退运进口货物填报"其他法定"；（5）加工贸易结转货物本栏为空。本业务填写一般征税。

14. 结汇方式。该栏目是出口货物的发货人或其代理人收结外汇的方式，应按海关规定的"结汇方式代码表"选择填报相应的结汇方式名称或代码。本业务填写信用证。

15. 许可证号。该栏目用于应申领进（出）口许可证的货物。此类货物必须填报商务部及其授权发证机关签发的进（出）口货物许可证的编号，不得为空。一份报关单只允许填报一个许可证号。

16. 起运国（地区）/运抵国（地区）。起运国（地区）是进口货物起始发出的国家（地区）。运抵国（地区）是出口货物直接运抵的国家（地区）。该栏目应按海关规定的"国别（地区）代码表"选择填报相应的起运国（地区）或运抵国（地区）中文名称或代码。无实际进出口的，该栏目填报"中国"（代码"142"）。对发生运输中转货物，如中转地未发生任何商业性交易，则起运地、运抵地不变，如中转地发生商业性交易，则以中转地作为起运/运抵国（地区）填报。

17. 装货港/指运港。装货港是进口货物入境前的最后一个境外装运港。指运港是出口货物运往境外的最终目的港；最终目的港不可预知的，可按尽可能预知的目的港填报。该栏目应根据实际情况按海关规定的"港口航线代码表"选择填报相应的港口中文名称或代码。无实际进出口的，本栏目填报"中国境内"。

18. 境内目的地/境内货源地。境内目的地是进口货物在国内的消费、使用地或最终运抵地。境内货源地是出口货物在国内的产地或原始发货地。该栏目应根据进口货物的收货单位、出口货物生产厂家或发货单位所属地区，按海关规定的"国内地区代码表"选择填报相应的国内地区名称或代码。

19. 批准文号。该栏目用于填报进口"付汇核销单"编号。出口报关单本栏用于填"出口收汇核销单"编号。

20. 成交方式。该栏目应根据实际成交价格条款按海关规定的"成交方式代码表"选择填报相应的成交方式代码。无实际进出口的，进口填报 CIF 价，出口填报 FOB 价。

21. 运费。该栏目用于成交价格中不包含运费的进口货物或成交价格中含有运费的出口货物，应填报该份报关单所含全部货物的国际运输费用。可按运费单价、总价或运费率三种方式之一填报，同时注明运费标记，并按海关规定的"货币代码表"选择填报相应的币种代码。运保费合并计算的，运保费填报在本栏目。运费标记"1"表示运费率，"2"表示每吨货物的运费单价，"3"表示运费总价。

22. 保费。该栏目用于成交价格不包含保险费的进口货物或成交价格中含有保险费的出口货物,应填报该份报关单所含全部货物国际运输的保险费用。可按保险费总价或保险费率两种方式之一填报,同时注明保险费标记,并按海关规定的"货币代码表"选择填报相应的币种代码。运保费合并计算的,运保费填报在运费栏目中。保险费标记"1"表示保险费率,"3"表示保险费总价。例如:1‰的保险费填报为0.1/1;200港元保险费总价填报为110/200/3。

23. 杂费。该栏目是成交价格以外的、应计入完税价格或应从完税价格中扣除的费用,如手续费、佣金、回扣等。可按杂费总价或杂费率两种方式之一填报,同时注明杂费标记,并按海关规定的"货币代码表"选择填报相应的币种代码。应计入完税价格的杂费填报为正值或正率,应从完税价格中扣除的杂费填报为负值或负率。杂费标记"1"表示杂费率,"3"表示杂费总价。例如:应计入完税价格的1.5%的杂费率填报为1.5/1;应从完税价格中扣除的1%的回扣率填报为-1/1;应计入完税价格的500英镑杂费总价填报为303/500/3。

24. 合同协议号。该栏目应填报进(出)口货物合同(协议)的全部字头和号码。本业务填写425。

25. 件数。该栏目应填报有外包装的进(出)口货物的实际件数。特殊情况下填报要求如下:(1)舱单件数为集装箱的,填报集装箱个数;(2)舱单件数为托盘的,填报托盘数;(3)本栏目不得填报为零,裸装货物填报为1。本业务填写55。

26. 包装种类。该栏目应填报进(出)口货物的实际外包装种类,如集装箱(container)、托盘(pallets)、木箱(wooden cases)、纸箱(cartons)、散装(bulk)等。本业务填写纸箱。

27. 毛重(千克)。该栏目填报进(出)口货物实际毛重,计量单位为千克,不足1千克填报为"1"。

28. 净重(千克)。该栏目填报进(出)口货物的实际净重,计量单位为千克,不足1千克填报为"1"。

29. 集装箱号。该栏目是装载货物进出境的集装箱两侧标识的全球唯一的编号,填报装载进(出)口货物的集装箱编号,集装箱数量比照标准四舍五入填报整数,非集装箱货物填报为"0"。一票货物多集装箱装载的,填报其中之一,其余集装箱编号在备注栏填报或随附清单。

30. 随附单据。该栏目填写随进(出)口货物报关单一并向海关递交的单证或文件。合同、发票、装箱单、许可证等必备的随附单证不在本栏目填报。该栏目应按海关规定的"监管证件名称代码表"选择填报相应证件的代码,并填报每种证件的编号(编号打印在备注栏下半部分),由代理报关行填写。

31. 用途/生产厂家。进口货物填用途,应根据进口货物的实际用途按海关规定的"用途代码表"选择填报相应的用途名称或代码。生产厂家指出口货物的境内生产企业。本栏目供必要时手工填写。

32. 标记唛码与备注。该栏目下部供打印随附单据栏中监管证件的编号,上部用于选报以下内容:(1)受外商投资企业委托代理其进口投资设备、物品的外贸企业名称;(2)一票货物多个集装箱的,在本栏目填报其余的集装箱号;(3)一票货物多个提运单的,在本栏目填报其余的提运单号;(4)标记的唛码等其他申报时必须说明的事项。

此外,凡申报采用协定税率的货物,必须在报关本栏目填报原产地证明标记,具体填报方法为:在一对"< >"内以"协"字开头,依次填入该份报关单内企业能提供原产地证明的申报货物项号,各货物项号之间以","隔开;如果货物项号是连续的,则填报"起始货物项号"+"—"+"终止货物项号",例如:某份报关单的第2、5、16项货物,企业能够提供原产地证明,则填报"<协2,5,16>";某份报关单的第4、9、10、11、12、17项货物,企业能够提供原产地证明,则填报"<协4,9—12,17>"。

33. 项号。该栏目分两行填报及打印。第一行打印报关单中的货物排列序号。第二行专用于加工贸易等已备案的货物，填报和打印该项货物在"登记手册"中的项号。

34. 商品编码。该栏目是按海关规定的货物分类编码规则确定的进（出）口货物的货物编号。

35. 商品名称、规格型号。该栏目分两行填报及打印。第一行打印进（出）口货物规范的中文货物名称，第二行打印规格型号。必要时加注原文。具体填报要求如下：（1）货物名称及规格型号应据实填报，并与所提供的商业发票相符；（2）货物名称应当规范，规格型号应当足够详细，以能满足海关归类、审价以及许可证管理要求为准；（3）加工贸易等已备案的货物，本栏目填报录入的内容必须与备案登记中同项号下货物的名称与规格型号一致。

36. 数量及单位。该栏目填写进（出）口货物的实际成交数量及计量单位。本栏目分三行填报及打印。具体填报要求如下：（1）进出口货物必须按法定计量单位填报。法定第一计量单位及数量打印在本栏目第一行。（2）凡海关列明第二计量单位的，必须报明该货物第二计量单位及数量，打印在本栏目第二行。无统计第二计量单位的，本栏目第二行为空。（3）成交计量单位与海关统计计量单位不一致时，还需填报成交计量单位及数量，打印在本栏目第三行，成交计量单位与海关统计法定计量单位一致时，本栏目第三行为空。（4）加工贸易等已备案的货物，成交计量单位必须与备案登记中同项号下货物的计量单位一致，不相同时必须修改备案或转换一致后填报。

37. 原产国（地区）/最终目的国（地区）。原产国（地区）是进口货物的生产、开采或加工制造国家（地区）。最终目的国（地区）是出口货物的最终实际消费、使用或进一步加工制造国家（地区）。该栏目应按海关规定的"国别（地区）代码表"选择填报相应的国家（地区）名称或代码。

38. 单价。该栏目应填报同一项号下进（出）货物实际成交货物单位价格。无实际成交价格的，本栏目填报货值。

39. 总价。该栏目应填报同一项号下进（出）货物实际成交的货物总价。无实际成交价格的，本栏目填报货值。

40. 币制。该栏目填写进（出）口货物实际成交价格的币种，应根据实际成交情况按海关规定的"货币代码表"选择填报相应的货币名称或代码，例如"美元（502）"或"USD（502）"。如"货币代码表"中无实际成交币种，需转换后填报。

41. 征免。该栏目填写海关对进（出）口货物进行征税、减税、免税或特案处理的实际操作方式，应按照海关核发的"征免税证明"或有关政策规定，对报关单所列每项货物选择填报海关规定的"征免税方式代码表"中相应的征减免税方式。本业务填写照章征税。

42. 税费征收情况。该栏目供海关批注进（出）口货物税费征收及减免情况。

43. 录入员。该栏目用于预录入和EDI报关单，打印录入人员的姓名。

44. 录入单位。该栏目用于预录入和EDI报关单，打印录入单位名称。

45. 申报单位。申报单位是对申报内容的真实性直接向海关负责的企业或单位。自理报关的，应填报进（出）口货物的经营单位名称及代码；委托代理报关的，应填报经海关批准的专业或代理报关企业名称及代码，本栏目内应加盖申报单位有效印章。该栏目指报关单左下方用于填报申报单位有关情况的总栏目。本栏目还包括报关员姓名、单位地址、邮编和电话等分项目，由申报单位的报关员填报。本业务由浙江大同进出口有限公司盖章和签名。

46. 填制日期。该栏目填写报关单的填制日期、预录入和EDI报关单由计算机自动打印。本栏目为6位数，顺序为年、月、日各2位。

47. 海关审单批注栏。该栏目指供海关内部作业时签注的总栏目，由海关关员手工填写在预录入报关单上，其中"放行"栏填写海关对接受申报的进出口货物作出放行决定的日期。

第二步，审核报关委托书。

在实际业务中，考虑实际装运时货物数量可变动，一般只在报关委托书上盖章，而不填写详细内容，详细内容由报关员报关时填写。报关委托书正反两面都印有内容。

正面：

代 理 报 关 委 托 书

编号：00082827066

我单位现　　　（A 逐票、B 长期）委托贵公司代理　　　等通关事宜。（A. 填单申报 B. 辅助查验 C. 垫缴税款 D. 办理海关证明联 E. 审批手册 F. 核销手册 G. 申办减免税手续 H. 其他）详见《委托报关协议》。

我单位保证遵守《海关法》和国家有关法规，保证所提供的情况真实、完整、单货相符。否则，愿承担相关法律责任。

本委托数自签字之日起至　　年　月　日止。

委托方（盖章）：

法定代表人或其授权签署代理报关委托书的人（签字）

年 月 日

委 托 报 关 协 议

为明确委托报关具体事项和各自责任，双方经平等协商签订协议如下：

委托方		被委托方		
主要货物名称		*报关单编码	No.	
HS 编码		收到单证日期	年　月　日	
货物总价		收到单证情况	合同□	发票□
进出口日期	年　月　日		装箱清单□	提（运）单□
提单号			加工贸易手册□	许可证件□
贸易方式			其他	
原产地/货源地		报关收费	人民币：　　　　元	
其他要求：		承诺说明：		
背面所列通用条款是本协议不可分割的一部分，对本协议的签署构成了对背面通用条款的同意。		背面所列通用条款是本协议不可分割的一部分，对本协议的签署构成了对背面通用条款的同意。		
委托方业务签章： 经办人签章： 联系电话： 　　　　　　　　年　月　日		被委托方业务签章： 经办报关员签章： 联系电话： 　　　　　　　　年　月　日		

CCB/L　　（白联：海关留存、黄联：被委托方留存、红联：委托方留存）　　中国报关协会监制

背面：

委托报关协议通用条款

委托方责任　委托方应及时提供报关报检所需的全部单证，并对单证的真实性、准确性和完整性负责。委托方负责在报关企业办结海关手续后，及时履约支付代理报关费用，支付垫支费用，以及因委托方责任产生的滞报金、滞纳金和海关等执法单位依法处以的各种罚款。负责按照海关要求将货物运抵指定场所。负责与被委托方报关员一同协助海关进行查验，回答海关的询问，配合相关调查，并承担产生的相关费用。

在被委托方无法做到报关前提取货样的情况下，承担单货相符的责任。

被委托方责任　负责解答委托方有关向海关申报的疑问。

负责对委托方提供的货物情况和单证的真实性、完整性进行"合理审查"，审查内容包括：（一）证明进出口货物实际情况的资料，包括进出口货物的品名、规格、用途、产地、贸易方式等；（二）有关进出口货物的合同、发票、运输单据、装箱单等商业单据；（三）进出口所需的许可证件及随附单证；（四）海关要求的加工贸易手册（纸质或电子数据的）及其他进出口单证。因确定货物的品名、归类等原因，经海关批准，可以看货或提取货样。

在接到委托方交付齐备的随附单证后，负责依据委托方提供的单证，按照《中华人民共和国海关进出口报关单填制规范》认真填制报关单，承担"单单相符"的责任，在海关规定和本委托报关协议中约定的时间内报关，办理海关手续。

负责及时通知委托方共同协助海关进行查验，并配合海关开展相关调查。

负责支付因报关企业的责任给委托方造成的直接经济损失，所产生的滞报金、滞纳金和海关等执法单位依法处以的各种罚款。

负责在本委托书约定的时间内将办结海关手续的有关委托内容的单证、文件交还委托方或其指定的人员（详见"委托报关协议""其他要求"栏）。

赔偿原则　被委托方不承担因不可抗力给委托方造成损失的责任。因其他过失造成的损失，由双方自行约定或按国家有关法律法规的规定办理。由此造成的风险，委托方可以以投保方式自行规避。

不承担的责任　签约双方各自不承担因另一方原因造成的直接经济损失，以及滞报金、滞纳金和相关罚款。

收费原则　一般货物报关收费原则上按当地"报关行业收费指导价格"规定执行。特殊商品可由双方另行商定。

法律强制　本"委托报关协议"的任一条款与《海关法》及有关法律、法规不一致时，应以法律、法规为准。但不影响"委托报关协议"其他条款的有效。

协商解决事项　变更、中止本协议或双方发生争议时，按照《中华人民共和国合同法》有关规定及程序处理。因签约双方以外的原因产生的问题或报关业务需要修改协议条款，应写协商订立补充协议。双方可以在法律、行政法规准许的范围内另行签署补充条款，但补充条款不得与本协议的内容相抵触。

第三步，邮寄报检报关资料，办理报检报关手续。

2014 年 3 月 11 日，杨丹将审核后的出口货物报关单、报关委托书、商业发票、装箱单、换证凭条寄给公司在上海口岸的同事李兵，委托其向商检局上海分局换取出境货物通关单和办理报检报关手续。

2014 年 3 月 11 日，捷达顺国际货运代理有限公司从商检局上海分局换取出境货物通关单如下：

中华人民共和国出入境检验检疫

出境货物通关单

1. 发货人：上海秀宏贸易有限公司			5. 标记及号码	
2. 收货人：KNITWORK CORP.			KNITWORK	
3. 合同/信用证号：425/××	4. 输往国家或地区：美国		PRODUCTIONS	
6. 运输工具及名称：飞机	7. 发货日期：2014.3.12		8. 集装箱规格及数量	
9. 货物名称及规格	10. H. S. 编码	11. 申报总值	12. 数/重量、包装及种类	
COSTUME JEWELRY	71171900	3375.45美元	5193/55 个纸箱	
13.证明 　　上述货物已经检验检疫，请海关予以放行。 　　本通关单有效期至 二〇一四年六月十一日。 　　　　　　　　签字：　　　　（盖章）　　　　2014 年 3 月 11 日				

四、知识要点

（一）出入境检验检疫

1. 含义

出入境检验检疫是指作为政府的一个行政部门，以保护国家整体利益和社会效益为衡量标准，以法律、行政法规、国际惯例或进口国法规要求为准则，对出入境货物、交通运输工具、人员及其事项等进行检验检疫、管理及认证，并提供官方检验检疫证明、居间检验检疫公证和鉴定证明的全部活动。

2. 施检机关

受理机构：所在地的海关

（二）报检

1. 报检的含义

进出口货物报检是指进出口货物的收发货人或其代理人根据《商检法》及其实施条例等有关法律、行政法规的规定，在海关规定的地点和期限内，向出入境检验检疫机构申请对其进出口货物实施法定检验的程序。

2. 报检单位

出入境检验检疫报检单位包括自理报检单位和代理报检单位。

（1）自理报检单位。自理报检单位是指经报检单位工商注册所在地辖区海关审查合格，办理过备案登记手续并取得报检单位代码后，自行办理相关的报检/申报手续的境内企业法人或其他报检单位。

（2）代理报检单位。代理报检单位是指经海关注册登记，受出口货物生产企业的委托或受进出口货物发货人、收货人的委托，或受对外贸易关系人等的委托依法代为办理出入境检验检疫报检/申请事宜的，在工商行政管理部门注册登记的境内企业法人。

3. 报检条件

（1）已经生产加工完毕并完成包装、刷唛、准备发运的整批出口货物；

（2）已经经过生产企业检验合格，并出具厂检合格单的出口货物；

（3）对于执行检验检疫行政许可的出口货物，必须具有海关颁发的备案/注册登记证书；

（4）必须备齐各种相互吻合的单证。

上述四个条件必须同时具备。

4. 报检范围

（1）国家法律、行政法规规定必须由海关实施检验检疫的；

（2）对外贸易合同约定须凭海关签发的证书进行结算的；

（3）有关国家条约规定必须经检验检疫的。

5. 报检时限和地点

（1）出入货物最迟应在出口报关或装运前7天报检，对于个别检验检疫周期较长的货物，应留有相应的检验检疫时间。

（2）需隔离检疫的出境动物在出境前60天预报，隔离前7天报检。

（3）法定检验检疫货物，除活体动物需由出境口岸海关检验检疫外，原则上应坚持产地/组货地检验检疫。

6. 出境货物预报检

为了方便对外贸易，海关对某些经常出口的、非易腐烂变质、非易燃易爆的货物予以接受预先报检，这样既有利于检验检疫工作的开展，又有利于防止内地的不合格货物运抵口岸。需要申请办理预报检的范围：

（1）整批出口的货物。对于已生产的整批出口货物，生产厂已检验合格及经营单位已验收合格，货已全部备齐，堆存于仓库，但尚未签订外贸合同或虽已签订合同，但信用证尚未到达，不能确定出运数量、运输工具、唛头的，为了使货物在信用证达到后及时出运，可以办理预报检。

（2）分批出口的货物。需要分批装运出口的货物，整批货物可办理预先报检。出口货物经检验检疫合格后，产地/组货地海关建立电子底账，向企业反馈电子底账数据。正式装运出口时，可在检验检疫有效期内逐批向海关申请办理报关手续。

7. 重新报检

报检人在向海关办理了报检手续，并领取了检验检疫证单后，凡有下列情况之一的应重新报检：（1）超过检验检疫有效期限的；（2）变更输入国家或地区，并有不同检验检疫要求的；（3）改换包装或重新拼装的；（4）已撤销报检的。

重新报检时，要求按规定填写"出境货物报检单"，交附有关函电等证明单据；交还原发的证书或证单，不能交还的应按有关规定办理。

8. 报检时应提供的单证

货物出境时，应填制和提供"出境货物报检单"，并提供外贸合同、销售确认书或订单；信用证或有关电函；生产单位出具的厂检结果单原件；海关签发的"出境货物运输包装性能检验结果单"正本；非动植物及其制品类，要求填制"卫检申报单"，加盖卫检放行章；动植物类货物除"卫检申报单"外，还需"动植物报检单"并加盖放行章；化工产品须到指定地点检验证明是否适合空运，对不同出口货物也有各种规定和限制。

下列情况报检时应按要求提供相关物品和材料：

（1）凭样品成交的，还需提供样品；

（2）经预检的货物，在向海关办理报关手续时，应提供产地/组货地海关反馈的电子底账数据号；

（3）按照国家法律、行政法规的规定实行检验检疫行政许可的出境货物，必须提供经海关颁发的备案/注册登记证书编号；

（4）危险货物出境时，必须提供"出境货物运输包装性能检验结果单"正本和"出境危险货物运输包装使用鉴定结果单"正本；

（5）特殊货物出境时，根据法律法规规定应提供有关审批文件。

9. 法定检验

（1）法定检验，又称强制性检验，是指为了保护人类健康和安全、保护动物或者植物的生命和健康、保护环境、防止欺诈行为、维护国家安全，由海关依照国家法律和行政法规规定的程序，对与国计民生关系重大的，必须实施检验的进出口货物实施强制性检验。

（2）法定检验的范围。按照《商检法》及实施条例和我国其他有关法律法规规定，海关实施的法定检验的范围如下：

①对列入"法检目录"的进出口货物的检验，这是法定检验的主要范围；

②对进出口食品的卫生检验；

③对出口危险货物包装容器的性能鉴定和使用鉴定以及法定检验货物的一般运输包装鉴定；

④对装运出口易腐烂变质食品、冷冻品的船舱、集装箱等运载工具的适载检验；

⑤对有关国际条约规定须经海关检验的进出口货物的检验；

⑥对其他法律、行政法规规定须经海关检验的进出口货物的检验；

⑦海关对"法检目录"以外的进出口货物实施的抽查检验和监督管理。

（3）法定检验的方式。

①自检，指海关检验检疫人员亲自实施检验，直接抽取样品检测，使用海关自己的检测设备对样品进行检测，或使用报检单位的检测设备进行检测。

②"共同检验"或"组织检验"，指由海关检验检疫人员与报验单位的检验技术人员共同实施的检验，或由海关检验检疫人员组织指导报检单位的检验人员检验。

③认可检验，指由海关培训出口产品生产企业或供货单位的检验人员，对合格者发给认可证件，由报检单位的认可检验员自行检验其进出口货物。海关对报检单位和认可检验员实施监督管理，认可其检验结果，必要时可凭其检验报告，核发检验证书。

④免检，指根据《中华人民共和国进出口货物检验法》及其实施条例的有关规定，具备质量长期稳定等免验条件的进出口货物收货人、发货人，可申请对其进出口的法定检验货物予以免验，经海关组织专家审查考核合格，发给免验证书，可以批准免予检验。

10. 出口货物检验检疫的一般程序

（1）出境货物的检验检疫工作程序是先检验检疫，后放行通关，即法定检验检疫的出境货物的发货人或其代理人向产地/组货地海关报检，海关受理报检。

（2）转检验或检疫部门实施检验检疫。

（3）法定检验检疫的出境货物，在报关时必须提供产地/组货地海关反馈的电子底账数据号，报关地海关凭电子底账数据号接受报关。

11. 检验检疫证书

检验检疫证书（INPECTION CERTIFICATE）是由海关或公证机构对进出口货物检验检疫或鉴定后，根据不同的检验结果或鉴定项目出具并且签署的书面声明，证明货物已检验达标并评述检验结果的书面单证。

根据进出境货物不同的检验检疫要求、鉴定项目和不同作用，我国海关签发不同的检验检疫证书，包括品质证书、数量检验证书、植物检疫证书、动物检疫证书、卫生证书、熏蒸/消毒证书、出境货物运输包装性能检验结果单、残损鉴定证书、包装检验证书、温度检验证书等。

（三）报关

1. 含义。报关是指进出口贸易的有关当事人或其代理人、进出境运输工具负责人、进出境物品的所有人在规定的有效期内向海关办理有关货物、运输工具、物品进出境手续的全过程。按照《中华人民共和国海关法》的规定，所有进出境的货物和运输工具必须通过设有海关的地方进境或出境，并接受海关的监督。只有经过海关查验放行后，货物才能提取或装运出口。

2. 期限。货物必须在规定的期限内报关，具体规定为：（1）进口货物的收货人或其代理人应当自运输工具申报进境之日起 14 日内向海关申报。第 14 日遇法定节假日的，则顺延至其后第一个工作日，逾期则按日以进口货物完税价格的 0.5‰征收滞报金。

（2）出口货物的发货人或其代理人应当在货物运抵海关监管区后、装货的 24 小时以前向海关申报。企业出口报关时，出口货物必须实际运抵海关监管或海关指定的监管地点。否则，海关不接受出口报关。

3. 报关单位。报关单位分为报关企业和进出口收发货人，报关企业分为报关公司和货运代理公司。

4. 报关员。报关员是指按规定程序在海关注册，向海关办理进出口货物报关业务的人员。我国海关规定进出口货物的报关必须由经海关批准的专业人员代表收发货人或者报关企业向海关办理。这些专业人员就是报关员。

5. 进出口货物报关流程

（1）接单、送单：客户可自行选择报关行，也可委托货运代理公司进行报关，但不论如何，都需要将发货人所准备好的所有报关资料，连同货站的可收运书，航空公司的正本运单及时交给报关行，以便于及时报关，方便货物及早通关以及运输。

（2）电脑预录入。报关行将发货人提供的出口货物报关单的各项内容录入海关系统，进行预先审核。

（3）在通过电脑填制的报关单上，加盖报关单位的报关专用章。

（4）预录通过后，可进行正式申报程序材料准备，将报关单与有关的发票、装箱单和航空货运单综合在一起，并根据需要随附有关的证明文件。

（5）报关单证齐全后，由持有报关证的报关员正式向海关申报。送单时间一般根据航班时间，提前一天报关。空运货物的通关时间，一般情况下为当天。海关工作时间为 09：00～12：00，13：30～16：30。节假日一般不接受货物申报，除非企业有"应急本"，在海关有相应的备案，海关才会接受申报，"应急本"一般发放给关区内出口量大的企业。海关将根据报关资料审核货物以及单证，抽查或者由货运代理自查（后果自负），海关根据货物的类别，按照国家法律的规定收取税收。

（6）海关审核无误后，海关官员即在用于发运的运单正本上加盖放行章，同时在出口报关单上加盖放行章，在发货人用于产品退税的单证上加盖验讫章，粘上防伪标志。

（7）完成出口报关手续。出运修理件、更换件时，需留取海关报关单，以备进口报关用。

6. 进出口货物报关单

进出口货物报关单是由海关总署规定统一格式和填制规范，由进出口货物收、发货人或其代理人填制并向海关提交的申报货物状况的法律文书，是海关依法监管货物进出口、征收关税及其他税费、编制海关统计以及处理其他海关业务的重要凭证。一切进口货物的收货人、出口货物的发货人，或他们的委托代理人都必须在货物进出口时填写"进口货物报关单"或"出口货物报关单"，向海关申报。电子数据报关单与纸质报关单具有同等法律效力。报关单填写的质量如何，直接关系到报关的效率、企业的经济利益和海关的征税、减免税和查验、发行等工作。

7. 报关单的填制要求

（1）报关单的填报必须真实，不能伪报、瞒报及虚报，要做到两个相符：一是单证相符，即报关单与合同、批文、发票、装箱单等相符；二是单货相符，即报关单中所报内容与实际进出口货物情况。

（2）不同合同、运输工具名称、征免性质、许可证号及贸易方式的货物，不能填在同一份报关单上。一张报关单上最多不能超过5项海关统计货物编号的货物。

（3）报关单填写要准确、齐全，字迹工整。若有更改，需在更改项目上加盖校对章。

8. 报关单的份数及颜色

一般进出口贸易需填写一式三份，使用电子数据报关的填写一份录入即可。

报关单有不同的颜色，并有不同的要求：进料加工进出口货物报关时，填写粉红色的报关单；来料加工装配和补偿贸易进出口货物报关时，填写浅绿色的报关单；外商投资企业进出口货物报关时，填写浅蓝色的报关单；需国内退税的出口货物，另增填浅黄色专用报关单一份；一般贸易和其余贸易方式进出口货物报关时，进出口收付汇专用报关单联，均填写白色的报关单。

五、能力实训

【实训任务1】填制报检单，办理报检手续（接训练任务四）。

根据绍兴绣品服饰有限公司委托，请以宁波捷达顺国际货运代理有限公司报检员身份，填制报检委托书、报检单等相关报检材料。

第一步，填制报检委托书。

报 检 委 托 书

_____:

　　本委托人声明，保证遵守《中华人民共和国进出口商品检验法》《中华人民共和国进出境动植物检疫法》《中华人民共和国国境卫生检疫法》《中华人民共和国食品卫生法》等有关法律法规的规定和检验检疫机构制定的各项规章制度。如有违法行为，自愿接受海关的处罚并负法律责任。本委托人所委托受委托人向海关提交的"报检单"和随附各种单据所列内容是真实无讹的。具体委托情况如下：

　　本单位将于_____年___月间出口如下货物：

　　品　　名：

　　数（重）量：

　　合　同　号：

　　信用证号：

　　特委托_____代表本公司办理本批货物所有的检验检疫事宜，请贵局按有关法律规定予以办理。

委托单位名称（签章）：　　　　　　　　　　受委托单位名称（签章）：

　　日　　期：　　年 月 日　　　　　　　　日　　期：　　年 月 日

　　本委托书有效期至　　　年 月 日

第二步，填制报检单。

中华人民共和国出入境检验检疫
出境货物报检单

报检单位 (加盖公章)：　　　　　　　　　　　　　*编　号　　　　　　　_____
　　　　　　联系人：　　　　　电话：　　　　　报检日期：20　年　月　日

发货人	（中文）
	（外文）

收货人	（中文）
	（外文）

货物名称(中/外文)	H.S. 编码	产地	数量/重量	货物总值	包装种类及数量

运输工具名称号码		贸易方式		货物存放地点	
		信用证号	ZJ46567890	用途	
	输往国家(地区)		许可证 / 审批		
	到达口岸		生产单位注册		

集装箱规格、数量及号码

合同、信用证订立的检验检疫条款或特殊要求	标记及号码	随附单据（画"✓"或补填）	
		( ) 合同	( ) 包装性能结果单
		( ) 信用证	( ) 许可/审批文件
		( ) 发票	( )
		( ) 换证凭单	( )
		( ) 装箱单	( )
		( ) 厂检单	( )

需要证单名称（画"✓"或补填）		*检验检疫费	
( ) 品质证书　　__正__副	( ) 植物检疫证书__正__副	总金额（人民币元）	
( ) 重量证书　　__正__副	( ) 熏蒸/消毒证书__正__副		
( ) 数量证书　　__正__副	( ) 出境货物换证凭单__正__副	计费人	
( ) 兽医卫生证书__正__副			
( ) 健康证书　　__正__副		收费人	
( ) 卫生证书　　__正__副			
( ) 动物卫生证书__正__副			

报检人郑重声明： 1. 本人被授权报检。 2. 上列填写内容正确属实，货物无伪造或冒用他人的厂名、标志、认证标志，并承担货物质量责任。　　　　　　　　签名：　王艳	领 取 证 单	
	日期	
	签名	

注：有"*"号栏由出入境检验检疫机关填写。

◆中国海关制
[1–2 （2000.1.1）]

【**实训任务 2**】填制报关单，办理报关手续

第一步，填制报关单。

中华人民共和国海关出口货物报关单

预录入编号：　　　　　　　　　　　　　　　　　　　　　　　　海关编号：

出口口岸		备案号	出口日期	申报日期
经营单位		运输方式	运输工具	提运单号
发货单位		贸易方式	征免性质	结汇方式
许可证号		运抵国（地区）	指运港	境内货源地
批准文号	成交方式	运费	保费	杂费
合同协议号	件数	包装种类	毛重（千克）	净重（千克）
集装箱号		随附单据		生产厂家

标记唛码及备注

项号	商品编码	商品名称	规格型号	数量及单位	最终目的国（地区）	单价	总价	币制	征免

税费征税情况

录入员	录入单位	兹声明以上申报无讹并承担法律责任	海关审单批注及放行日期（签章）
			审单　　　　审价
报关员　　　　　　申报单位（签章）			
单位地址：			征税　　　　统计
邮编　　电话　　填制日期			查验　　　　放行

第二步，填制出境货物通关单。

中华人民共和国出入境检验检疫				
出境货物通关单				
1. 发货人：			5. 标记及号码	
2. 收货人：				
3. 合同/信用证号：	4. 输往国家或地区：			
6. 运输工具及名称：	7. 发货日期：		8. 集装箱规格及数量	
9. 货物名称及规格	10. H. S. 编码	11. 申报总值	12. 数量/重量、包装及种类	
13.证明 　　　上述货物已经检验检疫，请海关予以放行。 　　　本通关单有效期至　年　月　日。 　　　　　　　签字：　　　　（盖章）　　　年　月　日				

出运与信息服务操作

CHUYUN YU XINXI FUWU
CAOZUO

一、学习目标

能力目标
- 能在货站组织装盘装柜作业
- 会操作交单交货作业
- 能开展信息传递服务
- 会进行费用核算
- 能有效运用国际公约

知识目标
- 熟悉出仓单业务要求
- 熟悉交接发运工作内容
- 掌握信息服务工作内容与要求
- 熟悉费用结算项目
- 熟悉国际公约

【学习导图】

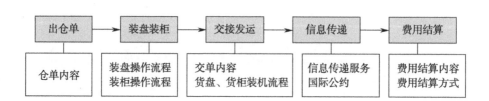

出仓单	装盘装柜	交接发运	信息传递	费用结算
仓单内容	装盘操作流程 装柜操作流程	交单内容 货盘、货柜装机流程	信息传递服务 国际公约	费用结算内容 费用结算方式

✍ 【业务环节关键点】

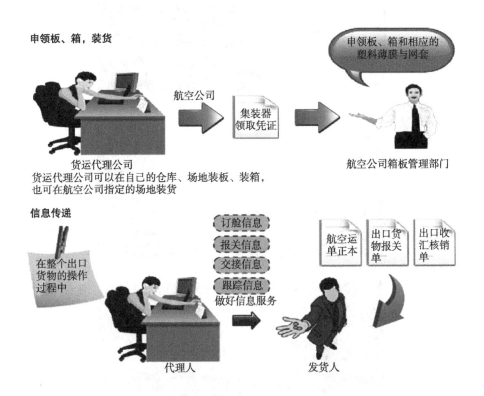

二、项目任务

【项目背景】

本公司将佳佳进出口公司出口货物交航空公司货运站打盘、装柜后装机，交单交货给航空公司出运，并跟踪货物做好客户的信息传递服务。

【任务一】 装盘、装柜作业

【任务二】 交单交货

三、操作示范

任务一 装盘、装柜作业

装板作业：货盘为平板式，因此，装盘货物是以不规则或者无法装到货柜内的货物为主。

图5-1　航空货运站打盘作业

　　装柜作业：装柜的货物以不规则、体积较小的货物为主，按照实现编制的装柜计划使货柜容积与重量达到最佳化状态，增加运费收入。

　　货运站货物装板、装箱时要注意以下几点：

　　（1）不要用错集装箱、集装板，不要用错板型、箱型。注意机型对装板箱的要求。

　　（2）不要超装箱板尺寸。

　　（3）要垫衬，封盖好塑料纸，防潮、防雨淋。

　　（4）集装箱、板内货物尽可能配装整齐，结构稳定，并接紧网索，防止运输途中倒塌。

　　（5）对于大宗货物、集中托运货物，尽可能将整票货物装一个或几个板、箱内运输。装妥整个板、箱后剩余的货物尽可能拼装在同一箱、板上，防止散乱、遗失。

图 5 - 2 航空货运站装柜作业

任务二 交单交货

交单：将随机单据和应由承运人留存单据交给航空公司。随机单据包括第二联航空运单正本、发票、装箱单、产地证明、品质鉴定证书等。

交货：把与单据相符的货物交给航空公司。交货之前必须粘贴或拴挂货物标签，清点和核对货物，填制货物交接清单。大宗货、集中托运货，以整板、整箱称重交接。零散小货按票称重，计件交接。

航空公司审单验货后，在交接签单上验收，将货物存入出口仓库，单据交吨控部门以备配舱。

四、知识要点

（一）出仓单

配舱方案制订后，货运代理着手在系统中编制"出仓单"，仓库出仓单，货物出库，装板交接。

图 5 - 3　仓库出舱配载、装板交接图

出仓单的主要内容：出仓单的日期、承运航班的日期、装箱板形式及数量、货物进仓顺序编号、主运单号、件数、重量、体积、目的地三字代码和备注。

出仓单的作用：

（1）出仓单交给出口仓库，用于出库计划、出库时点数并向装板箱交接。

（2）出仓单用于装箱板环节，是出口仓库出库核对、提板箱向出口仓库提货的依据（提货数量、形式）；用于货物交接环节，是装板箱环节收货凭证。

（3）出仓单也是制单部门制作"国际货物交接清单"的依据，是交接发运部门向航空公司交接货物核对的依据。

（4）出仓单交给报关环节。当报关有问题时，报关部门可有针对性地反馈，以采取相应措施。

（二）货物装板装箱

装板交接流程：领板箱→安检→装板→交接。

订妥舱位后，航空公司吨控部门根据货量发放"航空集装箱、板"凭证。

货代凭此向航空公司箱板管理部门领取与订舱货量相应的集装箱、集装板及塑料薄膜和网，办理所使用的板、箱登记、销号等手续。

大宗货物、集中托运货物可以在货代公司自己的仓库、场地装板、箱，也可在航空公司指定场地装板、箱。

（三）签单

货运单在盖好海关放行章后还需到航空公司签单，主要审核运价使用是否正确，货物性质是否适合空运，危险品等是否办理了相应证明和手续等。航空公司地面代理规定，只有签单确认后才允许将单、货交给航空公司。

（四）交接发运

交接是向航空公司交单交货，由航空公司安排航空运输。

货盘装机作业

货柜装机作业

地面服务公司将货盘、货柜从仓库拖往机边

出口货盘装机

出口货柜装机

出口货盘装入机舱定位

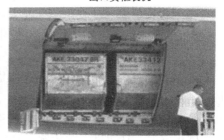

货柜装入机舱

盘柜装载完毕舱门关闭

飞机装载作业完成飞往目的地

图 5-4 货盘、货柜装机作业图

排舱，指航空公司将已经被海关放行的货物根据货物尺寸、轻重编排装载表，交由货站进行货物装箱或预配。

装机，指航空公司将货物经过装箱或预配后，进行装机工作，并按照装载舱单，通知转运港以及目的港，以便货物的顺利中转及到达。

（五）航班跟踪

单、货交接给航空公司后，航空公司会因种种原因，未能按预定时间运出，形成拉货情况。所以货运代理公司从单、货交给航空公司后就需对航班、货物进行跟踪。

需联程中转货物出运后，应要求航空公司提供二、三程航班中转信息。即使已经事先预定了二、三程，也需确认中转情况，有时需直接发传真或电话与航空公司的海外办事处联系中转情况。及时将上述信息反馈给客户，遇到不正常情况及时想办法处理。

拉货可能的情况如下：

（1）由于旅客行李过多，造成货运舱位不够，导致已经排载货物被临时拉下；

（2）由于海关调查部门对某票货物有质疑，而造成货物不能运输；

（3）由于气候原因，飞机需要临时增加油料的载量，因而飞机起飞以及落地重量超载，导致拉下货物，控制载量；

（4）由于商业原因或其他原因造成的航空公司或货代以及货主要求停运而造成拉货。

（六）信息服务

航空货运代理公司须在多个环节为客户做好信息服务。

（1）订舱信息。应将是否定妥舱位及时告诉货主或委托人，以便及时备单、备货。

（2）审单及报关信息。应在审阅委托人送来的各项单证后，及时向发货人通告。如有遗漏失误，及时补充或修正。报关过程中遇到任何问题，应及时通知货主，共商解决。

（3）仓库收货信息。应将货主送达仓库货物的到达时间、货量、体积、缺件、货损情况及时通告货主，以免事后扯皮。

（4）交运称重信息。如在交运航空公司称重过磅过程中，发现重量、体积与货主声明的重量、体积有误，且超过一定比例，必须通告货主，求得确认。

（5）一程及二程航班信息。应及时将航班号、日期及跟踪、了解到的二程航班信息及时通告货主。

（6）集中托运信息。对于集中托运货物，应将发货信息预报给收货人所在地的国外代理，使对方及时接货、查询、分拨处理。

（7）单证信息。货代在货物发运后，应将发货人留存的单据，包括盖有放行章和验讫章的出口货物报关单、第三联空运单正本，以及用于出口退税的单据，交付或寄交发货人。

（七）目的港清关

（1）直达目的港：由航空（主）运单上所打出的收货人进行清关，并收取货物。

（2）非直达目的港：将由航空公司负责转运，将货物送至最终目的港，然后由运单上所显示的收货人进行清关，领取货物。

（八）费用结算

费用结算主要涉及向发货人、承运人和国外代理人三方面的结算。双方在未接货物时应该确定运输费用结算方式及各项费用情况。

（1）与发货人结算费用。在运费预付的情况下，向发货人收取以下费用：①航空运费（在运费预付的情况下）；②地面杂费；③各种服务费和手续费。

（2）与承运人（航空公司）结算费用。向航空公司支付航空运费及代理费，同时收取代理佣金。

（3）与国外代理人结算。与国外代理人结算到付运费和利润分成。到付运费由发货人代理人为收货人垫付，收货方货运代理将货交收货人时，应收回到付运费并退还发货方货运代理。同时发货方货运代理将代理佣金一部分分给收货地货运代理。

（4）与机场地面代理结算费用。向机场地面代理支付各种地面杂费。

由于航空货运代理公司之间存在长期的互为代理协议，因此与国外代理结算一般不采取一票一结，而采取应收应付相互抵消、在一定期限内以清单冲账的办法。

五、能力实训

【实训任务1】列举在装箱、签单、交接发运等工作环节你认为重要的注意事项：

_____

_____

_____

【实训任务2】列出除空运费外的其他杂费的项目、单价、计费单位、应收费用。

项　目	单　价	计费单位	应收费用
合　计			

学习情境六

国际航空货物运费结算

GUOJI HANGKONG HUOWU
YUNFEI JIESUAN

【学习导图】

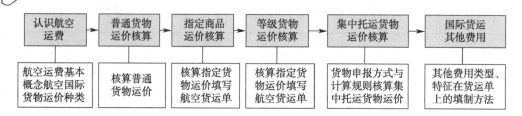

认识航空运费	普通货物运价核算	指定商品运价核算	等级货物运价核算	集中托运货物运价核算	国际货运其他费用
航空运费基本概念航空国际货物运价种类	核算普通货物运价	核算指定货物运价填写航空货运单	核算指定货物运价填写航空货运单	货物申报方式与计算规则核算集中托运货物运价	其他费用类型、特征在货运单上的填制方法

单元一
航空运费核算基础

一、学习目标

能力目标
- 能核算货物重量及尺寸
- 能计算计费重量

知识目标
- 掌握运价、运费的概念
- 掌握计费重量的计算规则
- 掌握货物航空运价、运费的货币进整
- 熟悉航空运价种类

二、项目任务

【项目背景】

出口商佳佳进出口公司向捷达顺国际货运代理公司交运仿真饰品去洛杉矶，杨丹需要根据货物件数、毛重、体积计算计费重量。

【任务】 计算计费重量。

三、操作示范

佳佳进出口公司交运 55 箱货物，毛重 784KG，货物体积为 2.094CBM。

任务 **计算该批货物的计费重量。**

核算操作：

计算步骤 1：货物过磅，决定货物的毛重。毛重 784KG。

计算步骤 2：计算货物的体积费重量为 2.094CNM。

计算步骤 3：货物毛重与体积重量相比较，取大者为计费重量，即该批空运货物支付空运费的重量为 784 千克。

四、知识要点

（一）基本概念

1. 运价

运价（Rate）又称费率，指运费的单位价格，是承运人对所运输的每一计费重量单位货物（千克或磅）（kg or lb）自始发地机场至目的地机场所应收取的航空运输费用。

（1）航空货物运价所使用的货币。公布航空货物运价的货币一般以运输始发地的本国货币公布。

（2）货物运价的有效期。航空货运单所使用的运价应为填制货运单之日的有效运价。

2. 运费（Weight Charge）

航空公司将一票货物自始发地机场运至目的地机场间所收取的运输货物的航空费用，不包括其他费用。该费用根据每票货物所适用的运价乘以货物的计费重量即得。每票货物是指使用同一份航空货运单的货物。

3. 计费重量（Chargeable Weight）

货物的重量分为三种：

（1）实际毛重（Actual Gross Weight），指包括货物净重与包装件重量之和。

（2）体积重量（Volume Weight）。将货物的体积按一定的比例折合成的重量，以 0.5 千克为计算单位。

无论货物的形状是否为规则的长方体或正方体，在计算货物体积时，均应以最长、最宽、最高的三边的厘米长度计算，小数部分四舍五入取整。体积重量的折算，换算标准为每 6000 立方厘米折合 1 千克。$6000cm^3 = 1kg$，166 立方英寸 $= 1lb$。体积重量（kg）= 货物体积 / $6000cm^3/kg$。例如，某件货物的长宽高如下：

150.2 cm × 125.5 cm × 100.6 cm，四舍五入至个位数后为 150 cm × 126 cm × 101 cm，

计算体积重量如下：150 cm × 126 cm × 101 cm = 1908900 ÷ 6000 = 318.150 千克。

体积重量以 0.5 千克为计算单位，最后将得到的数据计算到小数第一位，低于 0.5 千克者以 0.5 千克计，高于 0.5 千克则进一位数。因此：318.150 千克→318.5 千克。

（3）计费重量。以重量为基础计算货物的航空运费，该重量称为计费重量。以千克或磅为计量单位。

货物依据其体积和重量的比例关系，可分为高密度货物（High Density Cargo）和低密度货物（Low Density Cargo）。所谓高密度货物是货物较重，每立方米重量等于或超过166.666 千克者，或体积和重量有如此比例关系：1 千克等于或大于 6000 立方厘米，或1 千克等于或大于 366 立方英寸，或 1 磅等于或大于 166 立方英寸。低密度的货物，即轻泡货物，指体积较轻、体积重量比例低于上述数据者。

因此，根据货物的高低密度，计收运费的重量有取货物毛重或体积重量之分。而两者取以计算运费的重量称为计费重量。由于飞机最大起飞全重及货舱空间体积的限制，一般情况下，对于高密度货物应考虑其货物实际毛重可能会成为计费重量，而对于低密度货物考虑其体积重量可能会成为计费重量。

计费重量的计算规则：

①一般货物的实际毛重与货物的体积重量两者比较取高者。

②较高重量分界点：实际计费重量的运费若超过较高重量分界点的运费时，航空公司可同意按较低者收取运费，则此较高重量分界点的货物起始重量作为货物的计费重量。

例：将重 40 千克的货物运往日本，运价等级为 45 千克以下 CNY26.11 元/千克，45 千克及以上按 CNY19.61 元/千克。

由于 40 千克 × 26.11 元/千克 = 1044.40 元 > 45 千克 × 19.61 元/千克，则航空公司可同意按 45 千克托运核计收取运费。

③货物按其适用的航空运价与其计费重量所得的航空运费，应与货物最低运费相比，取高者。

④国际航协规定，国际货物的计费重量以 0.5 千克为最小单位，重量尾数不足 0.5 千克的，按 0.5 千克计算；0.5 千克以上不足 1 千克的，按 1 千克计算。例如：

105.003 千克→105.5 千克　　　　105.501 千克→106.0 千克

4. 最低运费

最低运费（Minimun Charge）指航空公司承运一票货物自始发地机场至目的地机场的航空运费最低收费额。对小量货物运送，承运人仍会产生一定的作业成本，因此报价有每票货的最低运费，费率代码为 M。

如托运货物的收费重量乘以适用运价未达到最低运费时，即按最低运费收费。货物按其适用的航空运价乘以计费重量所得的航空运费，应与货物最低运费相比，取高者。

5. 货物航空运价、运费的货币进整

货物航空运价及运费的货币进整，因货币的币种不同而不同。TACT 将各国货币进整单位的规则公布在 TACT Rules 中。详细规则可参考 TACT Rules 7.1 中 "CURRENCY TABLE"。

运费进整时，需将航空运价或运费计算到进整单位的下一位，然后按半数进位法进位，计算所得的航空运价或运费，达到进位单位一半则入，否则舍去。

对于以 "0.01" "0.1" "1" "10" 等为进位单位的货币，其货币进位就是我们常说的四舍五入。我国货币人民币（CNY）的进位规定为：最低航空运费进位单位为 "1"，除此之外的运价及航空运费等的进位单位均为 "0.01"。

对于以 "0.05" "0.5" "5" 等为进整单位的货币，计算中应特别注意进整问题。由于世界上很多国家采用此类进整单位，在实际运输工作中，在处理境外运到我国的到付货物时，对航空运单的审核及费用的收取，需注意此项规则。

采用进整单位的规定，主要用于填制航空货运单（AWB）。销售 AWB 时，所使用的是运输始发地货币，按照进整单位的规定计算航空运价及运费。

（二）航空国际货物运价种类

1. 协议运价

协议运价是指航空公司与托运人签订协议，托运人保证每年向航空公司交运一定数量的货物，航空公司则向托运人提供一定数量的运价折扣。

目前，航空公司使用的运价大多是协议运价。根据不同协议方式，协议运价可做以下细分，见表 6 – 1。

表 6 – 1　　　　　　　　　　　航空协议运价种类

协议运价		包板（舱）	死包板（舱）：托运人无论是否向承运人交付货物，都必须付协议上规定的运费。
			软包板（舱）：托运人在航班起飞前72小时如果没有确定仓位，承运人可以自由销售仓位，但承运人对代理人的包板（舱）总量有一个限制。
长期协议（一年）	短期协议（半年或以下）	返还	销售量返还：如果代理人在规定期限内完成一定的货量，航空公司可以按照一定的比例返还运费。
			销售额返还：如果代理人在规定期限内完成一定的销售额，航空公司可以按照一定的比例返还运费。
自由销售： 　也称议价货物或一票一价，除协议的货物，一票货物一个定价。			

2. 国际航协运价

（1）概述。与其他运输方式不同的是，国际航空货物运输中与运费的有关各项规章制度、运费水平都是由国际航协统一协调、制定的。

国际航协运价是国际航协通过运价手册——"TACT RATES BOOK" 公布的运价。

按照 IATA 货物运价公布的形式划分，国际货物运价可分为公布直达运价和非公布直达运价，见表 6-2。

表 6-2　　　　　　　　　　　　　IATA 运价体系

IATA 运价体系	公布直达运价 (Published through rates)	普通货物运价（General Cargo Rate，GCR） M——起码运价 N——45（<45kg） Q——45（45kg≤Q<100kg） Q——100（100kg≤Q<300kg） Q——300（300kg≤Q）
		指定商品运价（Specific Commodity Rate，SCR：C）
		等级货物运价（Commodity Classification Rate，CCR：S） S A%——A>100，R B%——B<100 S C%——C≥100
		集装货物运价（Unit load device rate）
	非公布直达运价 (UN-published through rates)	比例运价（Construction rate）
		分段相加运价 (Combination of rates and charges)

（2）公布直达运价的结构。公布直达运价指航空公司在运价本上直接注明承运人对由甲地运至乙地的货物收取的一定金额。指定商品运价与普通货物运价同时公布在"TACT RATES BOOK"中。等级货物运价计算规则在"TACT RULES"中公布，需结合"TACT RATES BOOK"一起使用。公布直达运价的运价结构，见表 6-3。

表 6-3　　　　　　　　　　　　公布直达运价的运价结构

Date/type	Note	Item	Min. weight	Local curr.
BEIJING		CN		BJS
Y. RENMINBI		CNY		KG
OSAKA		JP	M	230.00
			N	37.51
			45	28.13
		0008	300	18.80
		0300	500	20.61
		1093	100	18.43

注：

第一栏，Date/type——公布运价的生效或失效日期以及集装器运价代号，本栏中若无特殊标记，说明所公布的运价适用于在本手册有效期内销售的 AWB；

第二栏，Note——相对应运价的注释，填制货运单时，应严格按照注释所限定的内容执行；

第三栏，Item——指定商品运价的品名编号；

第四栏，Min. weight ——使用相对应运价的最低重量限额；

第五栏，Local curr. ——用运输始发地货币表示的运价或最低运费。

3. 我国国内航空货物运价体系简介

我国民航规定自 1998 年 9 月 1 日起，国内航空货物运价按以下运价结构执行：

（1）最低运费（代号 M）。每票国内航空货物最低运费为 30 元。

（2）普通货物运价。包括基础运价和重量分界点运价。

基础运价（代号 N）。民航总局统一规定各航段货物基础运价，基础运价为 45 千克以下的普通货物运价。

重量分界点运价（代号 Q）。国内航空货物运输建立 45 千克以上、100 千克以上、300 千克以上 3 级重量分界点及运价。

（3）等级货物运价（代号 S）。急件、生物制品、珍贵植物和植物制品、活体动物、骨灰、灵柩、鲜活易腐物品、贵重物品、枪械、弹药、押运货物等特种货物实行等级货物运价，按普通货物标准运价的 150% 计收。

（4）指定商品运价（代号 C）。对于一些批量大、季节性强、单位价值小的货物，航空公司可申请建立指定商品运价，运价优惠幅度不限，报民航总局批准执行。

（5）集装货物运价。以集装箱、板作为一个运输单元运输货物可申请建立集装货物运价。

五、能力实训

【**实训任务**】 计算该批货物的计费重量。

绍兴绣品服饰有限公司出口一批绣品去拉各斯，实际货物件数、毛重、体积如下。

品名	件数（包装）	毛重（KG）	体积（m³）
100% POLYESTER EMBROIDERY	5CTNS	524KG	2.527CBM

单元二
普通货物运价核算

一、学习目标

能力目标	知识目标
● 能熟练核算普通货物运价	● 掌握普通货物运价基础知识
● 会填写航空货运单运价栏	● 熟悉普通货物运价核算步骤

二、项目任务

【项目背景】

出口商 A 公司交付的一批普通货物，已知运输路线、商品品名、毛重和体积等信息，需要进行普货运价核算。

【任务】 计算普通货物航空运费，并填写航空货运单运费计算栏。

三、操作示范

任务一 计算普通货物航空运费，填写航空货运单运费计算栏

航空托运一票货物，信息如下：

Routing：Beijing, China（BJS）to Amsterdam, Holland（AMS）

Commodity：Parts

Gross weight：38.6kg

Dimensions：101cm × 58cm × 32cm

公布运价如下：

BEIJING	CN		BJS
Y. RENMINBI	CNY		KG
AMSTERDAM	NL	M	320.00
		N	50.22
		45	41.53
		300	37.52

核算操作：

（1）按实际重量计算：

Volume：$101cm × 58cm × 32cm = 187456cm^3$

Volume weight：$187456cm^3 ÷ 6000cm^3/kg = 31.24kg = 31.5kg$

Gross weight：38.6kg

Chargeable weight：39.0kg

Applicable rate：GCR N 50.22 CNY/kg

Weight charge：$39.0 × 50.22 = CNY1958.58$

（2）按较高重量分界点的较低运价计算：

Chargeable weight：45.0kg

Applicable rate：GCR Q 41.53CNY/kg

Weight charge：$41.53 × 45.0 = CNY1868.85$

（1）与（2）比较，CNY1868.85 < CNY1958.58，取运费较低者。

此票货物的航空运费为 CNY1868.85。

航空货运单运费计算栏填制如下：

No. of Pieces Rcp	Gross Weight	Kg Lb	Q	Rate Class	Chargeable Weight	Rate/ Charge	Total	Nature and Quantity of Goods (Incl. Dimension or Volume)
				Commodity Item No.				PARTS DIMS：101cm×58cm×32cm
1	38.6	K			45.0	41.53	1868.85	

任务二　计算普通货物航空运费，填写航空货运单运费计算栏

航空托运一票货物，信息如下：

Routing：Shanghai, China（BJS）to Paris, France（PAR）

Commodity：100% Cotton Men Jacket

Gross weight：5.57kg

Dimensions：40cm×28cm×20cm

公布运价如下：

SHANGHAI	CN		SHA
Y. RENMINBI	CNY		KG
PARIS	PAR	M	320.00
		N	50.22
		45	41.43
		300	37.90
		500	33.42
		1000	30.71

核算操作：

Volume：$40cm×28cm×20cm=22400cm^3$

Volume weight：$22400cm^3÷6000\ cm^3/kg=3.73kg=4.0kg$

Gross weight：5.6kg

Chargeable weight：6.0kg

Applicable rate：GCR N 50.22CNY/kg

Weight charge：$6.0×50.22=CNY\ 301.32$

Minimum charge：CNY 320.00

CNY 301.32 < CNY 320.00

Weight charge：CNY 320.00

航空货运单运费计算栏填制如下：

No. of Pieces Rcp	Gross Weight	Kg Lb	M	Rate Class		Chargeable Weight	Rate/ Charge	Total	Nature and Quantity of Goods (Incl. Dimension or Volume)
				Commodity Item No.					
1	5.6	K					320.00	320.00	100% Cotton Men Jacket DIMS：40cm×28cm×20cm

四、知识要点

（一）基础知识

普通货物运价指除了等级货物运价和指定商品运价以外的适合于普通货物运输的运价。

通常，普通货物运价根据货物重量不同，分为若干个重量等级分界点运价。

"N"表示标准普通货物运价（Normal general cargo rate），是指 45 千克以下的普通货物运价。对于 45 千克以上的不同重量分界点的普通货物运价均用"Q"表示。同时，普通货物运价还公布有适用运价为 GCR Q45、GCR Q100、GCR Q300 等与不同重量等级分界点相对应的运价。Q45 表示 45 千克以上（含 45 千克）普通货物的运价，依次类推。

（二）基本术语

Volume（体积）、Volume Weight（体积重量）、Chargeable Weight（计费重量）、Applicable Rate（适用运价）、Weight Charge（运费）。

（三）计算步骤

第一步，计算出航空货物的体积（Volume）及体积重量（Volume Weight）。体积重量的折算，换算标准为每 6000 立方厘米折合 1 千克。即体积重量（千克）＝货物体积/$6000cm^3/kg$。

第二步，计算货物的总重量（Gross Weight）。总重量＝单个商品重量×商品总数。

第三步，比较体积重量与总重量，取大者为计费重量。根据国际航协规定，国际货物的计费重量以 0.5 千克为最小单位，重量尾数不足 0.5 千克的，按 0.5 千克计算；0.5 千克以上不足 1 千克的，按 1 千克计算。

第四步，根据公布运价，找出适合计费重量的适用运价（Applicable Rate）。计费重量小于 45 千克时，适用运价为 GCR N 的运价（GCR 为普通货物运价，N 运价表示重量在 45 千克以下的运价）。

第五步，计算航空运费（Weight Charge）。航空运费＝计费重量×适用运价。

第六步，若采用较高重量分界点的较低运价计算出的运费比第五步计算出的航空运费较低时，取低者。

第七步，比较第六步计算出的航空运费与最低运费 M，取高者。

五、能力实训

【项目背景】航空托运一票货物，信息如下：

Routing：Beijing，China（BJS）to Singapore（SGP）

Commodity：Parts

Gross weight：42.7kg

Dimensions：101cm×58cm×32cm

SHANGHAI	CN		SHA
Y. RENMINBI	CNY		KG
SINGAPORE	SN	M	200.00
		N	30.57
		45	22.49

【实训任务】计算普通货物航空运费，填写航空货运单运费计算栏。

No. of Pieces Rcp	Gross Weight	Kg Lb		Rate Class	Chargeable Weight	Rate/ Charge	Total	Nature and Quantity of Goods (Incl. Dimension or Volume)
				Commodity Item No.				

单元三
指定商品运价核算

一、学习目标

能力目标
- 能熟练核算指定商品运价
- 会填写航空货运单运价栏

知识目标
- 掌握指定商品运价含义
- 熟悉指定商品分组与编号
- 掌握指定商品运价使用规则
- 熟悉指定商品运价核算步骤

二、项目任务

【项目背景】

出口商 A 公司交付的一票指定货物，已知运输路线、商品品名、毛重和体积等信息，进行指定运价核算。

【任务】计算指定货物航空运费，并填写航空货运单运费计算栏。

三、操作示范

任务一　计算指定货物航空运费，并填写航空货运单运费计算栏

资料信息：

Routing：Beijing, China（BJS）to OSAKA, Japan（OSA）

Commodity：Fresh Apples

Gross Weight：Each 65.2kg, Total 4 Pieces

Dimensions：102cm×44cm×25cm×4

公布运价如下：

BEIJING	CN		BJS	
Y. RENMINBI	CNY		KG	
OSAKA	JP	M	230	
		N	37.51	
		45	28.13	
		0008	300	18.80
		0300	500	20.61
		1093	100	18.43

核算操作：

第一步，先查询运价表，如有指定商品代号，则考虑使用指定商品运价。

第二步，查找 TACT RATES BOOKS 品名表，品名编号"0008"所对应的货物名称为"FRUIT VEGETABLES（FRESH）"，现在承运的货物是 FRESH APPLES，符合指定商品代码"0008"。

第三步，货主交运的货物重量符合"0008"指定商品运价使用时的最低重量要求，则优先使用指定商品运价。运费计算如下：

Volume：$102cm×44cm×25cm×4=448800cm^3$

Volume Weight：$448800cm^3÷6000cm^3/kg=74.8kg=75.0kg$

Gross Weight：$65.2×4=260.8kg$

Chargeable Weight：261.0kg

分析：由于计费重量没有满足指定商品代码"0008"的最低重量要求 300 千克，因

此只能先用普货来算。

（1）按普通运价使用规则计算：

Applicable Rate：GCR Q45　28.13CNY/kg

Weight Charge：261.0 × 28.13 = CNY7341.93

（2）按指定商品运价使用规则计算：

Chargeable Weight：261.0kg

Applicable Rate：SCR 0008/Q300 18.80CNY/kg

Weight Charge：300 × 18.80 = CNY5640.00

对比（1）与（2），取运费较低者。

∴ Weight Charge：CNY5640.00

航空货运单运费计算栏填制如下：

No. of Pieces Rcp	Gross Weight	Kg Lb	C	Rate Class	Chargeable Weight	Rate/ Charge	Total	Nature and Quantity of Goods (Incl. Dimension or Volume)
				Commodity Item No.	300	18.80	5640.00	FRESH APPLES DIMS：102cm × 44cm × 25cm × 4
4	260.8	K		0008				

任务二　计算指定货物航空运费，填写航空货运单运费计算栏

资料信息：

Routing：Beijing, CHINA（BJS）to NAGOYA, JAPAN（NGO）

Commodity：FRESH ORANGES

Gloss weight：EACH 47.5kg, TOTAL 5 PIECES

Dimensions：128cm × 42cm × 36cm × 5

公布运价如下：

	BEIJING	CN		BJS
	Y. RENMINBI	CNY		KG
NAGOYA	JP	M		230
		N		37.51
		45		28.13
	0008	300		18.80
	0300	500		20.61

核算操作：

Volume：128cm × 42cm × 36cm × 5 = 967680cm³

Volume Weight：967680cm³ ÷ 6000 cm³/kg = 161.28kg = 161.5kg

Gross Weight：47.5kg × 5 = 237.5kg

Chargeable Weight：238.0kg

分析：由于计费重量没有满足指定商品代码"0008"的最低重量要求300千克，因此只能先用普货来算。

（1）按普通运价使用规则计算：

Applicable Rate：GCR Q45　28.13CNY/KG

Weight Charge：238.0kg × 28.13 = CNY6694.94

（2）按指定商品运价使用规则计算：

Actual Gross Weight：237.5kg

Chargeable Weight：238.0kg

Applicable Rate：SCR 0008/Q300 18.80CNY/kg

Weight Charge：300.0kg × 18.80 = CNY5640.00

对比（1）与（2），取运费较低者。

∴ Weight Charge：CNY5640.00

航空货运单运费计算栏填制如下：

No. of Pieces Rcp	Gross Weight	Kg Lb	C	Rate Class		Chargeable Weight	Rate/ Charge	Total	Nature and Quantity of Goods (Incl. Dimension or Volume)
				Commodity Item No.					
5	237.5	K		0008		300.0	18.80	5640.00	FRESH ORANGES DIMS：128cm × 42cm × 36cm × 5

四、知识要点

（一）基础知识

1. 指定商品运价

指定商品运价（Specific Commodity Rates，SCR），是承运人根据在某一航线上经常运输某一种类货物的托运人的请求，或为促进某地区间某一种类货物的运输，经国际航空运输协会同意所提供的优惠运价。用字母"C"表示。

承运人制定指定商品运价的主要原因：在某条特定的航线上，一些较为稳定的货主经常或定期托运特定品名的货物，托运人要求承运人提供一个较低的优惠运价；而航空公司为有效利用运力、争取货源保证飞机较高的载运率，会向市场推出更具竞争力的优惠运价。所以，指定商品运价是一种优惠性质的运价，比普通货物运价要低。在核算指定商品运价时，对于货物品名、货物的起讫地点、货物运价的最低重量起点、运价使用期限等都有特殊规定。

2. 指定商品运价的分组和编号

查询 TACT RATES BOOKS 的 SECTION 2 中，根据货物的性质、属性及特点等按数字顺序对货物进行分类，共分为十大组，每一组细分为 10 个小组，每个小组再细分，同时，对其分组形式用四位阿拉伯数字进行编号，该编号是指定商品货物的品名编号。所有商品都有一个对应组号，公布指定货物运价时只要指出本运价适用于哪一组货物就可以了。国际航空运输协会公布的指定商品货物的分组及品名编号如下：

0001 ~ 0999　食用动物和植物产品；

1000 ~ 1999　活体动物和非食用动物及植物产品；

2000 ~ 2999　纺织品、纤维及其制品；

3000 ~ 3999　金属及其制品，但不包括机械、车辆和电器设备；

4000 ~ 4999　机械、车辆和电器设备；

5000 ~ 5999　非金属矿物质及其制品；

6000 ~ 6999　化工品及相关产品；

7000 ~ 7999　纸张、芦苇、橡胶和木材制品；

8000 ~ 8999　科学、精密仪器、器械及配件；

9000 ~ 9999　其他货物。

3. 从中国始发的常用指定商品代码

从整个国际航协来看，指定商品代码非常多，我们主要掌握从中国始发货物的常用的指定商品代码。

0007 FRUIT，VEGETABLES 水果、蔬菜

0008 FRUIT，VEGETABLES（FRESH）新鲜的水果、蔬菜

0300 FISH（EDIBLE），SEAFOOD 鱼（可食用的），海鲜、海产品

1093 WORMS 沙蚕

2865 CARPET 地毯

2195 A：YARN，THREAD，FIBRES，CLOTH（NOT FURTHER PROCESSED OR MANUFSCTURED）：

EXCLUSIVELY IN BALES，BOLTS，PIECES 成包、成卷、成块未进一步加工或制造的纱、线、纤维、布

B：WEARING APPAREL，TEXTILE MANUFACTURES 服装、纺织品

2199 A：YARN，THREAD，FIBRES，TEATILES 纱、线、纤维、纺织原料

B：TEXTILE MANUFACTURES 纺织品

C：WEARING APPAREL 服装（包括鞋、袜）

2211 YARN，THREAD，FIBRES（NOT FURTHER PROCESSED OR MANUFSCTURED）：

EXCLUSIVELY IN BALES，BOLTS，PIECES；WEARING APPAREL，TEXTILE MANUFACTURES 成包、成卷、成块未进一步加工或制造的纱、线、纤维；服装、纺织品

7481 RUBBER TYRES，RUBBER TUBES 橡胶轮胎，橡胶管

（二）指定商品运价的使用规则

指定商品运价的使用规则：在始发地和目的地之间运输货物，只有满足下述三个条件，才可以直接使用指定商品运价。

（1）运输始发地至目的地之间有公布的指定商品运价；

（2）托运人所交运的货物，其品名与有关指定商品运价的货物品名相吻合；

（3）货物的计费重量满足指定商品运价使用时的最低重量要求。

适用特种运价的货物，除了满足航线和货物种类的要求外，还必须达到承运人所规定的起码运量。如果货量不足，托运人又希望适用特种运价，货物的计费重量就要以所规定的最低运量为准。该批货物的运费＝计费重量（在此是最低运量）×所适用的特种货物运价。

（三）指定商品运费的计算步骤

第一步，先查询运价表，如有指定商品代号，则考虑使用指定商品运价；

第二步，查找 TACT RATES BOOKS 品名表，找出与运输货物品名相对应的指定商品代号；

第三步，如果货物的计费重量超过指定商品运价的最低重量，则优先使用指定商品运价；

第四步，如果货物的计费重量没有达到指定商品运价的最低重量，则需要比较计算。

五、能力实训

资料信息：

Routing：Dubai，United Arab Emirates（DXB）to Glasgow，U. K（GLA）

Commodity：CARPET

Gloss weight：276.0kg，5 PIECES TOTAL

公布运价如下：

DUBAI	AE		DXB
U. A. E. DIRH	AED		KG
GLASGOW	GB	M	190.00
		N	31.40
		45	23.70
	2199	250	10.50
	2199	500	9.00
	2865	500	9.95

【实训任务】计算指定货物航空运费，填写航空货运单运费计算栏。

航空货运单运费计算栏填制如下：

No. of Pieces Rcp	Gross Weight	Kg Lb	Rate Class	Chargeable Weight	Rate/ Charge	Total	Nature and Quantity of Goods (Incl. Dimension or Volume)
			Commodity Item No.				

单元四
等级货物运价核算

一、学习目标

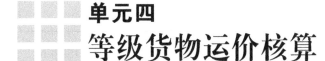

能力目标

- 熟练核算活体动物运费，并填写货运单运价栏
- 熟练核算贵重货物运费，并填写货运单运价栏
- 熟练核算杂志、书报运费，并填写货运单运价栏

知识目标

- 掌握等级货物的含义
- 掌握活体动物航空运价核算规则
- 掌握贵重货物航空运价核算规则
- 掌握书报杂志、骨灰、行李航空运价规则

二、项目任务

【项目背景】

出口商 A 公司交付的一票等级货物，已知运输路线、商品品名、毛重和体积等信息，进行航空运价核算。

【任务】计算各类等级货物航空运费，并填写航空货运单运费计算栏。

三、操作示范

任务一 计算活体动物航空运费，并填写航空货运单运费计算栏

资料信息：

Routing：BEIJING, CHINA (BJS) TO ATLANTA, USA (ATL)

Commodity：MONKEYS

Gross Weight：TOTAL 3 PIECES, EACH 55. 3 KG

Dimensions：3 PIECES, EACH 98cm×88cm×44cm

核算操作：

第一步，先查询运价表，公布运价如下：

	BEIJING	CN		BJS
	Y. RENMINBI	CNY		KG
ATLANTA	US	M		420. 00
		N		75. 95
		45		58. 68
		100		52. 34
		300		47. 26
		1000		30. 71

第二步，查询活体动物运价表。三区到一区之间运输活体动物，运价为：150%N。

ALL LIVE ANIMALS Except： Baby Poultry Less than 72 hours old	Within 1	Within 2 (see also Rules 3.7.1.3)	Within 3	Between 1 & 2	Between 2 & 3	Between 3 & 1
	175% of Normal GCR	175% of Normal GCR	150% of Normal GCR	175% of Normal GCR	150% of Normal GCR	150% of Normal GCR

第三步，计算如下：

Volume：$98cm \times 88cm \times 44cm \times 3 = 1138368cm^3$

Volume Weight：$1138368cm^3 \div 6\,000cm^3/kg = 189. 73kg = 190. 0\ kg$

Gross Weight：$55. 3kg \times 3 = 165.9kg$

Chargeable Weight：190.0kg

Applicable Rate：$150\%\ Normal = 150\% \times 75. 95CNY/kg = 113. 93CNY/kg$

Weight Charge：$190. 0 \times 113. 93 = CNY\ 21646. 70$

第四步，航空货运单运费计算栏填制如下：

No. of Pieces Rcp	Gross Weight Lb	Kg	S	Rate Class	Chargeable Weight	Rate/ Charge	Total	Nature and Quantity of Goods (Incl. Dimension or Volume)
				Commodity Item No.				MONKEYS
3	165. 9	K		N150	190. 0	113. 93	21646. 70	DIMS：98cm×88cm×44cm×3 LIVE ANIMALS

注意：

（1）运价类别栏：填入活体动物运价代号"S"。

（2）货物品名及数量栏：填入活体动物规则"N150"，表示使用了150%的N运价。

（3）货物品名和数量栏：要求有"LIVE ANIMALS"字样。

任务二　计算贵重货物航空运费，并填写航空货运单运费计算栏

资料信息：

Routing：Beijing, CHINA（BJS）to Chicago, U. S. A.（CHI）

Commodity：Gold Coin

Gross Weight：24. 7kg

Dimensions：1 Piece 52cm×49cm×42cm

公布运价如下：

BEIJING	CN		BJS
Y. RENMINBI	CNY		KG
Chicago	US	M	630
		N	69. 43
		45	60. 16
		100	53. 19
		300	45. 80

运费核算如下：

Volume：$52cm \times 49cm \times 42cm = 107016 \ cm^3$

VolumeWeight：$107016 \ cm^3 \div 6000cm^3/kg = 17. 836kg = 18. 0kg$

Gross Weight：24. 7kg

Chargeable Weight：25. 0kg

Applicable Rate：S200% of the Normal GCR

　　　　　　　　$200\% \times 69. 43CNY/kg = 138. 86CNY/kg$

Weight Charge：$25. 0 \times 138. 86 = CNY3471. 50$

No. of Pieces Rcp	Gross Weight	Kg Lb	S	Rate Class	Chargeable Weight	Rate/ Charge	Total	Nature and Quantity of Goods （Incl. Dimension or Volume）
				Commodity Item No.				Gold Coin
1	24. 7	K		N200	25. 0	138. 86	3471. 50	DIMS：52cm×49cm×42cm

任务三　计算书报、杂志航空运费，并填写航空货运单运费计算栏

资料信息：

Routing：Beijing, CHINA（BJS）to London, United Kingdom（LON）

Commodity：Books

Gross Weight：700kg

Dimensions：18 Piece 70cm×50cm×40cm each

公布运价如下：

BEIJING	CN			BJS
Y. RENMINBI	CNY			KG
LONDON	GB	M		320. 00
		N		63. 19
		45		45. 22
		100		41. 22
		500		33. 42
		1000		30. 71

运费核算如下：

（1）按查找的构成形式来计算。

Volume：$70cm \times 50cm \times 40cm \times 18 = 2520000cm^3$

Volume Weight：$2520000cm^3 \div 6000cm^3/kg = 420.00kg$

Chargeable Weight：700. 0kg

Applicable Rate：R 50% of the Normal GCR

$50\% \times 63.19CNY/kg = 31.595CNY/kg = 31.60CNY/kg$

Weight Charge：$700.0 \times 31.60 = CNY22120.00$

（2）由于计费重量已经接近下一个较高重量点 1000kg，因此用较高重量点的较低运价：

Chargeable Weight：1000. 0kg

Weight Charge：$1000 \times 30.71 = CNY30710.00$

因此，运费为 CNY22120. 00。

运费栏填写如下：

No. of Pieces Rcp	Gross Weight	Kg Lb	R	Rate Class / Commodity Item No.	Chargeable Weight	Rate/ Charge	Total	Nature and Quantity of Goods (Incl. Dimension or Volume)
								BOOKS DIMS：
18	700. 0	K		N50	700. 0	31. 60	22120. 00	$70cm \times 50cm \times 40cm \times 18$

任务四 计算尸体、骨灰航空运费，并填写航空货运单运费计算栏

信息资料：

Routing：Beijing, CHINA（BJS）to Tokyo, JAPAN（TYO）

Commodity：Coffin

Gross Weight：205. 0kg

Dimensions：1 Piece 230cm × 70cm × 50cm

公布运价如下：

BEIJING		CN	BJS
Y. RENMINBI		CNY	KG
TOKYO	JP	M	230. 00
		N	37. 51
		45	28. 13

运费核算如下：

Volume：230cm×70cm×50cm=805000cm^3

Volume Weight：805000cm^3÷6000cm^3/kg=134. 17kg=134. 5kg

Chargeable Weight：205. 0kg

Applicable Rate：S 100% of the Normal GCR

$\qquad\qquad\qquad$ 100%×37. 51CNY/kg=37. 51CNY/kg

Weight Charge：205. 0×37. 51=CNY7869. 55

因此，运费为CNY7869. 55。

四、知识要点

（一）基础知识

1. 等级货物概念

等级货物运价（Class Rates or Commodity Classification Rates，CCR），是指在规定的业务区内或业务区之间运输特别指定的等级货物的运价。

IATA规定，适用等级货物运价的货物通常有：

（1）活体动物、活体动物的集装箱和笼子；

（2）贵重货物；

（3）尸体或骨灰；

（4）报纸、杂志、期刊、书籍、商品目录、盲人和聋哑人专用设备和书籍等出版物；

（5）作为货物托运的行李。

2. 使用规则

（1）等级货物运价是在普通货物运价基础上附加或附减一定百分比的形式构成，附加或附减规则公布在TACT RULES中，运价的使用须结合TACT RATE BOOKS一同使用。

（2）附加或不附加或不附减的等级货物用代号"S"表示。

（3）附减的等级货物用代号"R"表示。

等级运价加价：用运价代号"S"（Surcharged Class Rate）表示，适用商品包括活体动物、贵重物品、尸体、骨灰等。

等级运价减价：用运价代号"R"（Reduced Class Rate）表示，适用商品包括报纸、杂志、书籍及出版物、作为货物托运的行李。

IATA规定，对于等级货物运输，如果属于国际联运，并且参加联运的某一承运人对其承运的航段有特殊的等级货物百分比，即使运输起讫地点间有公布的直达运价，也不可以直接使用。此时，应采用分段相加的办法计算运输始发地至运输目的地的航空运费。

（二）活体动物运价（LIVE ANIMALS）

活体动物运价规则

活体动物运价（参看 TACT RULES 3.7.2）由下表确定（不适用于 ECAA 国家之间）。

（1）当表中出现"the Normal GCR"时，表示使用运价表中的 45kg 以下普货运价。即 N 运价（当不存在 45kg 重量点时，N 运价表示 100kg 以下普通货物运价）。此时，运价的使用与货物的计费重量无关。

（2）当表中出现"the Normal GCR 的百分比"（如 150% of the Normal GCR）时，表示在运价表中 N 运价的基础上乘以这个百分比（如 150%N）。此时，运价的使用与货物的计费重量无关。

（3）当表中出现"appl. GCR"时，表示使用运价表中适用的普货运价（N、Q45、Q100、Q300、Q500…）。此时，运价的使用与货物的计费重量有关。

（4）当表中出现"appl. GCR"的百分比（如 110% of appl. GCR）时，表示在所适用的普货运价基础上乘以该百分比（如 110%N、110%Q45kg、110%Q100kg、110%Q300kg、110%Q500kg…）。此时，运价的使用与货物的计费重量有关。

注：当始发地和目的地的等级运价百分比不同时，以始发地的百分比为准。

动物的容器以及食物等应包含在活体动物的计费重量中。

Rates covering all areas，excluding between countries in the ECAA

	IATA AREA（see Rules 1.2.2 Definitions of Area）					
	Within 1	Within 2 (see also Rule 3.7.1.3)	Within 3	Between 1&2	Between 2&3	Between 3&1
ALL LIVE ANIMALS Except：Baby Poultry less than 72 hours old	175% of Normal GCR	175% of Normal GCR	150% of Normal GCR Except： 1 below	175% of Normal GCR	150% of Normal GCR Except： 1 below	150% of Normal GCR Except： 1 below
BABY POULTRY less than 72 hours old	Normal GCR	Normal GCR	Normal GCR Except： 1 below	Normal GCR	Normal GCR Except： 1 below	Normal GCR Except： 1 below

Exception：

（1）Within and from the South West Pacific sub-area：200% of the applicable GCR。

（2）最低运费。（不包括 ECAA 国家之间）活体动物的最低运费标准为 200%M。

（三）贵重货物运价（VALUABLE CARGO）

1. 运价

Area	Rate
ALL IATA Area	200% of the Normal GCR

注：200% of the Normal GCR，即 N 运价的200%。

例外：IATA 一区与三区之间且经北或中太平洋（除朝鲜半岛至美国本土各点外），1000kg 或 1000kg 以上贵重货物的运费，按普通货物45kg 以下运价150%收取（150% of the Normal GCR）。

2. 最低运费。贵重货物的最低运费按公布最低运费的200%收取，同时不低于50美元或等值货币。

（四）书报、杂志运价（BOOKS/MAGAZINES）

1. 货物的范围。货物包括报纸、杂志、期刊、图书、目录、盲人读物及设备。

2. 运价

Area	Rate
Within IATA Area 1	67% of the Normal GCR
Between IATA Area 1 and 2	
ALL other Areas	50% of the Normal GCR

3. 最低运费。按公布的最低运费的 M 收取。

4. 可以使用普通货物的较高重量点的较低运价。

（五）作为货物运输的行李（Personal Effects）

1. 运价

Area	Rate
ALL IATA Area	50% of the Normal GCR

2. 运价的适用范围

（1）在 IATA 业务2区内（全部航程为欧洲分区例外）；

（2）在 IATA 业务3区内（至或从美国领地除外）；

（3）在 IATA 业务2区与3区之间（至或从美国领地除外）；

（4）在 IATA 业务1区与2区之间（至或从美国、美国领地至或从格陵兰岛例外）。

由此项规则可见，中国至1区运输的此类货物，不属于该等级货物的范畴，不能使用上述等级折扣运价，而应采用普通货物运价或指定商品运价。

3. 最低运费。以 10 千克为最低的计费重量与适用运价计算的运费与公布最低运费的 M 比较，取高者。

4. 可以使用普通货物较高重量点的较低运价。

（六）尸体、骨灰运价

1. 运价

Area	Ashes	Coffin
ALL IATA Areas	Applicable	Normal GCR
Within IATA Areas2	300% of the Normal GCR	200% of the Normal GCR

2. 尸体、骨灰的最低运费。按公布最低运费的 M 收取，但在二区内最低运费为 200% 的 M，同时不低于 65 美元或等值货币。

（七）运价的使用顺序

1. 如果有协议运价，则优先使用协议运价。

2. 在相同运价种类、相同航程、相同承运人条件下，公布直达运价应按下列顺序使用：

（1）优先使用指定商品运价。如果指定商品运价条件下不完全满足，则可以使用等级货物运价和普通货物运价。

（2）其次使用等级货物运价。等级货物运价使用优先于普通货物运价。

（3）如果运输两点间无公布直达运价，则应使用非公布直达运价：

①优先使用比例运价构成全程直达运价。

②当两点间无比例运价时，使用分段相加办法组成全程最低运价。

五、能力实训

【实训任务1】计算航空运费，并填写航空货运单运费计算栏。

资料信息：

Routing：BEIJING, CHINA（BJS）TO ATLANTA, USA（ATL）

Commodity：狗（Live dog）

Gross Weight：40kg（dog + kennel）

Dimension：90cm × 50cm × 68cm × 1

Payment：全部预付

公布运价如下：

BEIJING	CN		BJS
Y. RENMINBI	CNY		KG
ATLANTA	US	M	420. 00
		N	75. 95
		45	58. 68
		100	52. 34
		300	47. 26
		1000	30. 71

航空运费计算如下：

Volume：　　　　_____

Volume Weight：　_____

Gross Weight：　　_____

Chargeable Weight：_____

Applicable Rate：　_____

Weight Charge：　_____

航空货运单运费计算栏填写如下：

No. of Pieces Rcp	Gross Weight	Kg Lb		Rate Class	Chargeable Weight	Rate/ Charge	Total	Nature and Quantity of Goods (Incl. Dimension or Volume)
				Commodity Item No.				

【**实训任务2**】计算贵重货物航空运费，并填写航空货运单运费计算栏。

资料信息：

Routing：Beijing, CHINA（BJS）to Boston, U. S. A（BOS）

Commodity：Gold Watch

Gross Weight：32. 0kg

Dimensions：1 Piece 61cm×51cm×42cm

公布运价如下：

BEIJING		CN	BJS
Y. RENMINBI		CNY	KG
BOSTON	US	M	630. 00
		N	79. 97
		45	60. 16
		100	53. 19
		300	45. 80

运费核算如下：

Volume：　　　　_____

Volume Weight：　_____

Chargeable Weight：_____

Applicable Rate：　_____

Weight Charge：　_____

航空货运单运费计算栏填制如下：

No. of Pieces Rcp	Gross Weight	Kg Lb	Rate Class	Chargeable Weight	Rate/ Charge	Total	Nature and Quantity of Goods (Incl. Dimension or Volume)
			Commodity Item No.				

单元五
集中托运货物运价与其他费用核算

一、学习目标

能力目标

- 熟练核算集中托运货物运价，填写货运单运价栏
- 熟练核算其他费用，填写货运单运价栏

知识目标

- 掌握集中托运货物的含义
- 掌握集中托运货物申报方式与运价规则
- 掌握其他运费含义与核算规划

二、项目任务

【项目背景】

出口商 A 公司交付的一票集中托运货物，已知运输路线、商品品名、毛重和体积等信息，进行航空运价核算。

【任务】 计算集中托运货物航空运费，并填写航空货运单运费计算栏。

三、操作示范

Routing：BEIJING，China（BJS）to OSAKA，Japan（OSA）

Commodity：Magazinesand Handicraft and Fresh Orange

Gross Weight：75kg and 40kg and 60kg

Dimensions：3 Pieces 70cm×46cm×34cm and

　　　　　　1 Pieces 100cm×60cm×40cm and

　　　　　　2 Pieces 80cm×70cm×30cm

公布运价如下：

BEIJING		CN	BJS
Y. RENMINBI		CNY	KG
OSAKA	JP	M	230.00
		N	37.51
		45	28.13
	0008	300	18.80
	0300	500	20.61
	1093	100	18.43
	2195	500	18.80

运费核算：

先把这票混运货物作为一个整体，计算运费；再按分别申报计算运费，两者比较，取低者。

1. 总体申报

Total Gross Weight：75.0kg + 40.0kg + 60.0kg = 175.0kg

Volume Weight：$70cm \times 46cm \times 34cm \times 3 + 100cm \times 60cm \times 40cm \times 1 + 80cm \times 70cm \times 30cm \times 2 = 904440cm^3/6000kg = 150.74kg \approx 151.0kg$

Chargeable Weight：175.0kg

Applicable Rate：GCR Q 28.13 CNY/kg

Weight Charge：175.0 × 28.13 = CNY4922.75

2. 分别申报

（1）Magazines：

Volume Weight：$70cm \times 46cm \times 34cm \times 3 = 328440cm^3/6000kg = 54.74kg \approx 55.0kg$

Chargeable Weight：75.0kg

Applicable Rate：R 50% of Normal GCR

　　　　　　　50% × 37.51CNY/kg = CNY18.76/kg

Weight Charge：75.0 × 18.76 = CNY1407.00

（2）Handicraft：

①按实际重量计算：

Volume Weight：$100cm \times 60cm \times 40cm \times 1 = 240000cm^3/6000kg = 40.0kg$

Chargeable Weight：40.0kg

Applicable Rate：GCR N 37.51CNY/kg

Weight Charge：40.0 × 37.51 = CNY1500.40

②按较高重量分界点的较低运价计算：

Chargeable Weight：45.0kg

Applicable Rate：GCR Q 28.13CNY/kg

Weight Charge：45.0 × 28.13 = CNY1265.85

①与②比较，CNY1500.40＞CNY1265.85，取运费较低者。所以 Handicraft 的航空运费为 CNY1265.85。

（3）Fresh Orange：

Volume Weight：$80cm \times 70cm \times 30cm \times 2 = 336000cm^3/6000kg = 56.0kg$

Chargeable Weight：60.0kg

Applicable Rate：GCR N 28.13CNY/kg

Weight Charge：$60.0 \times 28.13 = CNY1687.80$

三种运费相加：CNY1407.00 + CNY1265.85 + CNY1687.80 = CNY4360.65

对比总体申报运费 CNY4922.75 和分别申报运费 CNY4360.65，取低者，即运费为 CNY4360.65。

航空货运单运费计算栏填制如下：

No. of Pieces Rcp	Gross Weight	Kg Lb		Rate Class	Chargeable Weight	Rate/ Charge	Total	Nature and Quantity of Goods (Incl. Dimension or Volume)
				Commodity Item No.				
3	75.0		R	N 50	75.0	18.76	1407.00	Magazines
1	40.0	K	Q		45.0	28.13	1265.85	Handicraft
2	60.0		Q	0008	60.0	28.13	1687.80	Fresh Orange
6	175.0						4360.65	

四、知识要点

（一）集中托运货物

1. 定义

集运货物（MIXED CONSIGNMENTS），指使用同一份货运单运输的货物中，包含有不同运价、不同运输条件的货物。

2. 集中托运货物中不得包括的物品

集中托运货物不得包括的物品有：（1）TACT Rules 3.7.6 中规定的任何贵重货物；（2）活体动物；（3）尸体、骨灰；（4）外交信袋；（5）作为货物运送的行李；（6）机动车辆（电力自动车辆除外）。

3. 集中托运货物的申报方式与计算规则

（1）申报整批货物的总重量（或体积）。

计算规则：集中托运货物被视为一种货物，将其总重量确定为一个计费重量，运价采用普通货物运价。

（2）分别申报每一种类货物的件数、重量、体积及货物品名。

计算规则：按不同种类货物适用的运价与其相应的计费重量分别计算运费。如果集中托运货物使用一个外包装将所有货物合并运输，则该包装物的运费按混运货物中运价最高的货物的运价计收。

4. 声明价值

集中托运货物只能按整票（整批）货物办理声明价值，不得办理部分货物的声明价值或办理两种以上的声明价值。所以，混运货物声明价值费的计算应按整票货物总的毛重。

5. 最低运费

集中托运货物的最低运费，按整票货物计收，即无论是分别申报或不分别申报的混运货物，按其运费计算方法计得的运费与起止地点间的最低收费标准比较，取高者。

（二）国际航空货运的其他费用

国际航空货物运输中，除自运输始发地至运输目的地之间整个运输过程发生的航空运费外，在运输始发站、中转站、目的站还会经常发生与航空运输有关的其他费用，比如货运单费、垫付费、地面运输手续费、报关费、报检费、运费到付手续费、燃油费、战险费。危险品处理费等。各项常见费用的收费内容如表6-4所示。

表6-4　　　　　　　　　　　　　　航空货运其他费用

其他费用	含义	填制方法和特征	填制代码
货运单费	为填制航空货运单的费用。	填制在货运单的 other charges 一栏中 货运单若由航空公司销售或填制，则表示为 AWC，表示此项费用归开票航空公司所有；若由航空公司的代理人销售或填制，则表示为 AWA，表示此项费用归销售代理人所有。	AW： Air Waybill Fee
垫付款	指在始发地机场运输一票货物时发生的部分其他费用。这部分费用仅限于货物地面运输费、清关处理费和货运单工本费。	按不同费用种类一并填制在货运单的 other charges 栏中。 一般按重量收取。 AWA：表示代理人填制的货运单。 CHA：表示代理人代替办理始发地清关业务。 SUA：表示代理人将货物运输到始发地机场的地面运输费。	Disbursements： AWA CHA SUA：Surface Charge
垫付费	对垫付款的数额而确定的费用。垫付费 = 垫付款×10%，但每一票货物的垫付费不得低于 USD20 或等值货币。	垫付款由最后一个承运人向提货人收取，付给支付垫付款的代理人或出票航空公司。到付且目的地国家可办理的费用。该费用归出票航空公司所有。 填制在货运单的 other charges 栏中。	DBC： Disbursement Amounts
报关费	在航空运输时向海关申请出口或进口时发生的费用。	发货人委托货代公司进行报关并支付报关费用时，报关费由报关行或货代公司向客户收取。一般按照每票收取。	ECC：出口报关费 ICC：进口报关费
报检费	在办理商品出入境检验检疫业务时发生的费用。	由具有报检资格的货代公司向客户代理报检时收取的费用。 一般按照每票收取。	IDF： Inspection Declare Fee

其他费用	含义	填制方法和特征	填制代码
运费到付手续费	当货物的航空运费及其他费用到付时，在目的地的收货人除支付货物的航空运费和其他费用外，还应支付到付手续费。	此项费用由最后一个承运航空公司收取，并归其所有。一般运费到付手续费的收取，采取目的站开具专门发票，也可使用货运单（交付航空公司无专门发票，将货运单作为发票使用）。运费到付手续费 = （货物的航空运费 + 声明价值附加费）×2%。	CC Fee：Charges Collect Fee
燃油费	航空公司为在短期内调整运价与消耗品市场价所收费用。	填制在货运单的 other charges 一栏中。一般按重量收取。	FSC：Fuel Surcharge
战险费	在由于战争、类似战争行为和敌对行为、武装冲突以及所引起的捕获、扣留造成货物损失的情况下支付给客户的保险费。	战争险属于特殊附加险，需要单独投保，在填制货运单时需要填入 amount of insurance。一般按重量收取。一般中东尤其是以色列港口要加这个费用。	WRS：War Risk Insurance
危险品处理费	对于危险货物，除按危险品规则收运并收取航空运费外，还应收取危险货物收运手续费。	危险品处理费归出票航空公司所有。	RAC：Charges for Shipment of Dangerous Goods – Handling
声明价值费	航空承运人也要求将自己对货方的责任限制在一定的范围内，以限制经营风险。声明价值费的收取依据货物的实际毛重，计算公式为：声明价值费 = （货物价值 – 货物毛重 × 20 美元/千克）× 声明价值费费率	《华沙公约》对于由于承运人自身的疏忽或故意造成的货物的灭失、损坏或延迟规定了最高赔偿责任限额，这一金额一般被理解为每千克 20 美元或每磅 9.07 英镑或其他等值货币。声明价值费的费率通常为 0.5%。如果货物的价值超过了上述值，即增加了承运人的责任，承运人要收取声明价值费。否则即使出现更多的损失，承运人对超出的部分也不承担赔偿责任。货物的声明价值是针对整件货物而言，不允许对货物的某部分声明价值。大多数的航空公司在规定声明价值费率的同时还要规定声明价值费的最低收费标准。如果根据公式计算出来的声明价值费低于航空公司的最低标准，则托运人要按照航空公司的最低标准缴纳声明价值费。	VAL：Valuation Charge

五、能力实训

【实训任务 1】请对该票集中托运货物报价，并填制航空货运单运费计算栏。

业务员杨丹接受货主委托空运一票混装货物：出口一批货物，从上海到美国纽约，货物分别为新鲜柑橘、手工艺品、杂志，商品毛重分别为 100 千克、50 千克、70 千克，体积分别是 80cm × 55cm × 40cm 共 2 件，65cm × 35cm × 35cm 共 2 件，80cm × 42cm × 25cm 共 4 件。

运费核算如下：

Volume：　　　　＿＿＿＿＿＿＿＿＿＿＿＿＿＿＿＿＿＿＿

Volume Weight：　＿＿＿＿＿＿＿＿＿＿＿＿＿＿＿＿＿＿＿

Chargeable Weight：＿＿＿＿＿＿＿＿＿＿＿＿＿＿＿＿＿＿＿

Applicable Rate：　＿＿＿＿＿＿＿＿＿＿＿＿＿＿＿＿＿＿＿

Weight Charge：　＿＿＿＿＿＿＿＿＿＿＿＿＿＿＿＿＿＿＿

航空货运单运费计算栏填制如下：

No. of Pieces Rcp	Gross Weight	Kg Lb	Rate Class	Chargeable Weight	Rate/ Charge	Total	Nature and Quantity of Goods (Incl. Dimension or Volume)
			Commodity Item No.				

【实训任务2】绍兴绣品服饰有限公司出口货物航空运输中，除发生的航空运费外，还会产生哪些费用？

学习情境七

国际航空特种
货物运输操作

GUOJI HANGKONG TEZHONG
HUOWU YUNSHU CAOZUO

【学习导图】

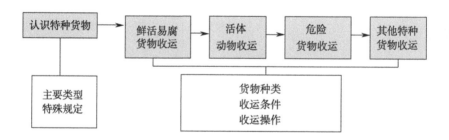

```
认识特种货物 → 鲜活易腐        活体        危险        其他特种
                货物收运      动物收运    货物收运    货物收运
      |
   主要类型                    货物种类
   特殊规定                    收运条件
                              收运操作
```

单元一
特种货物及鲜活易腐货物收运

一、学习目标

能力目标

- 能分辨出鲜活易腐货物
- 能按操作规则进行收运操作
- 能进行货物运输的不正常处理

知识目标

- 掌握特种货物的含义、类型及标志
- 掌握鲜活易腐货物的收运条件
- 掌握鲜活易腐货物收运操作规则与注意事项

二、项目任务

【项目背景】

托运人从上海航空托运一批冻虾至日本大阪，委托货代公司代理托运。杨丹根据公司要求，需要了解此类鲜活易腐货物的收运条件，所需文件、仓储、运输等操作规定和该种货物的特殊规定，以及运输出现异常的处理要求，以便顺利交运货物。

【任务】 杨丹如何代办该票鲜活易腐货物的运输？

三、操作示范

第一步，掌握鲜活易腐货物的含义与具体类型。

第二步，承运前，杨丹查阅 TACT – RULES 7.3 日本对鲜活易腐货物的收运条件规定。确认无误后才承运。了解到：

（1）冻虾水产品应保证到达时保持好的品质，并出具出入境检验检疫证明和卫检证明。

（2）杨丹查阅了 TACT – RULES 8.3 有关承运人的关于水产品的特殊规定，了解日本机场关于此种货物进口的运输规定，了解到日本关西机场能提供冷库、清关的时间范围等。

（3）杨丹了解托运人应书面提出的在运输中需要注意的事项，如对冷冻带鱼储运的低温要求航空公司是否能达到，托运人应提供最长允许运输时限不少于 24 小时（从预定航班的预计起飞时间前 2 小时算起）等。

（4）该批货物包装是否适合冻虾特性，不致因在运输途中包装破损或有液体溢出而污损飞机、设备或其他物品等。

第三步，掌握水产品运输的操作一般规定和特殊规定。杨丹从托运人、航空公司和 TACT – RULES 了解到：

（1）储存操作要求：冻虾要保持零下 8 摄氏度冷冻温度以防止死亡和腐烂变质。

（2）包装操作要求：水产品运输要密封包装，防止液体渗漏。包装时遵循包装顺序规定："两层聚乙烯塑料袋—泡沫箱—瓦楞纸箱"。为便于搬运，货物每件重量以不超 25 千克为宜。

（3）标签操作要求：除识别标签外，单件货物外包装上应贴挂 "Perishable" 的专用标签和向上标签。

图 7 – 1　鲜活易腐品专用标签和向上标签

（4）机舱和集装器内保持洁净。若之前运输过活体动物的话，必须经过消毒处理，操作人员应经过卫生检查。

（5）制单操作要求。货运单品名栏"Nature and Quantity"注明"Perishable"/"PER"字样。

No. of Pieces RCP	Gross Weight	Kg Lb		Rate Class	Chargeable Weight	Rate/ Charge	Total	Nature and Quantity of Goods (Incl. Dimensions or Vplune)
3	32.6	K	Q	Commodity Item No.	24.8	20.61	3486.48	SEAFOOD DIMS：30cm×30cm×30cm×3 PER

- 注明已订妥的各航段航班号/日期。
- 其他文件：在"Handling Information"栏内注明其他文件名称和注意事项，并将各种卫生检疫证明装入信封钉在货运单后面，随货运单寄出。

（6）仓储操作要求：为减少货物在仓库的存放时间，托运人可以直接到机场办理收运手续。

第四步，了解鲜活易腐货物在运输中出现不正常情况怎样进行处理。

杨丹了解到如遇航班延误、衔接托班，因运输时间延长而发生水产品死亡、腐烂变质或在目的地由于收货人未能及时提取使货物腐烂变质时等异常情况的处理措施。

四、知识要点

（一）特种货物

1. 定义与主要类型

特种货物，是指在收运、储存、保管、运输及交付过程中，因货物本身的性质、价值或重量等条件，需要进行特殊处理，满足特殊运输条件的货物。

常见的有以下几种：

鲜活易腐货物	Perishable Cargo	活体动物	Live Animal
危险品	Dangerous Goods	贵重物品	Valuable Cargo
尸体骨灰	Human Remains	超大超重货物	Outsized and Heavy Cargo
个人物品	Personal Effects	作为货物交运的行李	Unaccompanied Baggage

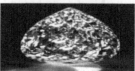

2. 查阅特种货物的特殊规定

由于运输特种货物的操作难度比普通货物大，容易出现问题。因此，运输特种货物除按一般运输规定外，还应严格遵守每一类特种货物的特殊规定。通常需要查询以下主要规定：

（1）TACT‑RULES 7.3 相关国家对特种货物的收运规定；

（2）TACT‑RULES 8.3 有关承运人的关于特种货物运输的特殊规定。

（二）鲜活易腐货物定义

鲜活易腐货物是指在一般运输条件下易于死亡或变质腐烂的货物。常见鲜活易腐品有：水产品（虾、蟹等）；沙蚕、活赤贝、鲜鱼类；肉类；蛋种；乳制品；冰冻食品；水果；蔬菜；鲜花；植物、树苗；蚕种；药品；血清、疫苗、人体蛋白、胎盘球蛋白等。

此类货物，在装卸、储存和运输过程中，由于气温变化和运输延误等因素，可能导致其变质或失去原有价值，归属于紧急运输货物。

（三）鲜活易腐货物收运条件

1. 运输总要求

鲜活易腐货物应具有必要的检验合格证明和卫生检疫证明，应符合有关到达站国家关于此种货物进出口和过境规定，如表 7‑1 所示。

托运人托运鲜活易腐货物时，应书面提出在运输中需要注意的事项，提供最长允许运输时限和储运注意事项。除另有约定外，鲜活易腐物品的运输时限应不少于 24 小时（从预订航班的预计起飞时间前 2 小时算起）。

鲜活易腐货物在运输和保管过程中，一般要求要采取一定措施：如冷藏、保温等，以防止死亡和腐烂变质。在运输过程中要注意尽量节省时间、确保质量。

2. 包装

（1）必须有适合此种货物特性的包装。要注意在运输途中包装破损或有液体溢出而污损飞机或其他物品。

（2）凡怕压货物，外包装应坚固抗压；需通风的货物，包装上应有通气孔；需冷藏冰冻的货物，容器应严密，保证冰水不致流出。

（3）带土的树种或植物苗等不得用麻袋、草包、草绳包装，应用塑料袋包装，以免土粒、草屑等杂物堵塞飞机空气调节系统。

（4）为便于搬运，鲜活易腐货物每件重量以不超 25 千克为宜。

表 7－1 蔬菜出境检验检疫证明单

中华人民共和国出入境检验检疫
出境货物通关单

编号： WJE00082150

1. 发货人 深圳市果菜贸易公司		5. 标记及号码 N/M
2. 收货人 深港蔬菜有限公司		
合同/信用证号 SFV20001	4. 输往国家或地区 英国	
输工具名称及号码 机	7. 发货日期 20000406	8. 集装箱规格及数量 ***
9. 货物名称及规格 三 ***** >> *****	10. H.S. 编码 0709909010 ******** 0709909010 ********	11. 申报总值 港币*960* ******** 港币*576* ********
		12. 数/重量、包装数量及种类 *壹佰泡沫箱* *捌佰公斤* *陆拾泡沫箱* *肆佰捌拾公斤* ********

13. 证明

上述货物业经检验检疫，请海关予以放行。
本通关单有效期至 贰零零零年 肆 月玖 日

签字：

日期： 贰零零零年 肆 月柒 日

14. 备注 印刷号： A3237385

3. 标签

除识别标签外，单件货物外包装上应贴挂"Perishable"的专用标签和向上标签。

4. 文件

（1）货运单

①货运单品名栏"Nature and Quantity"应注明"Perishable"/"PER"字样。

②注明已订妥的各航段航班号/日期。

（2）其他文件

在"Handling Information"栏内注明其他文件名称和注意事项，并将各种卫生检疫证明装入信封钉在货运单后面，随货运单寄出。

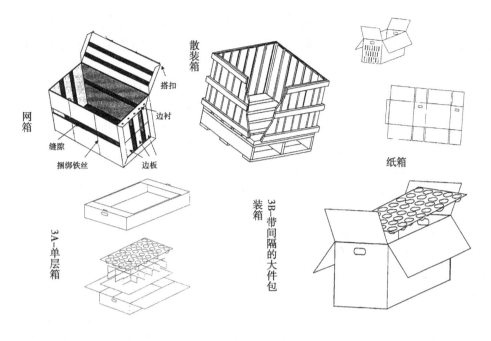

图7-2　包装箱

5. 仓储

（1）为减少鲜活易腐货物在仓库的存放时间，托运人或收货人可以直接到机场办理收运或提取手册。

（2）几种常见鲜活易腐货物的储存条件见表7-2。

表7-2　　　　　　　　　常见鲜活易腐货物的储存条件

种类		温度（℃）	湿度（%）	通风
亚热带、热带水果		+9～+15		气温高时要
其他水果		+3～+6	90	通风良好
新鲜蔬菜		0～+6		
树苗		+15左右		
冻肉、水产品		-8以下		可不通风
冻鲜花		0以下		可不通风
种蛋	未入孵的	+13	70～80	通风良好
	已入孵的			
	将孵出的	蛋温不得超过		

6. 运输

（1）承运前必须查阅 TACT – RULES 第七部分，关于各国政府对鲜活易腐物品进出口、转运的运输规定。比如，机场能否提供冷库、清关的时间范围，确认无误后方可承运。

（2）承运前查阅 TACT – RULES 第八部分关于承运人对鲜活易腐品的承运规定。

（3）鲜活易腐货物应优先发运，尽可能利用直达航班。

（4）收发鲜活易腐货物的数量必须取决于机型以及飞机所能提供的调温设备。

（5）托运人应预先订妥航班、日期。

（6）货物运达后，应由航空公司或其地面代理立即通知收货人来机场提取。

（7）如果在周末和节假日无法办理清关手续，应尽量安排货物在工作日到达中转站或目的站。

7. 对几类鲜活易腐货品在处理中特定要求

（1）鲜花。鲜花对温度的变化很敏感，所收运的数量应取决于机型的要求，通常可采用集装箱运输，托运人应在飞机起飞前的最后限定时间内到机场交货，装机时注意天气变化。

（2）蔬菜。由于蔬菜通常含有较高水分，每件包装必须保证通风，否则会氧化变质。摆放时应远离活体动物和有毒物品，避免污染。如果用集装箱装运，不可与其他货物混装。大多数蔬菜会散发出一种叫乙醇的气体，会对鲜花和植物造成影响，因此蔬菜不能和鲜花、植物一起放在同一舱内。

（3）新鲜/冷冻的鱼虾、肉。新鲜的鱼、肉运输要密封包装，防止液体渗漏，必须小心存放以免污染飞机、设备及其他物品。机舱和集装器内应洁净，若之前运输过活体动物的话，必须经过消毒处理，操作人员应经过卫生检查。

（4）干冰属于危险品。干冰常被作为货物的冷却剂，应在货物包装、货运单以及舱单上注明。由于干冰是固体 CO_2，因此，用干冰冷却的货物包装上应有使 CO_2 气体散出的漏孔，并根据 IATA 有关对限制物品的规定，在货物外包装上做好标记或贴有关标贴。

8. 运输不正常处理

（1）如遇航班延误、衔接托班，因运输时间延长对货物质量产生影响时，航空公司应立即通知收货人或托运人征求处理意见，并尽可能按照对方意见处理。在此期间，对鲜活易腐物品按要求妥善保管。同时，尽可能安排最早航班运出。

（2）在运输过程中货物腐烂变质时处理。①在运输过程中货物发生腐烂变质或在目的地由于收货人未能及时提取使货物腐烂变质时，航空公司将视具体情况将货物毁弃或移交当地海关或检验检疫部门处理，由此发生的额外费用将通过货运单填制人向托运人收取。②发现此类货物腐烂变质时，航空公司将填写运输事故记录，并通知托运人或收货人。

五、能力实训

【实训任务】托运人从上海托运一批血清去往雅加达，代理人如何向航空公司交运？

单元二
活体动物收运

一、学习目标

能力目标	知识目标
● 能按操作规则制订活体动物收运方案	● 掌握活体动物的含义 ● 掌握活体动物的一般规定和收运条件 ● 掌握活体动物收运操作规则与注意事项

二、项目任务

【项目背景】

托运人从杭州航空托运 25 只鸽子至日本大阪，委托货代公司代理托运。

【任务】 根据客户委托要求，制订运输操作方案。

三、操作示范

任务　根据客户委托要求，制订运输操作方案

杨丹根据公司要求，对鸽子的收运条件、所需文件、仓储、运输等操作规定和该种货物的特殊规定以及运输出现异常的处理要求做出方案，以便顺利交运货物。

第一步，掌握鸽子作为特种货物的类型——活体动物。

第二步，承运前必须查阅活体动物的收运条件和操作具体要求。杨丹向老业务员、航空公司相关业务人员咨询请教，并查阅 LAR、日本对鸽子的收运条件、包装种类、操作和仓储等具体规定，杨丹与托运人核实：鸽子交运时应保持健康状态良好，无传染病，鸽子没在妊娠期，并出具卫生检疫证明。

第三步，保证鸽子安全到达目的地，杨丹按照 LAR 的对鸽子在包装、文件、标签、仓储、运输以及相关文件等操作的规定要求，制订方案如下：

1. 包装

材料：木料、无毒塑料、玻璃纤维、合成物、金属网以及海绵或者泡沫塑料和细布或其他的填充材料。

尺寸：容器高度必须使各自能够自然栖息，离开栖木时头部不应触及容器顶部。鸽子是神经性物种，应注意容器也不能过高，以免鸽子自伤。

器壁：容器前面 75% 必须要用坚硬的金属网制成，或者由间距 1.3 厘米的圆形木棍或者金属杆组成，并在外部用细布帘加盖（注意通风），以减弱容器内的亮度。

装载密度：应当有足够的空间，每一容器内装载数量不超过 25 只，如果鸽子体形较大，装运数量应减少，以避免过度拥挤而使鸽子窒息。

通风：在容器的正三面应当有间隔 5 厘米、直径 2.5 厘米的通风孔。

装载要求：货舱温度应当保持在 15～20℃。

2. 运输文件

（1）注明已订妥的各航段航班号/日期。

（2）填制活体动物证明书，一式两份。

（3）货运单品名栏内，注明"活体动物 AVI"字样。

（4）所有文件的名称和其他操作要求都应写在"Handling Information"栏中。

3. 其他文件

（1）动物卫生检疫证明。

（2）日本的进口许可证。

4. 标签和标记

收运时应检查以下内容：包装容器外部一般都要清楚地写明收货人的姓名和详细地址（与货单一致），应贴有"动物"标签和"不可倒置"标签。

5. 仓储

（1）一般放置在安静、阴凉、敞亮的地方。

（2）不可在高温、寒冷、降雨等恶劣天气时露天存放。

（3）装载容器要求与其他货物有一定的隔离距离以便通风。

（4）不能与食品、放射性物质、毒性物质、传染物质、灵柩、干冰等放在一起。

6. 运输：应通知收货人及时到达目的站提取货物。

第四步，了解鸽子在运输中出现不正常情况怎样进行处理。杨丹了解到如遇航班延误、衔接托班，因运输时间延长而发生活体动物死亡时等异常情况的处理措施。

四、知识要点

（一）活体动物的定义

活体动物指通过航空运输活的家禽、家畜、鱼介、野生动物（包括鸟类）、试验用动物和昆虫等。

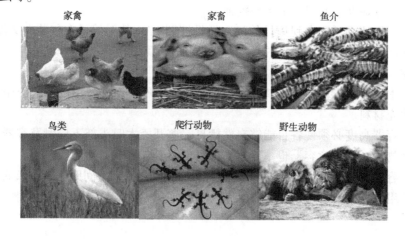

　　基于航空运输的快捷与安全,活体动物运输在航空货运中占有非常重要的地位。活体动物种类繁多、各具特性,对环境变化敏感性很强,运输工作中容易出现各种麻烦。因此,工作人员应了解各种托运动物的习性,严格按照运输规则来组织运输。

　　(二)一般规定

　　IATA 每年出版一期《活体动物规则》(Live Animal Regulations,LAR),包括有关活体动物运输的各项内容,如包装种类、操作和仓储标准,目的是保证活体动物安全到达目的地。

　　收运活体动物应以 LAR 为依据,严格遵守各项规定。

　　装卸活体动物应该谨慎,确保动物和人的健康安全。

　　装卸活体动物时应避免污染其他货物。

　　(三)收运条件

　　1. 基本条件

　　(1)托运人/货代必须事先与航空公司取得联系,说明活体动物的种类、数量和运输要求,经过航空公司批准,先定妥舱位才能进行承运。

　　(2)收运时动物必须健康状况良好,无传染病,同时,托运人应当出示县级以上检疫部门出具的动物检疫合格证明,水生野生动物应当有"水生野生动物特许运输许可证"。

　　(3)托运人必须办妥海关手续,根据有关国家规定,办妥进出口和过境许可证,以及目的地国家所要求的一切文件。

　　(4)妊娠期的哺乳动物,一般不予收运,除非托运人出示有效的官方兽医证明,说明该动物在运输过程中无分娩可能;在飞机起飞前 48 小时以内刚刚分娩过的动物,航空公司不承运。

　　(5)尚在哺乳期的幼禽航空公司一般不承运。

　　(6)对于动物与尚在哺乳期的幼畜同时交运的情况,只有在大动物与幼畜可以分开时,方可收运。

　　(7)有特殊不良气味的动物,不予收运。

　　2. 包装

　　(1)动物容器的尺寸,应适合不同机型的舱门大小和货舱容积。

　　(2)容器应坚固、轻便、无毒,并符合航空公司规定。

　　(3)包装容器内要光滑,不能有尖锐的边缘或突出物。

　　(4)包装容器应当坚固,能防止活体动物破坏、逃逸和接触外界。容器上应有安全的、便于搬运的装置。

　　(5)动物的出入口处,应设有安全设施。

　　(6)容器必须加放托盘和吸湿物(禁用稻草做吸湿物),防止动物粪便漏溢,污损飞机。

　　(7)容器还必须有足够的通气孔,以防止动物窒息。

　　(8)对不能离水的动物,应注意包装防止水的溢漏以及因缺氧而造成动物在途中死亡。

（9）容器内应备有饲养设备和饲料。

（10）包装容器上应清楚地写明托运人、收货人姓名、详细地址以及联系电话（与货单一致），容器上还应当注明动物的习性以及特征，有关饲养方法以及注意事项。

（11）包装容器外部应贴有"动物"（LIVE ANIMAL）和"向上"（THIS SIDE UP）标签，有毒动物要注明。

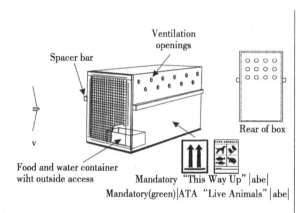

图7-3　活体动物容器

3. 制单——活体动物运输文件

（1）货运单。

品名栏内，必须填写与 LAR 中一致的动物的常用名称、数量以及包装容器的尺寸，并注明"活体动物 AVI"字样。

注明已订妥的各航段航班号/日期。

所有文件的名称和其他操作要求都应写在"Handling Information"栏中。

（2）其他文件。

①动物卫生检疫证明。

②有关国家的进出口许可证。

（3）活体动物证明书（见表7-3）。

托运人每交运一批活体动物，应填制活体动物证明书，一式两份，证明书应由托运人签字，一份交承运人留存，一份和其他证件一起附在货运单上寄往目的站。

填写完活体动物证明书，托运人声明动物健康状况良好，并根据 LAR 中的规定和有关承运人、国家的要求对货物进行了适度包装，符合空运条件。

表 7 - 3　　　　　　　　　活体动物托运证明书

Shipper's Certification for Live Animals (front page)

SHIPPER'S CERTIFICATION EXAMPLE (Front)

SHIPPER'S CERTIFICATION FOR LIVE ANIMALS
(to be completed in duplicate)

This is to certify that (*check appropriate box*):

☐ In addition to having completed all advance arrangements, this consignment is properly described and packed, and is in proper condition for carriage by air according to the current edition of the IATA Live Animals Regulations and *all applicable carrier and governmental regulations*. The animal(s) of this consignment is (are) in good health and condition.

☐ Animals taken from the wild for shipment have been appropriately acclimatised.

☐ This consignment *includes* Appendix ___ (enter I, II or III) species as described in the Convention on International Trade in Endangered Species Wild Fauna and Flora. Applicable permits/certificates are attached to the air waybill.

☐ This consignment includes species as described in other applicable national legislation.

☐ In the case of reptiles and amphibians, the animals contained in this shipment are healthy enough to travel by air. They have been examined prior to shipment and are free of any apparent injury and readily recognizable diseases. They are also free of external parasitic infestation, including mites, ticks, and leeches, that can readily be seen under normal lighting conditions.

The shipper accepts that carriers will not be liable for any loss, damage or expense arising from death due to natural causes, or death or injury of any animal caused by the conduct or acts of the live animal itself or of other animals, such as biting, kicking, goring or smothering, nor for that caused or contributed to by the conditions, nature or propensities of the animals. In no event will carrier be liable for death or injury to an animal attendant caused or contributed to by the condition, conduct or acts of animals.

Number of Package(s)	Specific Container Requirement Number (see IATA Live Animals Regulations)	Species (description and names — scientific and common) and Quantity of Animals

Name and address of shipper... .... Signature of shipper.. Date.......................... 　　Year/Month/Day　(See reverse side for special conditions)	Shippers failure to comply in all respects with the applicable IATA Live Animals Regulations and any other international and/or national government regulations, may be in breach of applicable law and subject to legal penalties.

Air Waybill No.	Airport of Departure	Airport of Destination

---

4. 标签和标记

收运时应检查以下内容：包装容器外部一般都要清楚地写明收货人的姓名和详细地址（与货单一致），应贴有"动物"标签和"不可倒置"标签；对危害人的有毒动物应贴"有毒"（POISONOUS）标签。

图 7-4　活体动物标签与运输标签

5. 仓储

（1）根据动物习性，野生动物包括哺乳动物和爬行动物，喜欢黑暗或光线暗淡的环境，一般放置在安静阴凉处；家畜或鸟类一般置在敞亮的地方。

（2）不可在高温、寒冷、降雨等恶劣天气时露天存放活体动物。

（3）装载活体动物的容器要求与其他货物有一定的隔离距离以便通风。

（4）互为天敌的动物、来自不同地区的动物、发情期的动物不能一起存放。

（5）动物不能与食品、放射性物质、毒性物质、传染物质、灵柩、干冰等放在一起。

（6）实验用动物应与其他动物分开存放，避免交叉感染。

（7）除非托运人有特别要求，承运人不负责给动物喂食、喂水。

（8）经常存放动物的区域应定期清扫，清扫时应将动物移开。

6. 运输

（1）必须在订妥全程舱位之后方可收运。

（2）动物运输不办理运费到付。

（3）动物运输应尽量利用直达航班；如无直达航班，应尽量选择中转次数少的航班；在夏季以及气候炎热地区应尽量利用早晚航班。

（4）注意动物运达目的站的日期，尽量避开周末和节假日，以免动物运达后延误交付，造成动物死亡。

（5）托运人应通知收货人及时到达目的站提取货物。

（6）动物在运输过程中，由于自然原因而发生的病、伤或死亡，承运人不负责任；除非证明由于承运人造成的责任。

（7）由于托运人的过失或违反承运人的运输规定，致使动物在运输过程中造成对承运人或第三者的伤害或损失时，托运人应负全部责任。

（8）动物在运输途中或到达目的地后死亡所产生的一切处理费用，应由托运人或收货人承担。

五、能力实训

【实训任务】托运人要将一只名贵小狗从北京运往新加坡，代理人如何向航空公司托运？

单元三
危险货物收运

案例：波士顿空难

1973 年，一架从纽约起飞的货机空中起火，在波士顿机场迫降时飞机坠毁，机组人员全部遇难。

原因：货舱中的货物有未如实申报的危险品：硝酸。

调查结果：

托运人签署了一份空白"托运人危险品申报单"给货代；

供货商用卡车将货物送交货代，货代将货物交给包装公司做空运包装；包装公司不了解硝酸的包装要求，将装有 5 升硝酸的玻璃瓶放入一个锯末做吸附和填充材料的木箱中。这样的包装共有 160 个。

一些工人在包装外粘贴了方向性标签，一些人则没有贴。

货物在交运时，货运单上的品名被改成了"电器"，危险品文件在操作过程也丢失了。这 160 个木箱在装集装器时，粘贴了方向性标签的木箱是按照向上方向码放的，而未粘贴方向性标签的木箱被倾倒了。

硝酸（Nitric Acid）分析：

为无色透明发烟液体。事后用硝酸与木屑接触做试验，证明硝酸与木屑接触后会起火：8 分钟后冒烟；16 分钟后木箱被烧穿；22 分钟后爆燃；32 分钟后变为灰烬。到达巡航高度时，因瓶子的内外压差，造成瓶帽松弛，硝酸流出与木屑接触后起火了。实际起火的木箱可能不超过 2 个，但它导致了整架飞机的坠毁。

一、学习目标

能力目标	知识目标
● 能制订危险品收运方案 ● 能按操作规则进行危险品收运操作	● 掌握危险品和隐含危险品的含义与类型 ● 掌握危险品的一般规定和收运条件 ● 掌握危险品收运操作规则与注意事项

二、项目任务

【项目背景】

捷达顺国际货运代理公司接到客户上海 A 公司托运一票危险品出口到鹿特丹。

【任务一】 如何填制危险品申报单

【任务二】 在货运单操作说明栏"Handling Information"中填制规定内容

【任务三】 该票货物的包装上是否应该贴标签？如何贴标签？

【任务四】 案例分析：实为腐蚀性危险品却谎报货名欲蒙混过关

三、操作示范

任务一 如何填制危险品申报单

托运人托运危险品时应正确、如实地填写一式两份的托运人危险品申报单，签字后一份交给始发站留存，另一份随货物到达目的站。该表格可用黑色和红色印制在白纸上，或只用红色印制在白纸上。表格左、右两边的斜纹影线必须使用红色。申报单尺寸应与 A4 纸型一致。

申报单必须由托运人填写、签字并对申报的所有内容负责。

任何代理人都不可替代托运人签字。

承运人不接受经变动或修改的申报单，除非签署人对某项变动或修改再次签名。DGD 签署人签字栏必须由签署人手写姓名，不可以打印。

表 7-4　　　　　　　　危险货物安全适运申报单

Declaration on Safety and Fitness of Dangerous Goods

（散装液体物质）

（Bulk Liquids）

发货人（名称、地址）： Shipper（name，address）：	Zhejiang Yukang BiO-pharmaceutical Co. Ltd	承运人名称（或其代理人）： Carrier（or its agent）：	
货物种类（在相应的方框内填上"×"）： Kinds of goods（Insert "×" in appropriate box）：		□散化　　　□液化气　　　□散装油类 Bulk chemical　Liquefied gas　　Bulk oil	
船名： Carrier's name：		航次： Voyage No.：	
装货港： Port of Loading：		卸货港： Port of Discharging：	

续表

正确运输名称※；污染物类别；危规编号；数量；闪点（闭杯）；可燃上下；自燃温度；沸点；液体相对密度；蒸气密度；蒸气压力（20℃/37.8℃）；水中溶解度；黏度；酸度；TLV（ppm）；LC50；LD50（口服/皮肤）；导电率（ps/m）；液化温度和压力 Proper Shipping Name※；IMO pollution Category；UN No.；Quantity；Flash Point（closed cup）；Flammability Limits；Autoignition Temperature；Boiling Point；Relative Density of Liquid；Vapour Density；Vapour Pressure；Solubility in Water；Viscosity；Acidity；TLV（ppm）；LC50；LD50（oral/skin）；Conductivity（ps/m）；Temperature&Pressure of Liquefaction

注：以上货物特性根据货物种类填写合适项目。
Remarks：Please fill in the proper columns with cargo Properties according to the cargo classification.

※不能仅使用贸易或专利名称。
Proprietary/trade names alone are not sufficient.

附加资料：
Additional information：

货物反应性：
Reactivity of the cargo：

应急措施（溢漏需采取的措施、有效灭火剂、其他应急措施）：
Emergency measures（The measures taken for spill, effective fire extinguishing agent and other emergency measures）：

人员防护：
Personnel Protection：

声明：
已按规定全部并准确地填写了上述拟交付载运的危险货物的正确名称、危规编号、危险特性等应申报事项，货物在各方面均符合安全适运条件。以上申报准确无误。
Declaration：
I hereby declare that declaration is fully and accurately described above by the proper shipping name, UN No., hazards property, etc. The goods is in all respects in good condition for transport by sea.
申报员（签字）：
Declarer（signature）：
申报员证书编号：
Declarer certificate No.：

申报单位名称（盖章）
Name of Declare Unit（seal）
填报日期：
Applying Date：

主管机关签注栏：
Remarks by the Administration：

紧急联系人姓名
Emergency Contact person's Name

电话
Tel

任务二　在货运单操作说明栏"Handling Information"中填制规定内容

当危险品进行航空运输时，货运单必须按照危险品规则的具体要求进行填写。托运人应当对航空货运单上所填关于货物的说明和声明的正确性负责。

货物的品名应如实申报，禁止以非危险品品名托运危险品。

在货运单的操作说明栏"Handling Information"中注明如下内容："Dangerous goods as Per Attached Shipper's Declaration"或"Dangerous goods as Per Attached DGD"。

FIGURE 8.2.A
Consignment Containing Dangerous Goods for Which a Shipper's Declaration is Required for a Passenger Aircraft Shipment:

Airport of Destination	Requested Flight/Date	Amount of Insurance	INSURANCE - If carrier offers insurance, and such insurance is requested in accordance with the conditions thereof, indicate amount to be insured in figures in box marked "Amount of Insurance".
Handling Information			
Dangerous Goods as per attached Shipper's Declaration			SCI

No. of Pieces RCP	Gross Weight	kg lb	Rate Class / Commodity Item No.	Chargeable Weight	Rate / Charge	Total	Nature and Quantity of Goods (incl. Dimensions of Volume)
							Chemicals

任务三　如何在危险货物的包装上贴标签？

1. 贴危险性标签

危险性标签的粘贴规则：

标签应粘贴在包装件的正确位置上，最好与运输专用名称、UN 编号及托运人、收货人的姓名地址粘贴于同一侧面。

标签必须牢固地粘贴或印制在包装件上，必须全部可见，不准被包装的任何部分或其他标签所遮盖，标签所处的背景必须与标签形成鲜明的颜色对比。

危险性标签只要求在包装件一侧粘贴。

主要危险性标签与次要危险性标签相邻，主要危险性标签贴在左或上侧，次要危险性标签贴在右或下侧。

2. 贴操作标签

操作标签的粘贴规则：

方向性标签必须粘贴或印制在包装件相对的两个侧面上，包装件必须按照箭头所示方向处理和装载。

　　放射性物品的标签必须贴在包装件的两个相对的侧面上。

　　"冷冻液体"操作标签必须与非易燃气体危险性标签同时使用〔见图 7 - 6（a）〕。

　　"远离热源"标签必须和含有 4.1 项自身反应物质或 5.2 项有机过氧化物的包装件或合成包装的危险性标签同时使用。贴有"远离热源"标签的货物必须避免阳光直射，放置在阴凉且通风良好的地方，远离各种热源。

　　"仅限货机"标签必须使用在只允许货机运输的危险品包装件，及由于货物净数量的限制只能用货机运输的包装件上。"仅限货机"标签必须与危险性标签相邻粘贴。

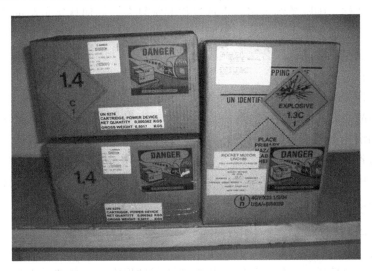

　　任务四　案例分析：实为腐蚀性危险品却谎报货名欲蒙混过关

　　运输泄漏导致飞机报废，马来西亚航空公司和 5 家境外保险公司联合向大连化建及货物代理人等 6 家单位索赔 8000 多万美元巨额赔偿。历经五年审理，一审判决，驳回马航全部诉讼请求，判决大连化建赔偿原告中的四家保险公司 6506 万美元。

　　案例详情：

　　2000 年 2 月，中国化工建设大连公司委托马航承运两个集装箱 80 桶"8 - 羟基喹啉"的化工产品从北京运至印度马德拉斯，并表示，该化工产品为固体粉末。大连大通国际运输有限公司为出口货运代理人。3 月 15 日，马航公司 MH085 号航班从北京飞往吉隆坡。当晚，飞机抵达吉隆坡机场。装卸工人进入飞机货舱准备卸货时，发现货物为液体，且已发生大量泄漏。其中 5 名装卸工因为吸入有害气体，突发晕厥，后经抢救脱离危险。该架飞机在吉隆坡停留两天，乘客和其他货物改其他航班。最后鉴定整架飞机全毁，只有两个发动机勉强是好的。当时大连化建回复表示，托运的不是 "8 – 羟基喹啉"，而是 80 桶草酰氯。草酰氯是无色发烟液体，属酸性腐蚀化学物品，具有刺鼻气味，并对人体具有侵害力，属于危险货物。

机场发现：箱中的 40 个铁桶没有经过固定直接分两层码放，只占了集装箱 1/3 的体积。经过颠簸运输，上层铁桶塌陷下来与下层发生严重碰撞，造成两个铁桶泄漏，导致飞机严重受损。马航表示如果客户提前说明是草酰氯这样的液体危险物品，马航会加固运送。最后马来西亚民航局下令销毁这批 "有害物质" 草酰氯。

2001 年 2 月，法国空中客车飞机制造公司对飞机状况进行评估，修理成本将可能超过 8900 万美元，大大超过飞机全额保险金 9500 万美元的 75%，而且即使勉强修理好，也得不到飞行安全保障，据此推定飞机全损，已无修理价值。随后，五家保险公司对马航进行了全额 9500 万美元的赔偿。

审理共用 5 年时间，其中上诉管辖 1 年，交换证据 3 年，由于原被告、证人众多且多在国外，仅质证就用了 3 年时间，案件法律关系涉及运输、买卖、委托、保险等多个方面，适用的法律、国际条约繁多，审理过程非常复杂。如何认定危险品在境外的损害后果是案件审理的最大难点。判决书表明，马航没有实质性核查义务，不可能事先知晓所运送货物为航空危险品，其合法权益应当受到保护。

案例点评：

大连化建作为出口货物的托运人，有义务告知马航货物的真实属性，然而其违反规定，以非危险品之名托运危险品，对事故及相关损害发生存在过错，即使大连化建对所运货物确不知情，也属于其过失行为，且其行为与事故及相关损害的发生有直接因果关系，已构成对各原告的侵权行为，应当承担相应的事故损害赔偿责任。法院判决大连化建赔偿曼班通用保险公司等 5 家境外保险公司 6000 余万美元并支付相应利息。

四、知识要点

（一）危险货物的定义

危险货物（Dangerous Goods，DGR）是指具有燃烧、爆炸、腐蚀、毒害、放射射线、传染、污染等性质，在航空运输、装卸和储存过程中，可能造成人身伤害、财产安全或对环境损害而需要特别防护的货物。

（二）危险货物种类

国际上按具有的危险性严重程度将危险货物分为九个类别，分列如下：

第 1 类：爆炸品；

第 2 类：易燃气体；

第 3 类：易燃液体；

第 4 类：易燃固体、易于自燃的物质、遇水放出易燃气体的物质；

第 5 类：氧化性物质和有机过氧化物；

第 6 类：毒性物质和感染性物质；

第 7 类：放射性物质；

第 8 类：腐蚀性物质；

第 9 类：杂项危险物质和物品。

（三）常见的隐含危险品类别

在托运人申报的货物中，可能隐含有某些危险品，而这些危险品不易从托运人的申报中确定其属性。对此，从事货物准备的人员和收运人员应对怀疑含有危险品的货物、邮件、行李或备用品进行检查。

要从货运部门获得关于任何怀疑含有危险品的证实。如果发现收运的货物、邮件或行李中有任何可疑的迹象，必须要向货物收运人员或危险品专家寻求帮助。例如：

1. 停场飞机部件，AIRCRAFT ON GROUND（AOG）SPARES：可能含有爆炸物品、化学氧气发生器、不能使用的轮胎装置、钢瓶或压缩气体（氧气瓶、二氧化碳气瓶、氮气瓶或灭火瓶）油漆、黏接剂、气溶胶、救生器材、急救箱、设备中的燃油、湿电池或锂电池、火柴等。飞机配件/飞机设备，AIRCRAFT SPARE PARTS/AIRCRAFT EQUIPMENT：同"停场飞机部件"。

2. 汽车、汽车零部件（轿车、机动车、摩托车），AUTOMOBILES、AUTOMOBILES PARTS（CAR，MOTOR，MOTORCYCLE）：可能含有磁性物质，此类物质虽不符合对磁性物质的定义，但可能因影响飞机仪表而需要特殊装载。也可能含有发动机、汽化器、含有燃油或曾经装有燃油的油箱、轮胎充气设备中的压缩气体、湿电池、灭火瓶、含氮的减震器/支架、气囊冲压器/气囊组件等。

3. 呼吸器，BREATHING APPARATUS：可能含有压缩空气瓶或氧气瓶，化学氧气发生器或深冷液化氧气。

4. 野营用具，CAMPING EQUIPMENT：可能含有易燃气体（丁烷、丙烷等）、易燃液体（煤油、汽油等）、易燃固体（四氮六甲圜、火柴等）或其他危险品。

5. 轿车、轿车零部件，CARS、CAR PARTS：见汽车、汽车零部件等。

6. 化学品，CHEMICALS：可能含有任何类别符合危险品定义的物质，尤其是易燃液体、易燃固体、氧化剂、有机过氧化物、毒性或腐蚀性物质。

7. 公务货，COMAT（COMPANY MATERIALS）：这些如飞机零件可能含有危险品，如旅客服务设备中的化学氧气发生器、多种压缩气体（氧气、二氧化碳、氮气）、气体打火机、气溶胶、灭火瓶、易燃液体（油漆、黏接剂、燃油）、腐蚀性物质（电池）、急救箱、救生器材、信号弹、火柴、磁性材料等。

8. 集运货物，CONSOLIDATED CONSIGNMENTS（GROUPAGES）：可能含有任何种类的危险品。

9. 低温物质（液体），CRYOGENIC（LIQUID）：指冷冻液化气体，如氩、氦、氖、氮等液化气体。

10. 气瓶，CYLINDERS：可能有压缩或液化气体。

11. 牙科器械，DENTAL APPARATUS：可能含有易燃树脂或溶剂、压缩或液化气体、汞或放射性物质。

12. 诊断标本，DIAGNOSTIC SPECIMENS：可能含有感染性物质。

13. 潜水设备，DIVING EQUIPMENT：可能含有装有压缩气体的钢瓶（潜水呼吸器及救生衣上的气瓶，内含氧气或空气）、在空气中运转时可能产生极高热量的高照明度的潜水灯具。为载运安全，灯泡或电池必须断开连接。

14. 钻探及采矿设备，DRILLING AND MINING EQUIPMENT：可能含有炸药和（或）其他危险品。

15. 干式冷冻容器（可挥发蒸汽的容器），DRY SHIPPER：可能含有液体氮。当冷冻容器未按正确方向放置则会释放出液体氮时，属于危险品。

16. 电气设备，ELECTRICAL EQUIPMENT：开关盒或电子管内可能含有带磁性的物品或汞。也可能含有湿电池。

17. 电动器械（轮椅、割草机、高尔夫球车等），ELECTRICALLY POWERED APPARATUS（WHEELCHAIRS, LAWN MOWERS, GOLF CARTS, ETC.）：可能装有湿电池。

18. 探险设备，EXPEDITIONARY EQUIPMENT：可能含有爆炸物质（照明弹）、易燃液体（汽油）、易燃气体（丙烷、野营用气体）或具有其他危险的危险品。

19. 影片摄制组或媒体器具，FILM CREW OR MEDIA EQUIPMENT：可能含有爆炸物质的烟火装置、内燃机发生器、湿电池、燃料、热能发生器等。

20. 冷冻胚胎，FORZEN EMBRYOS：可能含有冷冻液化气体或固体二氧化碳（干冰）。

21. 冷冻水果、蔬菜等，FROZEN FRUIT、VEGETABLES, ETC.：包装内可能含有固体二氧化碳（干冰）。

22. 燃料，FUELS：可能含有易燃液体，易燃固体或易燃气体。

23. 燃料控制器，FUEL CONTROL UNIT：可能含有易燃液体。

24. 热气球，HOT AIR BALLOON：可能含装有易燃气体的钢瓶、灭火器、内燃机、电池等。

25. 家庭用品，HOUSEHOLD GOODS：可能含有符合危险品标准的物品，包括易燃液体如溶剂型油漆、黏合剂、上光剂、气溶胶、漂白剂等、炉灶或排水管清洁剂、弹药、火柴等。

26. 仪器，INSTRUMENTS：可能包括含有汞的压力计、气压计、水银转换器、整流管、温度计等物品。

27. 实验/试验设备，LABORATORY/TESTING EQUIPMENT：可能含有符合危险品标准的物品，特别是易燃液体、易燃固体、氧化剂、有机过氧化物、毒性或腐蚀性物质。

28. 机械部件，MACHINERY PARTS：可能含有胶粘剂、油漆、封漆、胶溶剂、湿电池或锂电池、汞、含压缩或液化气体的钢瓶等。

29. 磁铁或类似物，MAGNETS AND OTHER ITEMS OF SIMILAR MATERIAL：可能单独或累积地符合磁性物质的标准。

30. 医疗用品，MEDICAL SUPPLIES：可能含有符合危险品标准的物品，特别是易燃液体、易燃固体、氧化剂、有机过氧化物、毒性或腐蚀性物质。

31. 金属建筑材料，金属栅栏，金属管材 METAL CONSTRUCTION MATERIAL，METAL FENCING，METAL PIPING：可能含有因影响飞机仪表而需要符合特殊装载要求的铁磁性物质。

32. 汽车部件（轿车、机动车、摩托车），PARTS OFAUTOMOBILE（CAR，MOTOR，MOTORCY-CLE）：可能含有湿电池等。

33. 旅客行李，PASSENGERS BAGGAGE：可能含有符合危险品标准的物品，包括烟花爆竹、易燃家用液体，腐蚀炉或排水管清洁剂，易燃气体或液体的打火机填加剂，或野营炉灶钢瓶、火柴、弹药、漂白粉，根据《危险品规则》第2.3节规定不允许运输的气溶胶等。

34. 医药品，PHARMACEUTICALS：可能含有符合危险品标准的物品，特别是放射性物质、易燃液体、易燃固体、氧化剂、有机过氧化物、毒性或腐蚀性物质。

35. 摄影用品，PHOTOGRAPHIC SUPPLIES：可能含有符合危险品标准的物品，特别是热发生装置、易燃液体、易燃固体、氧化剂、有机过氧化物、毒性或腐蚀性物质。

36. 促销材料，PROMOTIONAL MATERIAL：见"旅客行李"。

37. 赛车或摩托车队设备，RACING CAR OR MOTORCYCLE TEAM EQUIPMENT：可能含有发动机、汽化器、含燃油或残余燃油的油箱、易燃气溶胶、压缩气体钢瓶、硝基甲烷、其他燃料添加剂或湿电池等。

38. 冰箱、冷柜、空调，REFRIGERATORS：可能含有液化气体或氨溶液。

39. 维修工具箱，REPAIR KITS：可能含有有机过氧化物、易燃胶粘剂、溶剂型油漆、树脂等。

40. 测试样品，SAMPLES FOR TESTING：可能含有符合危险品标准的物品，特别是感染性物质、易燃液体、易燃固体、氧化剂、有机过氧化物、毒性或腐蚀性物质。

41. 精液，SEMEN：包装内可能使用固体二氧化碳（干冰）或冷冻液化气体。另见"DRYSHIPPER"。

42. 演出、舞台和特殊效果的设备，SHOW、MOTION PIC‐TURE、STAGE AND SPECIALEF-FECTS EQUIPMENT：可能含有易燃物质，爆炸品或其他危险品。

43. 游泳池化学剂，SWIMMING POOL CHEMICALS：可能含有氧化或腐蚀性物质。

44. 电子设备或仪器的开关，SWITCHES IN ELECTRICAL EQUIP‐MENT OR INSTRUMENTS：可能含有汞。

45. 工具箱，TOOL BOXES：可能有爆炸品（射钉枪），压缩气体或气溶胶，易燃气体（丁烷筒），易燃胶粘剂或油漆、腐蚀性液体等。

46. 火炬、发光棒，TOUCHES：微型火炬及发光棒可能含有易燃气体且装备有电启动器。大型火炬可能由火炬头（通常带有自燃开关）和含有易燃气体的容器或气瓶组成。

47. 旅客作为货物运输的行李/私人物品，UNACCOMPANIED PASSENGERS BAGGAGE/PERSONAL EFFECTS：可能含有符合危险品标准的物品，包括焰火、易燃家用液体，腐蚀炉或排水管清洁剂，易燃气体或液体打火机填加剂，野营炉灶钢瓶、火柴、弹药、漂白粉、气溶胶等。

48. 疫苗，VACCINES：包装内可能有固体二氧化碳（干冰）。

49. 船舶备件，SHIP'S PARES：可能含有爆炸品、压缩气体钢瓶、油漆、锂电池等。

观察与思考：危险品有危险，为什么还运输？

许多有商业需求的物品都是危险品，如医药中间体、油漆、电池、有时效性的医用同位素以及冷冻物品等，有时航空运输是这些物品的唯一选择；有些危险品是飞机满足适航和运营要求所必需的，如航空油料、航空电池、灭火器及救生器材。对机场而言，危险品直接关系到人们的生命和国家财产安全，要保证机场的正常运营，打击违法犯罪、防恐、反恐。

正确地操作这些物品是生死攸关的事情。运输实践证明：只要掌握危险品的性质和变化规律，准确鉴别危险品与非危险品，正确地识别、分类，认真做好包装、标记、标签、装卸、存储、保管防护和托运手续及准备好文件，严格控制可能导致发生事故的各种外界条件，危险品是完全可以安全运输的。

所有与飞行安全有关联人员都要履行各自的职责，接受危险品知识的训练。

飞行安全关联图

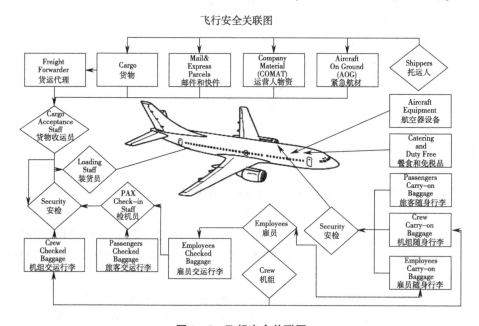

图 7-5　飞行安全关联图

（四）危险货物收运条件

1. 遵循《危险品规则》等相关规则

（1）国际民用航空运输协会 IATA：《危险品规则》。《危险品规则》（*Dangerous Goods Regulations*，DGR）是国际民用航空运输协会 IATA 根据芝加哥公约附件 18 和 ICAO 技术指南的内容编制，国际航协组织了一些危险品运输专家每年对 DGR 的内容进行修改。DGR 以运输专用名称的顺序公布了各种危险品的包装、标签、数量等方面的要求。由于手册使用方便，可操作性强，在世界航空运输领域中作为操作性文件被广泛使用，所有的承运人和代理人都统一使用最新出版的 DGR。

（2）我国民航目前适用的主要法律、法规：《中华人民共和国民用航空法》《中国民用航空货物国际运输规则》《中国民用航空危险品运输管理规定》（民航总局令 121

号 CCAR－276）等。

2. 危险品运输文件

（1）托运人危险品申报单如表 7－5 所示。

表 7－5 托运危险物品申报单

<table>
<tr><td colspan="3">SHIPPER'S DECLARATION FOR DANGEROUS GOODS</td></tr>
<tr><td colspan="2">Shipper
ABC Company
1000 High Street
Youngville, Ontario
Canada</td><td>Air Waybill No.   800   1234   5686

Page 1 of 1 Pages
Shipper's Reference Number
      (optional)</td></tr>
<tr><td colspan="2">Consignee
CBA Lte
50 Rue de la Paix
Paris 75 006
France</td><td>For optional use
for
Company logo
name and address</td></tr>
<tr><td colspan="2">Two completed and signed copies of this Declaration must
be handed to the operator.</td><td>WARNING</td></tr>
<tr><td colspan="2">TRANSPORT DETAILS</td><td rowspan="3">Failure to comply in all respects with the applicable
Dangerous Goods Regulations may be in breach of
the applicable law, subject to legal penalties.</td></tr>
<tr><td>This shipment is within the limitations prescribed for:
(delete non-applicable)
~~PASSENGER AND CARGO AIRCRAFT~~ | CARGO AIRCRAFT ONLY</td><td>Airport of Departure:

Youngville</td></tr>
<tr><td>Airport of Destination:</td><td>Paris, Charles de Gaulle</td></tr>
<tr><td colspan="3">Shipment type: (delete non-applicable)
NON-RADIOACTIVE | ~~RADIOACTIVE~~</td></tr>
</table>

NATURE AND QUANTITY OF DANGEROUS GOODS

Dangerous Goods Identification		Class or Division (Subsidiary Risk)	Pack-ing Group	Quantity and type of packing	Packing Inst.	Authorization
UN or ID No.	Proper Shipping Name					
UN1816	Propyltrichlorosilane	8 (3)	II	3 Plastic Drums x 30 L	813	
UN3226	Self-reactive solid type D (Benzenesulphonyl hydrazide)	Div. 4.1		1 Fibreboard box x 10 kg	430	
UN1263	Paint	3	II	2 Fibreboard boxes x 4 L	305	
UN1263	Painte	3	III	1 Fibreboard box x 30 L	309	
UN3166	Vehicle, flammable liquid powered	9		1 automobile 1350 kg	900	
UN3316	Chemical kits	9	II	1 Fibreboard box x 3 kg	915	
UN2794	Batteries, wet, filled with acid	8		1 Wooden box 50 kg G	800	

Additional Handling Information

The packages containing UN3226 must be shaded from direct sunlight, stored away from all sources of heat in a well ventilated area.   24-hour Number: +1 905 123 4567

I hereby declare that the contents of this consignment are fully and accurately described above by the proper shipping name, and are classified, packaged, marked and labelled/placarded, and are in all respects in proper condition for transport according to applicable international and national governmental regulations. I declare that all of the applicable air transport requirements have been met.	Name/Title of Signatory B.Smith, Dispatch Supervisor Place and Date Youngville 1 January 2006 Signature (see warning above) *B.Smith*

（2）在货运单中的操作说明栏"Handling Information"注明内容："Dangerous goods as Per Attached Shipper's Declaration"或"Dangerous goods as Per Attached DGD"。

（3）危险货物包装性能检验结果单如表 7－6 所示。

表 7 – 6 危险货物包装性能检验结果单

中华人民共和国出入境检验检疫
出入境货物包装性能检验结果单

正 本

编号 120600311000452

申请人	天津市津旺达纸制品有限公司				
包装容器名称及规格	双瓦楞纸箱 35X35X35CM		包装容器标记及批号	4GV/X25/S/10 CN/120029 P1: 003	
包装容器数量	**50**	生产日期	自 2010 年 3 月 2 日至 2010 年 3 月 12 日		
拟装货物名称	化工品	状态	固态	比重	***
检验依据	《国际空运危险货物规则》		拟装货物类别（画"×"）	☒危险货物 ☐一般货物	
			联合国编号	***	
			运输方式	空运	
检验结果	按《国际空运危险货物规则》对样品进行性能测试的结果表明， 该包装容器符合 I 类包装要求。 * * * * * * * * 签字 李景云　　　日期：2011				
包装使用人	中外运空运发展股份有限公司浙江分公司				
本单有效期	截止于 2011 年 9 月 30 日				

分批使用核销栏	日期	使用数量	结余数量	核销人	日期	使用数量	结余数量	核销人

说明：1. 当合同或信用证要求包装检验证书时，可凭本结果单向出境所在地检验检疫机关申请检验证书。
　　　2. 包装容器使用人向检验检疫机关申请包装使用鉴定时，须将本结果单交检验检疫机关核实。

[3-2(2006.8.1)※1]

B 5230642

3. 危险品包装

按照危险品的危险程度，其包装被划分为 I 级、II 级、III 级三个等级。

（1）危险品的包装形式。

单一包装：由单一材料制成的包装，如塑料桶/钢桶等。

组合包装：由内包装和外包装组成。内包装一般由罐/瓶等组成，材质可以是玻璃/塑料/陶土铝/铁等。外包装一般由桶/箱等组成，材质可以是钢/铝/胶合板/纤维板/木材等。

（2）危险品的包装类型。

联合国 UN 规格包装是按照国家主管当局认可的质量保障程序进行的，经过了跌落测试/堆码测试/防渗漏测试/内压测试。联合国规格包装可以是组合包装，也可以是单一包装。

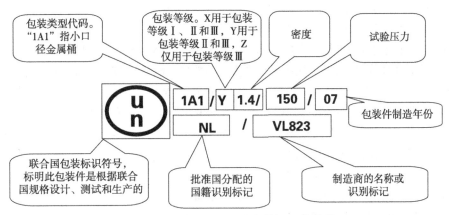

图 7-6　联合国 UN 规格包装标示说明图

图 7-7　联合国 UN 规格包装图

（五）存储

危险品按危险性不同类别、项别分别放置在不同的仓库中或不同的区域内。

仓库及其附近区域严禁使用明火，严禁吸烟。

危险品仓库内外明显位置应明示应急电话号码。

消防设备完善，消防器材齐备。

（六）运输

1. 客机与货机的装载限制

除旅客和机组可以携带的危险品及放射例外危险品外，一般是不能将危险品装入飞机驾驶舱和客舱的。满足适航性要求安装在飞机上或在飞机上使用或销售的危险品除外。

危险品只能装入满足适航性要求的货舱内。

带有仅限货机标签的危险品，只能装在货机上。

2. 装载原则

（1）预先检查原则：危险品的包装件在组装集器器或装机之前，必须认真检查，包装件在完全符合要求的情况下，才可以继续作业。检查的内容包括：外包装无漏洞、无破损，包装件无气味、无任何漏泄及损坏的迹象。

检查包装件上的危险性标签和操作标签正确无误、粘贴牢固，包装件的文字标记（包括运输专用名称、UN 或 ID 编号、托运人和收货人的姓名及地址）书写正确，字迹清楚。

（2）方向性原则：装有液体危险品的包装件均要求贴有"向上"标签，在搬运、装卸、集装板或集装箱装机的全过程中，必须按该标签指向保持包装件直立向上。

（3）轻拿轻放原则：在搬运或装卸危险品包装件时，无论采取人工操作还是机械操作，都必须轻拿轻放，切忌磕、碰、摔、撞。

（4）固定货物、防止滑动原则：危险品包装件装入飞机货舱后，装载人员应该设法固定。防止危险品在飞行中倾倒或翻滚，造成破坏。

3. 不相容危险品的装载和隔离

有些不同类别的危险品，互相接触时可以发生危险性很大的化学反应，称为性质抵触的危险品。为了避免这样的危险品在包装件偶然漏损时发生危险的化学反应，必须在存储和装载时对它们进行隔离。

（七）危险品标签

1. 危险性标签（正方形倾斜 45 度角）

所有类别大多数危险品都需要贴此类标签。危险性标签分为上下两部分，标签的上半部用于标示图形符号，下半部用于标示适用的类、项及配装组，如第 1 类爆炸品要注明配装组字母，还可以有文字说明危险性质，文字应使用英文，除非始发国要求使用其他文字，在这种情况下应该标有英语译文（见表 7-7）。但除了第 7 类放射性物质，这些文字的显示不是必需的，除非由于国家或运营人差异而要求必须使用文字。

表 7-7　　　　　　　　　危险性标签图表

表示分类	分类·区分	ICAO/IATA CODE	分类·区分标识	主要品名
1	火药类	1.3G（RG×）1.4S（R×S）等		放烟筒、花炮、导火线、爆发钉等（爆发性非常弱的物品可以装载）（只有区分1.4S的物品可装入客机）
2	引火性瓦斯	2.1（RFG）		小型燃料瓦斯气瓶、抽烟用气体打火机、引火性烟雾气
	非引火性、非毒性瓦斯	2.2（RNG）（RCL）		消化器、压缩酸素、液体窒素、液体氨、非引火性烟雾气、冷冻用瓦斯类等深冷液化瓦斯（RCL）

续表

表示分类	分类·区分	ICAO/IATA CODE	分类·区分标识	主要品名
2	毒性瓦斯	2.3（RPG）		一氧化碳、氧化乙烯、液体氨等（只有货机可以装载）
3	引火性液体	3（RFL）		汽油、油漆、印刷墨、香料、灯油、酒精、黏合剂等
4	可燃性物质	4.1（RFS）		安全火柴、硝纤象牙、金属粉末、磷、硫黄等
	自燃性物质	4.2（RSC）		活性炭、硫化钠、金属催化剂等
	与水反应的可燃性物质	4.3（RFVV）		钙、碳化物、镁、钡、碱土金属合金等
5	氧化性物质	5.1（ROX）		化学氧气发生器、过氧化水素水、盐素酸盐类、硫酸铵肥料等
	有机过氧化物	5.2（ROP）		甲醇、己基、酮、醛氧化物（树脂或封印催化剂）等

续表

表示分类	分类·区分	ICAO/IATA CODE	分类·区分标识	主要品名
6	毒物	6.1（RPB）		杀虫杀菌剂、消毒剂、染料、水银化合物、医药品等
	易染病毒物质	6.2（RIS）		细菌、病毒、医药用废弃物等
7	放射性物质 L型运送物国际（Excepted Package）	7（＊RRE）＊JAL内CODE		空容器、机器内置放射能量非常少的物质、输送物表面最大线量当量率为5μSv/h以下
	A型运送物（第Ⅰ类）	7（RRVV）		输送物表面最大线量当量率500μSv/h以下 输送指数0
	A型运送物（第Ⅱ类）	7（RRY）		输送物表面最大线量当量率500μSv/h以下 输送指数0.1~1.0
	A型运送物（第Ⅲ类）	7（RRY）		输送物表面的最大线量当量率2mSv/h以下 输送指数1.1~10.0
8	腐蚀性物质	8（RCM）		酸类、碱类、电池（内含电池液物质）、人的皮肤·金属坏死·腐蚀物质等
9	其他的有害物件	9（RMD）（ICE）（RSB）（MAG）		RMD 除以下危险物以外的物质、内燃机（车等）、少量化妆品等 ICE 干冰 RSB MAG 磁性物质

续表

表示分类	分类·区分	ICAO/IATA CODE	分类·区分标识	主要品名
10	微量危险品	（＊REQ） ＊JAL内CODE		根据内容物、一包内容量的一定值以下的物质
使用标识	深冷液化瓦斯专用	RCL		深冷液化过的窒素瓦斯、氩瓦斯等
	货机专用	CAO		内容物、一包的内容量、只有货机可能装载物质
	不可颠倒			装液体使用的组合容器（相对两面）

2. 操作标签（矩形）

某些危险品需贴此种标签，有些可以单独使用（例如：磁性物质MAG、放射例外RRE、例外数量的危险品REQ、电池驱动的轮椅和移动辅助工具标签），有些要同危险性标签同时使用，如仅限货机CAO、深冷液化气体RCL、远离热源标签等（见图7-8）。

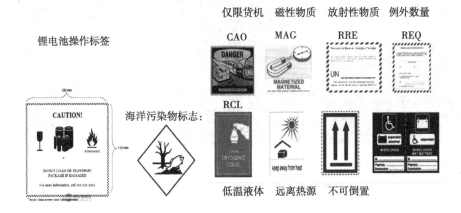

图7-8　危险品运输——操作标签

（八）危险品标记

1. 基本标记

作为最基本的要求，每个含有危险品的包装件或合成包装都需要清晰地标示出来（见图7-9）。

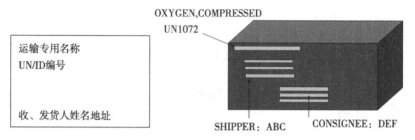

图7-9　包装标记

（1）运输专用名称（需要时补充以适当的技术名称）；

（2）UN或ID编号（包括前缀字母UN或ID）；

（3）托运人及收货人名称及地址。

2. 附加标记

包装件的每一侧面或桶形包装件每隔120度角应印上"KEEP UP RIGHT（保持直立）"。在包装件表面必须印上"DO NOT DROP—HANDLE WITH CARE（勿摔—小心轻放）"。

【知识拓展一】疑似危险品的处置

1. 托运人交运货物应注意

托运人交运货物时，应遵照国家法律法规，如实申报货物品名，禁止以非危险品品名托运危险品。

2. 代理人收揽货物应注意

代理人在收揽货物时，应根据前面学到的隐含危险品的知识，核对托运人提供的品名、文件和货物，确保普货中没有隐含的危险品方可将货物交给货物收运人员。

3. 货物收运人员应注意

4. 怎样判断货物中有无隐含的危险品

（1）按中国民用航空局《中国民用航空危险品管理规定》（CCAR—276）的规定接受危险品知识的训练，特别是有关隐含危险品的相关知识。

（2）查看品名和货物，查看相关运输文件（发票或装箱单），包装是否是 UN 包装，包装表面是否有危险品标签或标记。

（3）请托运人提供安全技术数据（MSDS）。

（4）到政府认可的鉴定部门检测。

（5）当托运的货物是集运货物（Consolidation 见名词解释）时，应检查运单上随附的清单或分舱单。

（6）货物通过 X - 光安检仪器检查。

经过检查是危险品的按规定运输；不是危险品的，按普通货物收运。在托运书及货运单上的品名栏内注明"非危险品"，属国际运输的还应注明"Not Restricted"。

【知识拓展二】危险品紧急情况处置程序

1. 危险品的事故和事件

危险品事故是指与危险品航空运输有关联，造成致命或严重人身伤害或财产损失的事故。

危险品事件不同于危险品事故，但与危险品航空运输有关联，不一定发生在航空器上，但造成人员受伤、财产损失、起火、破损、溢出、液体或放射性物质渗漏或包装未能保持完好等其他情况。任何与危险品航空运输有关并严重危及航空器或机上人员的事件也视为危险品事件。

2. 危险品的事故和事件的报告

无论出现何种类型的危险品事故或事件，都应当向事故或事件发生地所在国报告。初始报告可用各种方式进行，但所有情况下都应尽快完成一份书面报告。该报告应尽可能做到精确，并包括进行报告时已知的所有数据。相关文件的副本与照片应附在书面报告上。

书面报告应当包括以下内容：

（1）事故或事件发生的日期；

（2）事故或事件发生的地点、航班号和飞行日期；

（3）有关货物的描述及货运单、邮袋、行李标签和机票等的号码；

（4）已知的运输专用名称（包括技术名称）和联合国编号；

（5）类别或项别以及次要危险性；

（6）包装的类型和包装的规格标记；

（7）涉及数量；

（8）发货人或旅客的姓名和地址；

（9）事故或事件的其他详细情况；

（10）事故或事件的可疑原因；

（11）采取的措施；

（12）书面报告之前的其他报告情况；

（13）报告人的姓名、职务、地址和联系电话。

3. 未申报或误报危险品的报告

未申报的危险品，如隐含的危险品，或错误申报的危险品，也应向局方报告。

4. 应急处置程序

对于危险品事故/事件应采取及时有效的措施加以处理。根据具体情况，把危害或损失控制在最低限度内。

有关部门的电话号码应醒目地粘贴在仓库、办公室以及作业场所。

五、能力实训

【背景资料】托运人：浙江普洛康裕生物制药有限公司（ZHEJIANG APULOE KAN-GYU BIO - CHEMICAL CO.,LTD., XIASHA, INDUSTRIAL ZONE, HANGZHOU, ZHE-JIANG, 310125, CHINA）。联系人：张方（ZHANGFANG）。TEL：+ 86 - 571 - 56708666。FAX：+86 - 571 - 56708666。

收货人：BOP BIOTEC GMBH, DE - 22849 NORDERSTEDT, BORNBARCH 27。

联系人：CADI BROWN. Tel：+49 - 40 - 8466680。FAX：+ 49 - 40 - 8466682。

唛头及号码：APULOE KANGYU/B（C）/PUNJAB VIA JNPT/MADE IN CHINA/FIPRONIL DRY TC/（MIN. PURITY90%）/610768012。外观：淡黄色澄清液体，久置变红色。联合国危险品编码：2735。

【实训任务1】根据背景资料填制危险货物申报单。

危险货物安全适运申报单
Declaration on Safety and Fitness of Dangerous Goods

发货人（名称、地址）： Shipper（name, address）：		承运人名称（或其代理人）： Carrier（or its agent）：	
货物种类（在相应的方框内填上"×"）： Kinds of goods（Insert "×" in appropriate box）：		□散化　　□液化气　　□散装油类 Bulk chemical　Liquefied gas　Bulk oil	
航空公司： Carrier's name：		航班： Voyage No.：	
装货港： Port of Loading：		卸货港： Port of Discharging：	

续表

Marks $ No. 唛码及号码：		Proper Shipping Name： （品名） Inner Packaging/Quantity/Capacity 内包装材质/数量/容量 Outer Packaging/Quantity/Capacity 外包装材质//数量/容量	
IMO pllution： Total Weight： Gross： Net： Appearance： Toxicity （LD/TLV） Relative and/or Other Hazard： 注：以上货物特性根据货物种类填写合适项目。 Remarks：Please fill in the proper columns with cargo Properties according to the cargo classification.		IMDG： Flash Point （closed cup）： Odour： Specific Gravity：	UN No.： Ignition Point： Boiling Point： ※不能仅使用贸易或专利名称。 Proprietary/trade names alone are not sufficient.
附加资料： Additional information：			
货物反应性： Reactivity of the cargo：			
应急措施（溢漏需采取的措施、有效灭火剂、其他应急措施）： Emergency measures （The measures taken for spill，effective fire extinguishing agent and other emergency measures）：			
人员防护： Personnel Protection：			
声明： 　已按规定全部并准确地填写了上述拟交付载运的危险货物的正确名称、危规编号、危险特性等应申报事项，货物在各方面均符合安全适运条件。以上申报准确无误。 Declaration： 　I hereby declare that declaration is fully and accurately described above by the proper shipping name，UN No.，hazards property，etc. The goods is in all respects in good condition for transport by sea. 申报员（签字）： 　Declarer （signature）： 申报员证书编号： 　Declarer certificate No.：	申报单位名称（盖章） 　Name of Declare Unit （seal） 填报日期： 　Applying Date：	主管机关签注栏： Remarks by the Administration：	
紧急联系人姓名 Emergency Contact person's Name		电话 Tel	
传真 Fax		电子邮箱 E－mail	

【实训任务2】在货运单操作说明栏"Handling Information"中填制规定内容。

No.of Pieces RCP	Gross Weight	Kg lb	Rate Class	Commodity Item no.	Chargeable Weight	Rate Charge	Total	Nature and Quantity of Goods （Incl. Dimensions of Volume）
								SCI

（表头：Handling Information）

【实训任务3】瞒报危险货物和包装不合格处理。

2004年，香港 KA641 航班起飞前发现货舱异常，好像有烟雾产生，两位检查人员打开货舱后，直接中毒晕迷。最后调查结果是有客人瞒报，包装不符合 UN 规格，结果有毒气体泄漏，造成事故。

危险品包装如何符合 UN 规格？

【实训任务4】2006年6月2日，广州国航 CA4302 起飞后，发现货舱有明火，紧急返航。调查结果：有12箱共88千克锂离子聚合物电池组，托运人谎报为电子产品，没有按规定包装，结果货物在起飞后发生碰撞，造成内部短路起火。

锂离子聚合物电池组如何规范包装？

单元四
其他特种货物收运

一、学习目标

能力目标	知识目标
● 能进行贵重物品收运操作	● 掌握贵重物品收运条件
● 能进行超大超重物品收运操作	● 掌握超大超重物品收运条件
● 能进行尸体、骨灰收运操作	● 掌握尸体、骨灰收运条件
● 能进行随身携带行李收运操作	● 掌握随身携带行李收运条件

二、项目任务

【项目背景】

A 公司准备从上海运往首尔 8 枚金币，特委托捷达顺浙江大步国际货运代理有限公司办理货运相关事宜，请问你作为代理人应如何向航空公司交运？

【任务一】 应如何包装这票货物？

【任务二】 容器应贴有哪些标贴？

【任务三】 这票货物的声明价值不得超过多少美元？

【任务四】 在货运单栏"Nature and Quantity of Goods"应该注明什么字样？

三、操作示范

任务一：如何包装这票货物？	用硬质木箱或铁箱包装，不得使用纸质包装，外包装上应用"井"字铁条加固。 装箱接缝处必须有铅封或火漆封志，封志上要有托运人的特别印记。 外包装应写清楚收货人的详细地址，另请通知人和托运人的姓名、地址。
任务二：容器应贴有哪些标贴？	只能使用挂签；除识别标签和操作标签外，不需要任何其他标签和额外粘贴物。
任务三：货物的声明价值不得超过多少美元？	货物的声明价值不得超过 10 万美元。
任务四：在货运单栏"Nature and Quantity of Goods"应该注明什么字样？	在"Nature and Quantity of Goods"栏内填写真实的货物名称，准确净重/内装数量外，还应注明"Valuable Cargo"字样。

四、知识要点

（一）贵重货物收运

1. 定义

对于运输的一批货物中含有下列一种或多种物品，均称为贵重货物（Valuable Cargo，VAL）：

（1）声明价值国际货运毛重每千克价值超过（或等于）1000 美元的任何物品，国内货运毛重每千克价值在 2000 元人民币以上的物品。

（2）黄金（包括提炼或未提炼过的金锭）、混合金、金币以及各种形状的黄金制品，如金粒、片、粉、绵、线、条、管、环和黄金铸造物；白金（铂）类稀有贵重金属（钯、铱、铑、钌、锇）和各种形状的铝合金制品，如铅粒、绵、棒、锭、片、条、网、管、带等；但上述金属以及合金的放射性同位素则不属于贵重货物，而属于危险品，应按危险品运输的有关规定办理。

（3）法定的银行钞票、有价证券、股票、息票、旅行支票及邮票（从英国出发，不包括新邮票）。

（4）钻石（包括工业用钻石）、玉器、红宝石、蓝宝石、绿宝石、蛋白石、珍珠（包括养殖珍珠），以及镶有上述钻石、宝石、珍珠等的饰物。

（5）用金、银等材料制作的珠宝饰物和手表。

（6）金、铂制品（不包括镀金、镀铂制品）。

（7）珍贵文物（包括名人字画、书、古玩等）。

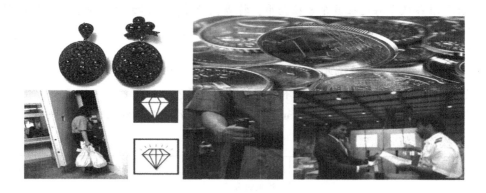

2. 收运条件

在收运贵重货物时要特别注意下列要求：

（1）接受。不能和其他货物放在同一张货运单上运输，否则整票货按贵重物品计价。

包装应采取合适的方法，使货物不致损坏，单件包装的最小尺寸规定应参考各个航空公司的相关规定。

（2）订舱。

①优先使用直达航班。

②收运贵重货物前，必须订妥全程舱位，并符合有关承运人的运输条件。

③如需变更续程承运人，必须得到有关承运人的许可。

④贵重货物如需要特别的安全措施，应在电文中特别注明。如有关航站需采取特别安全措施，如警卫等，由此产生的费用，应由托运人负担，如托运人拒付，航空公司则不予收运。

⑤托运人应预先将货物的航班安排情况通知收货人。

（3）文件。

①货运单

● 详细的托运人、另请通知人和收货人的名称、地址、联系电话。

● 除在"Nature and Quantity of Goods"栏内填写真实的货物名称，准确净重/内装数量外，还应注明"Valuable Cargo"字样。

● 注明已订妥的各航段航班号和日期。

● 贵重货物不可与其他货物作为一票货物运输。

②商业发票（海关放行检查使用）

③其他文件

● 其他文件的名称和操作要求在"Handling Information"栏内注标明。

● 参阅 TACT – Rules 7.3 中有关国家规定。

（4）包装。

①贵重物品应根据其性质用硬质木箱或铁箱包装，不得使用纸质包装，必要时外包装上应用"井"字铁条加固。

②装箱接缝处必须有铅封或火漆封志，封志上要有托运人的特别印记。

③箱内要放有衬垫物，使物品不相互移动和互相碰撞。

④贵重物品的外包装应写清楚收货人的详细地址、另请通知人和托运人的姓名、地址。

（5）标记与标签。

①贵重货物只能使用挂签。

②除识别标签和操作标签外，贵重货物不需要任何其他标签和额外粘贴物。

③货物的外包装上不可有任何对内装物做出提示的标记。

④有押运员押运的贵重物品需要在押运货物包装上加贴"押运"标贴。承运人在货运单储运注意事项栏内注明"押运"字样并写明押运的日期和航班号。

⑤贵重货物装机时，应填写贵重物品交接单，同贵重物品一起与机长交接。

（6）贵重物品计重。

①由托运人提供交运货物的净重，再使用天平或者电子秤对货物逐件称量。

②重量与托运人申报不符的贵重物品不予收运。

③贵重物品的实际毛重保留到0.1千克，0.1千克以下的四舍五入。

（7）声明价值。

①托运人交运贵重货物自愿办理声明价值，需在航空货运单"声明价值"栏内注明声明的金额，并按规定支付声明价值附加费。

②每票货运单货物的声明价值不得超过10万美元。客机的运输中，每航班所装载的贵重物品价值不得超过100万美元。包机运输不超过5000万美元。

③每票货运单货物的声明价值超过10万美元时，应按以下办法：

● 请托运人分批托运，即填开多份航空货运单托运，同时说明由此产生的运费差额或其他费用由托运人负担。

● 告知上级机关，按照给予的答复处理。

（8）仓储。

①贵重货物应存放在贵重货物仓库内，随时记录出、入库情况，货物交接时必须有书面凭证并双方签字。

②保证始发站、中转站、目的站机场均设有贵重货物仓库（可查阅 TACT – Rules 7.3）。

③贵重货物应由机长确认装机位置。小件体积不超过 45cm×30cm×20cm、总重量在45kg以下的贵重货物，由机长保管，超过上述体积和重量的应放在有金属门的集装箱内或飞机散舱内。

（9）运输。

①尽量缩短货物在始发站、中转站、目的站机场的时间，避开周末或节假日交运。

②贵重货物不得使用地面运输。

③贵重货物在装机或装集装箱过程中，至少应有三人在场，其中一人必须是承运人的代表。

④装在集装箱内的贵重货物，装机站负责监护装机至舱门关闭、航班离港后，立即电话或电报通知装卸站，并做详细记录。卸机站接到通知，应安排专人监督卸机直到货物入库。

⑤中转站接收中转的贵重货物应进行复核。发现包装破损或封志有异应停止运输，并征求始发站的处理意见。

⑥如果发现贵重货物有破损、丢失或短少等迹象，应立即停止运输，填写"货物不正常运输记录"，并通知有关部门。

⑦收货人提取货物前，需仔细检查货物包装，如有异议，应当场向承运人提出，必要时重新称重，并详细填写运输事故记录。

（二）超大超重货物收运

1. 超大超重货物定义

超大货物，一般指需要一个集装板才能装下的货物，这类货物需要特殊处理程序及装卸设备。

超重货物一般指单件货物的重量超过 150 千克的货物，但最大允许货物的重量主要取决于飞机机型（地板承受力）、机场设施以及飞机在地面停站的时间。

常见的有大型机器、大型机器铸件或钢材等。

2. 收运条件

（1）订舱。如果一票货物包括一件或几件超大超重货物，订舱时应说明货物的重量和尺寸，并在货运单内单独列明，承运人可提前制订装载计划并准备必要的固定设施。

（2）包装。托运人所提供的包装应便于承运人操作，如托盘、吊环等，必要时应注明中心位置。

（3）运输。

①总要求：必须设置牢固的能支持装卸和固定的装置。

确保货物内部不含有危险性的物品（如电池、燃油）。如果有这类物品，应按有关危险品规定来处理；托运人应提供装卸超大、超重货物的设施。

②装载。

- 应设置便于叉车等装卸设备操作的装置；
- 装卸操作时应注意平衡，重心位置应在货运单上表明，并在货物上圈出；
- 超重货物应尽量装在集装器的中间位置；
- 如果装载的货物未超过集装箱 2/3 容积，属于重货需固定。

③固定。应留意货舱的墙壁和地板上的锚定点，以能牢固地将货物固定在机舱内。

④保护。若有易碎或危险物品，采取保护措施。

（三）尸体、骨灰收运

1. 尸体

（1）包装。

①尸体经防腐处理，并在防腐期限内，无传染性，装入厚塑料袋中密封，放在金属箱内。

②尸体以铁质棺材或木质棺材为内包装，棺内敷设木屑或木炭等吸附材料，棺材应当无漏缝并经过钉牢或焊封，确保气味及液体不致外溢。

③金属箱外应套装木棺和便于装卸的环扣。

（2）文件。

①证明文件

运送灵柩（Not Cremated Remains）托运人应出示卫生部门出具的死亡证明书、入殓证明书。

• 死亡证明书（Death Certificate）。属正常死亡的，应出具县级以上医院签发的"死亡证明书"；属于非正常死亡的，应出具县级以上公安机关签发的"死亡证明书"或法医证明。死亡证明书应包括下列内容：死者姓名、年龄、性别、国籍、死亡日期、死亡原因，特别注明属于非传染病而死亡。

• 入殓证明书（Certificate of Burial）。入殓证明书应说明尸体的包装符合金属箱内应铺放木屑和木炭等吸湿物、连接处焊牢、以防气味或液体渗溢的要求；棺内除尸体及衬垫外，无其他物品；证明书上的死者姓名等项，应与死亡证明书上所列内容相符。

各证明书一式两份，一份留始发站存查，一份附在货运单后，随货物带往目的地。

②货运单

• 在货运单"路线和目的站"栏内要填写指定的运输路线和各航段指定的承运人。

• 在"航班/日期"栏内应填写已订妥舱位的航班及日期。

• 在"货运单所附文件"栏内，应注明附有死亡证明及入殓证明书各一份。

• 在货物的外包装上应加贴"急货"及"不可倒置"标贴。

（3）运输。

①事先订舱，灵柩最迟必须在飞机起飞前2小时由托运人送往机场。

②灵柩尽量装在集装板上，而且必须远离动物和食品。

③灵柩必须在旅客登机前装机，在旅客下机后卸机。

④灵柩不能与动物、食品和鲜活易腐货物装在同一集装器或同一散货舱内。

⑤分别装有灵柩和动物的集装器，装机时中间至少有一个集装器的间隔。

⑥灵柩只能水平放置，不可以直立或侧放。

⑦灵柩上面不能装木箱、铁箱及单件重量超过25千克的货物。需在灵柩上面装货时，只能装载软包装货物且灵柩表面与货物之间应使用塑料布或其他软材料间隔，以防损坏灵柩。

⑧灵柩装机前或卸机后应停放在僻静地点，如果条件允许应加盖罩布与一般货物分开存放。

⑨在航班离港前，按约定的时间将灵柩送到机场办理托运手续，并负责通知收货人

到目的站机场等候提取。

⑩凡经中国中转的尸体，续运前应停放在当地办理丧葬部门的停尸室内。如中转时间不长，也可停放在机场适当地点，但应妥善处置，加盖罩布，与一般货物分开。

注：由于传染病而死亡的尸体，必须火化后作为骨灰方可收运。

2. 骨灰（Cremated Remains）

（1）包装。骨灰应放入专门的容器并放置衬垫物以保护容器不致损坏；骨灰应装在封闭的塑料袋或其他密封容器（丧葬专用罐、瓮等）内，外加木盒，最外层用布包装。

（2）文件。

①证明文件。托运人应凭医院出具的"死亡证明书"和殡仪馆出具的"火化证明"办理骨灰托运手续。各证明一式两份，一份留始发站存查，一份附在货运单后，随货物带往目的地。

②货运单。在货运单上标注"急"或加盖"急"字样的标记。在"货运单所附文件"栏内应注明附有死亡证明书及火化证明书各一份。

（3）运输。骨灰可装在下货舱，也可由旅客随身携带；应事先通知机组人员。

（四）作为货物运送的行李收运

1. 定义

作为货物运送的行李（Baggage Shipped as Cargo），又译为无人陪伴行李（Personal effects – Unaccompanied Baggage）。

2. 收运条件

（1）使用条件。

①只能在旅客客票中所列各地点的机场之间运输，并且行李交付的时间不得晚于旅客乘机旅行当天。

②旅客如实申报行李内容、提供有关文件、自办海关手续，支付费用。

③运输具体时间由承运人决定。

④运价不得与其他普货运价或指定商品运价相加使用，以致低于适用的规定或组合运价。

⑤不满足上述条件，任何航程均只能采用普货或指定商品运价；旅客持全程客票，旅行于欧洲和三区之间经过一区，按第9998号指定商品运价规定办理。

（2）文件。

①货运单。收运此种货物，需将旅客的客票号码、航班号、乘机日期等填入货运单，在"货物品名及数量"栏内应填明"无人押运行李"（Unaccompanied Baggage）。

例如：（Unaccompanied Baggage）

TKT No. 784 – 22225800

CZ305 – 20JUN

CDJ – HKG

②客票。在客票"签注（ENDORSEMENT）"栏内应注明"UNBAG"字样，货运单号码、件数和重量。

（3）运输。

①旅客要求将钥匙带往目的站时应请其装入自备的结实信封内，写明收货人和托运人姓名地址，然后由航司收运部门封妥，钉在货运单之后。货运单"处理情况"内，注明"Key of Unaccompanied Baggage"。

②在运输过程中，为了便于识别旅客交运的行李和作为货物运送的行李，在作为货物运送的行李上应加挂货物标贴，标有行李内容和旅客的姓名以及家庭地址。

③行李箱必须上锁，如果锁的钥匙和行李一同运往目的地，应把钥匙装入专用信封附在货运单上。

五、能力实训

【实训任务】A公司准备从上海运往埃及一批价值20万美元的玉石，特委托捷达顺国际货运代理有限公司办理货运相关事宜，你作为代理人应如何向航空公司交运？

任务一：如何包装这票货物？	
任务二：容器应贴有哪些标贴？	
任务三：货物的声明价值不得超过多少美元？	
任务四：在货运单栏"Nature and Quantity of Goods"应该注明什么字样？	
任务五：能否办理运费到付？	
任务六：这票货物的声明价值不得超过多少美元？	

学习情境八

航空货物进口运输代理业务操作

HANGKONG HUOWU JINKOU
YUNSHU DAILI YEWU CAOZUO

一、学习目标

能力目标

- 能操作代理交接单、货
- 能办理理货
- 能及时发"到货通知"
- 能代理报验、清关

知识目标

- 了解航空货物进口货运代理业务流程
- 掌握单单核对、单货核对内容
- 熟悉报检单证制单要求与手续
- 熟悉报关单证制单要求与手续

【学习导图】

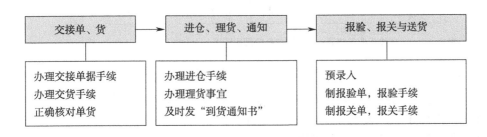

✎ 【业务环节关键点】

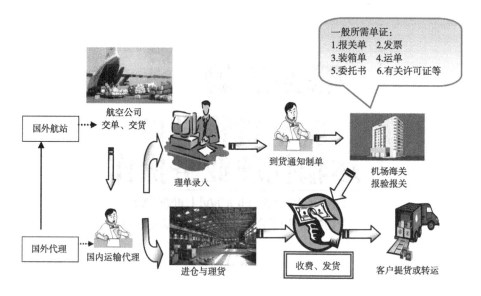

二、项目任务

【项目背景】

捷达顺国际货运代理有限公司接到富阳进出口有限公司一票从法国进口硬糖的空运接货委托业务，杨丹在杭州萧山国际机场办理接货业务。进口部组织机构图如下：

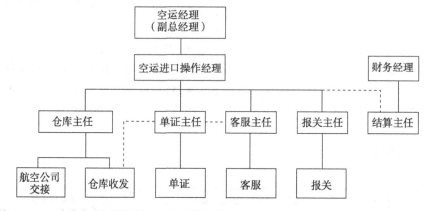

注：------- 虚线为业务领导关系（不包括管理职能）。

空运进口组织结构图

【任务一】 请代理该票航空货物进口运输业务的单、货交接工作

【任务二】 理单，及时发出"到货通知书"

【任务三】 请代理该票货物报检

【任务四】 取空运进口提货单

三、操作示范

任务一　交接单、货（仓库）

第一步，杨丹到萧山机场货运站提取随机到达的单据，办理交接单据手续。

1. 与航空公司交接随机单据。要求单、单核对，即交接清单与总运单核对。

（1）"国际航空文件交接清单"。

表 8 - 1　　　　　　　　　国际航空文件交接清单（一般贸易）

文件名称	是否为符合要求正本	数量	备　注
报关委托书	是	1	正本，盖公章法人章
报检委托书	是	1	正本，已注明调离目的地和报检编号，盖公章
发票	是	1	正本，发货方签字或签章，不能出现"PROFORMA"注明成交方式，原产地
装箱单	是	1	正本，发货方签字或签章，列明毛、净重
合同	复印件	1	复印件，加盖骑缝章
免表	是	2	正本，第二、第三联，关区：萧山机场关或杭州关区
产品申报要素说明			详见《中华人民共和国海关进出口商品规范申报目录》
到货有效抽单文件			复印件，到货抽单证明加盖公章
运单			复印件
产品保函			正本打印，盖公章，法人章
监管证明名称			正本，与申报信息相符
许可证名称			正本，与申报信息相符
批文名称			正本，与申报信息相符
发货方官方检疫证			正本，与申报信息相符
产品原产地证			正本，与申报信息相符
产品检验检疫局审批单			正本，与申报信息相符
对应业务员			
对应客服	张晓		

（2）总运单，随机单据。

总运单（MAWB）

784 CDG 1372 6031

784 - 1372 6031

Shipper's Name and Adress	Shipper's account Number	Not negotiable **Air Waybill** Issued by	CHINA SOUTHERN AIRLINES BAI YUN INTERNATIONAL AIRPORT GUANGZHOU CITY, GUANG DONG PROVINCE CHINA, P.R. 510406
DEUGRO FRANCE SARL ZONE DE FRET 5 BATIMENT D 14, RUE DE LA BELLE BORNE 95705 ROISSY CDG CEDEX FRANCE			

Consignee's name and Adress	Consignee's account Number	
FAR LOGISTICS NO. 59 SHIXIANG ROAD 310022 HANGZHOU CHINA		

Issuing Carrier's Agent name and City	Accounting Information
DEUGRO FRANCE SARL ZONE DE FRET 5 BATIMENT D	FRET SECURISE

Agent's IATA Code	Account No.
20-4-7380 9506	

Airport of Departure						Reference Number	Optional Shipping Information
PARIS CH D GAULLE							

to	By first Carrier	to	by	by	Currency	CHGS	WT/VAL	Other	Declared Value for Carriage	Declared Value for Customers
CAN	CHINA SOUTHERN	HGH	CZ		EUR		P	P	N V D	N C V

Airport of Destination	Requested Flight / Date		Amount of Insurance
HANGZHOU	CZ348/18	CZ3819/19	NIL

Handling Information 20-4-7380 9506

Not secured

SCI - X -

No. of Pieces	Gross Weight	kg lb	Rate Class	Commodity	Chargeable Weight	Rate / Charge	Total	Nature and Quantity of Goods
1	56,0	k N			56,0	9,52	533,12	CONSOLIDATION AS PER ATTACHED CARGO MANIFEST - NOT RESTRICTED - 1" 80 X 60 X 70 CMS
1	56,0	k					533,12	

Prepaid	Weight Charge	Collect	Other Charges
533,12			ANA 16,00 A
	Valuation Charge		CHC 20,00 C
			MYC 56,00 C
	TAX		SCC 5,40 C
			WAR 8,40 C

Total other Charges Due Agent	Shipper certifies that ……
16,00	

Total other Charges Due Carrier	
89,80	deugro france sarl, CDG Roissy

Signature of Shipper or his Agent

Total prepaid	Total collect
638,92	

deugro france sarl, CDG Roissy

Currency Conversion Rates	cc charges in Dest. Currency	16/12/2013 16:47:41 CHARLES DE GAUL

Executed on Date   at Place

Signature of Issuing Carrier or its Agent

For Carrier's Use only	Charges at Destination	Total collect Charges	260-300-1312-024	784 - 1372 6031

EUROPA – SWEET SAS

Add：RCS LA ROCHE SUR YON 5 RUE SADI CARNOT PA DU POINT DU JOUR 85607 BOUFFERE

Tel：+02 51 44 85 85

COMMERCIAL INVOICE

TO M/S：FUYANG IMP & EXP CO.，LTD.　　　　INVOICE NO：FYZM13004

3rd floor Fuyang Port Chunjiang Industrial Park　　　PAYMENT：T/T

Fuyang，Hangzhou，China　　　　DATE：Dec. 12th，2013

SHIPPING MARK	DESCRIPTION	QTY	UNIT PRICE	AMOUNT

FOB PARIS

Air – freight：Paris Hangzhou（EUR）

CANDIES

Brand：BONTE

1 Heart Shaped Hibiscus Candies in bulk in 5KG bag 8　bags　　45.00　　360.00

2 PROVENCE HUMBUGS in 70G bag　　225 bags　　0.67　　150.75

　　　　　TOTAL：233　bags　1 carton　　EUR 510.75

Total：Say EURO five hundred ten and seventy five cents only.

EUROPA – SWEET SAS

Add：RCS LA ROCHE SUR YON 5 RUE SADI CARNOT PA DU POINT DU JOUR 85607 BOUFFERE

Tel：+02 5144 8585

PACKING LIST

TO M/S：FUYANG IMP & EXP CO.，LTD.　　　　INVOICE NO：FYZM13004

3rd floor Fuyang Port Chunjiang Industrial Park　　　PAYMENT：T/T

Fuyang，Hangzhou，China　　　　DATE：Dec. 12th，2013

	DESCRIPTION	UNIT SIZE（KG）	UNIT/BOX	TOTAL BOX	TOTAL QTY	N. W（KG）	G. W（KG）
1	Heart Shaped Hibiscus Candies in bulk in 5KG bag	5	2	4	8	40.00	56.00
2	PROVENCE HUMBUGS in 70G bag	0.07	Box1：75 Box2：150	2	225	15.75	

COUNTRY OF ORIGIN：FRANCE

　　　　TOTAL：　1CTN 80cm×60cm×70cm

　　　　　　6 BOXES　233 UNITS 56.00KG

2. 杨丹将交接清单与总运单核对。确认没有问题。

第二步，与航空公司交接货物。要求单、货核对，即交接清单与货物核对。

杨丹根据航空公司提供的运单和交接清单核实货物。在核对货物时注意：（1）核对实际货物件数是否与主运单上的件数一致；（2）货物运单号是否正确；（3）检查货物的外包装是否有破损，完好无损方可提货。如存在有单无货或有货无单情况，应在"国际货物交接清单"上注明，以便航空公司组织查询并通知入境地海关。见表8-2。

表8-2　　　　　　　　　　国际货物交接清单

日期：2013 年 12 月 19 日

序号	货运单号	件数	重量（kg）	航班/日期	提货日期	备注
1	784—1372 6031	233	56.00	CZ348/18	12.20	

交货人　×××　　　　　　　　　　　接货人　×××

任务二　理单，及时发出"到货通知书"

第一步，整理随机文件。

分拆随机单证——将随机单证分拆为留底单证部分和到货通知部分，应注意：该票货物总运单下有分运单，加盖过海关舱单确认章的一联总运单（俗称正本总运单）应作为留底文件保存。总单下的分运单应加盖分运单确认章（俗称正本分单），随机文件应加盖"随机文件确认章"。

第二步，制作"到货通知书"。

1. 进行公司货物编号的编制。该编号是货物在公司内部检索的唯一标志。公司货物编号定义——年＋月＋日＋001（总单序号）＋01（总单下的分单序号）。

例：2007 01 01 001 01，代表2007 年1 月1 日的第一个总运单下的第一个分运单。

2. 制作"到货通知书"。将随机的总、分运单信息输入操作系统并打印到货通知书。"到货通知书"是海关要求在货物申报时必须提供的，是由货运代理制作的，以供海关辨认货物存储地点并确认舱单。"到货通知书"文件构书：到货通知、正本运单（总单或分单）、随机发票箱单。

表8-3　　　　　　　　　　到货通知书

到货编号（NOTE NO.）：2013 12 20 985 01	
收货单位（CONSIGNEE）：富阳进出口有限公司	
地址（ADRESS）：　3ʳᵈ floor Fuyang Port Chunjiang Industrial Park　　联系人及电话：×××　TEL－×××	
提货地址（ADRESS）：杭州萧山国际机场航空物流公司	
联系人及电话：Tel：0571－86660576	
运输工具名称及号码（MEANS AND NUMBER OF CONVEYANCE）：CZ348	
进口日期（IMPORT DATE）：12.19	
提单货运单号（B/L OR WAYBILL NO.）：784—1372 6031	
件数及包装种类（NUMBER & KIND OF PACKAGES）：233 件，BAG	
毛重（千克）[GROSS WEIGHT（KG）]：56.0KG	
净重（千克）[NET WEIGHT（KG）]：57.75KG	

第三步，及时发"到货通知书"。杨丹根据规定，拟在货到后12 小时内将到货信息通知客户；货主未及时来抽单的，必须通过各种途径将货到信息通知到货主。

任务三　代理报检

第一步，告知客户进口食品到岸报关清关的程序。

食品饮料进口到岸手续是先商检后海关。假如商检关未过，货物不准入关，要被退回。商检要在货物监管区对所申报货物进行核对：包装是否符合标准，中文注册商标是否完备。另外还要对货物文件进行审核，包括出口国出具的卫生免疫证、产地证、质量保证书等。对于食品以"托"来打包包装的，如果是采用木托，还必须审核出口国出具的"熏蒸证明"。另外，就是对货物进行抽检，一般是按货物总数的1‰进行抽检，检验是否符合国家进口食品卫生标准，剩余的抽检样品备存在商检检验完毕后，同时进行海关申报。程序和其他进口货物一样。要注意的主要是海关审价人员对所申报进口食品到岸价真实性的审查。这一点必须要准备一些说服资料，以免海关不信任并且由海关定价（当然会比原申报价高很多），造成企业的沉重负担。

食品进口收货方即贵公司提供以下备案资料：

1. 食品流通许可证（副本）；

2. 企业商检备案号（报检用）一般是15位数的，47开头的；

3. 中文标签——样本请看参考附件（每个型号都需要提供一式三份）；

4. 中英文对照——样本请看参考附件（每个型号都需要提供一式三份）；

5. 收货单位（即贵公司）营业执照——复本（经营范围需有注明：酒类经营权）；

6. 标签备案申请书——样本参考附件（每个型号都需提供一式三份，需要委托人盖章）。

糖果进口流程：签订合同—抽换单—报关预录—三检—商检（法定商检货物）—抽检送检—海关单证放行出税单—缴纳税金—海关查验（属于抽检，非法定查验）—海关电子放行—提货。

第二步，填制"代理报检委托书"。

表 8 - 4　　　　　　　　　　　代理报检委托书　　　　　　　　编号：

_____出入境检验检疫局：

本委托人（备案号/组织机构代码_____）保证遵守国家有关检验检疫法律、法规的规定，保证所提供的委托报检事项真实、单货相符。否则，愿承担相关法律责任。具体委托情况如下：本委托人将于_____年____月间进口/出口如下货物：

品 名		HS 编码	
数（重）量		包装情况	
信用证/合同号		许可文件号	
进口货物收货单位及地址		进口货物提/运单号	
其他特殊要求			

特委托_____（代理报检注册登记号_____），代表本委托人办理上述货物的下列出入境检验检疫事宜：

□ 1. 办理报检手续；

□ 2. 代缴纳检验检疫费；

□ 3. 联系和配合检验检疫机构实施检验检疫；

□ 4. 领取检验检疫证单；

□ 5. 其他与报检有关的相关事宜：_____

联 系 人：_____

联系电话：_____

本委托书有效期至_____年____月____日　　　　　　　　委托人（加盖公章）

　　　　　　　　　　　　　　　　　　　　　　　　　　　　　　年　　月　　日

受托人确认声明

本企业完全接受本委托书。保证履行以下职责：

1. 对委托人提供的货物情况和单证的真实性、完整性进行核实；
2. 根据检验检疫有关法律法规规定办理上述货物的检验检疫事宜；
3. 及时将办结检验检疫手续的有关委托内容的单证、文件移交委托人或其指定的人员；
4. 如实告知委托人检验检疫部门对货物的后续检验检疫及监管要求。

如在委托事项中发生违法或违规行为，愿承担相关法律和行政责任。

联　系　人：＿＿＿＿＿＿＿＿＿＿

联系电话：＿＿＿＿＿＿＿＿＿＿

受托人（加盖公章）

年　　月　　日

第三步，整理报检资料。

1. 食品流通许可证（副本）

表 8 − 5　　　　　　　　　　　进口食品安全承诺书

为了确保杭州口岸进口食品安全，我公司承诺严格遵守相关法律法规规定，在未取得检验检疫机构颁发的食品合格证单（"卫生证书"或"入境货物检验检疫证明"）前，绝不擅自调离、使用、销售本批进口食品。我公司对报检货物情况声明如下，并对声明的真实性负责：

报检单位：浙江报关行有限公司		报检号：			
收货人：富阳市进出口有限公司	发货人：EUROPA – SWEET SAS				
进口公司联系人：侯小青	手机：130868166620				
数量/重量：1 箱/56.00 千克	货值：510.75 欧元				
运输工具：□海运　□空运　□陆（铁路）运	唛头： N/M				
仓储场地名称：					
仓储场地地址：					
（备案）认可仓储场地编号：					
中文标签加贴情况：□完成　□未完成　□非预包装					

货物清单（可附页）

品名	品牌	原产国	规格	数/重量	生产日期
法国邦特心形硬糖（木槿味）	邦特	法国	5kg/包	8 包	2013.10.15
法国邦特硬糖（酸橙、草莓、薄荷味）	邦特	法国	70g/包	225 包	2013.6.25

注：1. 无品牌、规格的，应当标明"无"；2. 此货物清单与报检数据（合同、发票、装箱单、厂检报告等）一致，预包装食品的品名须与中文标签品名一致。此货物清单作为检疫查验与出证依据之一。

（公司印章）

2013 年 12 月 18 日

2. 企业商检备案号（报检用）

3. 中文标签——样本（每个型号都需要提供一式三份）

（1）5kg/包的标签。

标签尺寸：6cm×4cm；品名：心形硬糖（木槿味）。

心形硬糖（木槿味）		
配料表：白砂糖，葡萄糖浆，柠檬酸，天然食用香料，辣椒油树脂。		
原产国：法国净含量：30克		
生产日期：2013年4月24日		
保质期（至）：2014年10月23日		
贮存条件：请置于阴凉干燥处		
经 销 商：杭州多美贸易有限公司		
地　　址：杭州市西溪路924-1号		
电　　话：400 657 1716		

营养成分表		
项目	每100克	NRV %
能量	1340千焦	16%
蛋白质	0克	0%
脂肪	0克	0%
碳水化合物	100.0克	34%
钠	0毫克	0%

木槿味糖果

BONTE
始建于1860年的糖果厂

图8-1　5kg/包的中文标签样本

（2）70kg/包的标签。

标签尺寸：6cm×4cm；品名：硬糖（酸橙、草莓、薄荷味）。

硬糖（酸橙、草莓、薄荷味）		
配料表：白砂糖，葡萄糖浆，天然食用香料，柠檬酸，姜黄素，紫甘薯色素。		
原产国：法国　净含量：70克		
生产日期：2013年3月6日		
保质期（至）：2014年9月5日		
贮存条件：请置于阴凉干燥处		
经 销 商：杭州多美贸易有限公司		
地　　址：杭州市西溪路924-1号		
电　　话：400 657 1716		

营养成分表		
项目	每100克	NRV %
能量	1674千焦	20%
蛋白质	0克	0%
脂肪	0克	0%
碳水化合物	100.0克	34%
钠	0毫克	0%

透明水果糖

普罗旺斯糖果

BONTE
始建于1860年的糖果厂

图8-2　70kg/包的中文标签样本

4. 中英文对照（每个型号都需要提供一式三份）

（1）30kg/包的标签。

注：该名品糖果原销售时含铁罐，罐内糖净含量30g，标签原为30g准备，故经手工改动，此标签先贴于5kg袋上。

BOITE BONTE (30g) CŒUR PM HIBISCUS DRAGÉIFIE Ingrédients : Sucre, sirop de glucose, acidifiant : acide citrique, arôme naturel, colorant : oléorésine de paprika. Peut contenir des traces de lait et fruits à coque. Confiserie BONTE PINSON LOT : 28813 PA du Point du Jour 5 rue Sadi Carnot DLUO: 14/04/2015 85607 BOUFFERE 5Kg Poids net: 30 g 141013	邦特心形硬糖（木槿味）	
	配料： 白砂糖，葡萄糖浆，酸化剂：柠檬酸，天然食用香料，着色剂：辣椒油树脂。 含微量牛奶和坚果。	
	生产商： Confiserie Bonte Pinson PA du Point de Jour 5 rue Sadi Carnot 85600 BOUFFERE	生产日期：2014/10/13 批号：28813 保质期（至）：2014/04/15
	条形码	净含量：5kg

图 8 - 3　30kg/包的中英文对照标签样本

（2）70kg/包的标签。

BOITE BONTE (30g) CŒUR PM AROME HIBISCUS A470A030 141013 LOT : 28813 BOITE BONTE (30g) CŒUR PM HIBISCUS DRAGEIFIE Ingrédients : Sucre, sirop de glucose, acidifiant : acide citrique, arôme naturel, colorant : oléorésine de paprika. Allergènes : Peut contenir des traces de lait et fruits à coque. UVC : 1x 30 g Confiserie BONTE PINSON Poids net : 30,00 g PA du Point du Jour 85607 BOUFFERE 5Kg A consommer de préférence avant : 14/04/2015 (02)03470201028384(15)1504141i0i28813(37)1	邦特心形硬糖（木槿味）	
	货号：A470A030 生产日期：2014/10/13批号：28813 邦特心形硬糖（木槿味）	
	配料：白砂糖，葡萄糖浆，酸化剂：柠檬酸，天然食用香料，着色剂：辣椒油树脂。	
	过敏原提示：含微量牛奶和坚果。	
	此标有误，应为： 装箱数：2×5kg 净含量：10kg	生产商：Confiserie Bonte Pinson PA du Point de Jour 85600 BOUFFERE
	保质期（至）：2014/04/15	
	条形码	

此标签贴于小盒上，小盒含2袋5kg糖。

图 8 - 4　70kg/包的中英文对照标签样本

5. 收货单位（即贵公司）营业执照——复本（经营范围需有注明：酒类经营权）

6. 标签备案申请书——样本请参考附件（每个型号都需提供一式三份，需委托人盖章）

（1）申报要素。

申报要素	
品名：法国邦特心形硬糖（木槿味） HS：1704900000 种类：硬糖 包装规格：5kg/包 品牌：邦特	品名：法国邦特硬糖（酸橙、草莓、薄荷味） HS：1704900000 种类：硬糖 包装规格：70g/包 品牌：邦特

（2）食品安全承诺书。

食品安全承诺书

浙江出入境检验检疫局机场办事处：

我公司于 2013 年 12 月 19 日进口的一批货物，品名：法国邦特心形硬糖（木槿味），法国邦特硬糖（酸橙、草莓、薄荷味），提单号为：784 - 13726031，共 1 件，56 千克，内含 6 小盒。法国邦特心形硬糖（木槿味）的规格为每包 5 千克，每小盒 2 包，共 4 小盒，8 包。法国邦特硬糖（酸橙、草莓、薄荷味）的规格为每包 70 克，小盒一含 150 包，小盒二含 75 包，共 2 小盒，225 包。我公司承诺该产品具不会对人体造成伤害，符合中国食品安全的相关标准。

以上情况属实，如有违反规定，我公司愿承担一切责任。

特此说明。由此给贵处带来的不便敬请谅解。恳请贵处能给予办理相关放行手续！

此致

敬礼

富阳市进出口有限公司

2013 年 12 月 19 日

（3）情况说明。

情况说明

浙江出入境检验检疫局机场办事处：

我公司于 2013 年 12 月 19 日进口的一批货物，品名：法国邦特心形硬糖（木槿味），法国邦特硬糖（酸橙、草莓、薄荷味），提单号为：784 - 13726031，共 1 箱，56.50 千克，内含 6 小盒。法国邦特心形硬糖（木槿味）的规格为每包 5 千克，每小盒 2 包，共 4 小盒，8 包。法国邦特硬糖（酸橙、草莓、薄荷味）的规格为每包 70 克，小盒一含 150 包，小盒二含 75 包，共 2 小盒，225 包。

由于该批货物进口时的状态是非预包装，需要到中国境内进行分装再包装后才能上架销售，因此该批货物外包装的标签是外商贴的非预包装的标签，并非零售包装的标签。其中 5 千克的标签为国外发货人发现标签有误手工改动过，我公司与国外发货人确认我公司提供的标签与实际货物的标签相符。

以上情况属实，如有违反规定，我公司愿承担一切责任。

特此说明。由此给贵处带来的不便敬请谅解。恳请贵处能给予办理相关放行手续！

此致

敬礼

富阳市进出口有限公司

2013 年 12 月 19 日

任务四　取空运进口提货单

办完报关、报检、付费等手续后，收货人须凭盖有海关放行章、动植物报验章、卫生检疫报验章的进口提货单，拟到所属监管仓库提货。

表 8-6　　　　　　　　　　空运进口提货单

四、知识要点

航空货物进口运输代理作业流程和出口作业流程大致相同，只是方向相反，一般要经过以下几个环节：委托办理接货手续—接单接货—货物驳运进仓—单据录入和分类—发到货通知或查询单—制报关单、预录入—检验、报关—送货或转运。

（一）委托办理接货手续

在国外发货前，由国外代理公司将运单、航班、件数、重量、品名、实际收货人及其他地址、联系电话等内容预发给目的地代理公司，委托办理接货手续。

（二）交接单、货

航空货物入境时，与货物相关的单据也随机到达，运输工具及货物处于海关监管之下。航空公司或其地面服务公司将货物从飞机卸货后，将货物存入航空公司或机场的海关监管仓库内；地面服务公司进行进口货物舱单录入，将舱单上总运单号、收货人、始发站、目的站、件数、重量、货物品名、航班号等信息通过电脑传输给海关留存，供报关用。

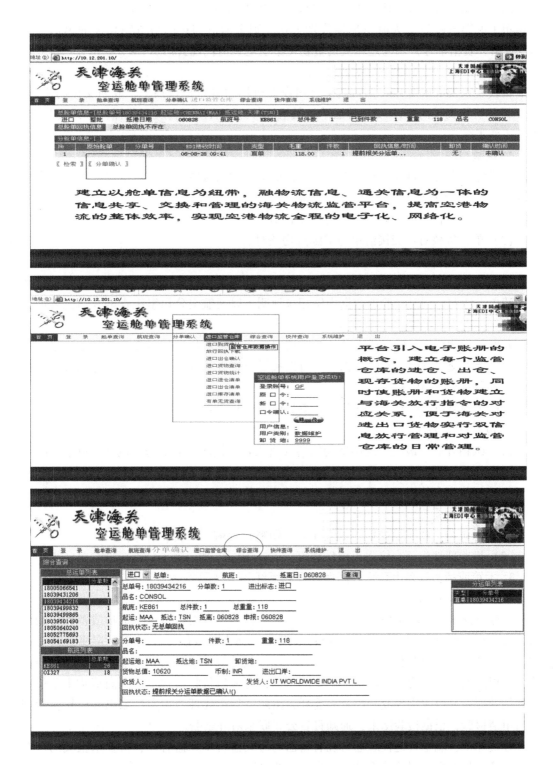

建立以舱单信息为纽带，融物流信息、通关信息为一体的信息共享、交换和管理的海关物流监管平台，提高空港物流的整体效率，实现空港物流全程的电子化、网络化。

平台引入电子账册的概念，建立每个监管仓库的进仓、出仓、现存货物的账册。同时使账册和货物建立与海关放行指令的对应关系，便于海关对进出口货物实行双信息放行管理和对监管仓库的日常管理。

同时，航空公司或其地面服务公司根据运单上的收货人及地址寄发取单提货通知。若运单上的第一收货人为航空货运代理公司，则把随机到达的与货物相关的单据（运单、发票和装箱单等）及与之相关的货物交给航空货运代理公司。

1. 抽单

货代在收到取单通知后，向航空公司设在机场的进口柜台抽单，取回交接的文件：（1）国际货物交接清单；（2）总运单、随机文件。而后便可（交货代操作）进行理单、拆单工作了。

2. 提货

货代凭到货通知向货站办理提货事宜，负责将货物从航空公司或机场一级监管仓库提取到本公司二级监管仓库。交接时要做到：

（1）单、单核对：交接清单与总运单核对。

（2）单、货核对：交接清单与实际货物核对。

此外，还需注意分批货物，做好空运进口分批货物登记表。

若存在有单无货或有货无单的现象，应及时告知机场货运站，并要求其在国际货物交接清单上注明，同时在舱单数据中做相应说明，以便航空公司组织查询并通知入境地海关。

若发现货物短少、破损或有其他异常情况，应向机场货运站索要商务事故记录，作为实际收货人交涉索赔事宜的依据。也可以接受收货人的委托，由航空货运代理公司代表收货人向航空公司索赔。

货运代理公司请航空公司开具商务事故证明情况的通常有：

1. 包装货物受损

（1）纸箱开裂、破损、内中货物散落（含大包装损坏，散落为小包装，数量不详）；

（2）木箱开裂、破损，有明显受撞击迹象；

（3）纸箱、木箱未见开裂、破损，但其中液体漏出。

2. 裸装货物受损

（1）无包装货物明显受损，如金属管、塑料管压扁、断裂、折弯；

（2）机器部件失落，仪表表面破裂等。

3. 木箱或精密仪器上防振、防倒置标志泛红

4. 货物件数短缺

部分货损不属运输责任，因为在实际操作中，部分货损是指整批货物或整件货物中极少或极小一部分受损，是航空运输较易发生的损失，故航空公司不一定愿意开具证明，即使开具了"有条件、有理由"证明，货主也难以向航空公司索赔，但可据以向保险公司提出索赔。对货损责任难以确定的货物，可暂将货物留存机场，商请货主单位一并到场处理；或由收货人或受收货人委托，由航空货运代理公司向国家出入境检验检疫部门申请检验，根据检验结果，通知订货公司联系对外索赔。

在实际中，航空货运代理通常拥有自己的海关监管车和监管库，可在未报关的情况下先将货物从航空公司监管库转移至自己的监管库。

交接单、货核对后，出现问题的处理方式见表8-7。

表8-7 交接单、货核对后的处理方式表

主运单	货物交接清单	货物	处理方式
有	无	有	清单上加主运单号
有	无	无	主运单退回
无	有	有	主运单后补
无	有	无	清单上划去
有	有	无	主运单退回，清单上划去
无	无	有	货物退回

（三）驳运货物进仓

航空代理公司与航空公司或其地面服务公司的单货交接手续办理完毕，即根据货量安排运输工具，将货物驳运至自己的海关监管仓库内，组织理货及仓储。

1. 货物入库应核对内容

（1）逐一核对每票件数，核对交接单上的货物是否已全部入库。根据随机清单，核对总单下的分运单货物。与航空公司交接，以总运单为最小核对标准；货物入库，以分运单为最小核对标准。

（2）再次检查每票货物外包装是否破损、货物是否破损等情况，破损是否有"破损事故记录单"；破损货物和分批货物必须区分到分运单，便于客户报关（因为报关是以分运单为最小报关单位）。确有接货时未发现的问题，将协助收货人向民航进行追查或索赔。如发现货物损坏事件，应在14天内向承运人提出异议，以保护货主的利益。

（3）按大货、小货；重货、轻货；单票货、混载货；危险品、贵重品；冷冻品、冷藏品；分别堆存、进仓。堆存时要注意货物箭头朝向，总运单、分运单标志朝向，注意重不压轻，大不压小。即要按货物体积大小，重量轻重，单票或混载，特殊货物分别堆存。

（4）登记每票货储存区号，并输入电脑。

2. 仓储注意事项

航空货物应根据不同货种的实际需要进行保管。

（1）防雨淋、防受潮。货物不能置于露天，不能无垫托置于地上。

（2）防重压。纸箱、木箱均有叠高限制，纸箱受压变形，会危及箱中货物安全。

（3）防升温变质。生物制剂、化学试剂、针剂药品等部分特殊物品，有储存温度要求，要防止阳光暴晒。一般情况下：冷冻品置于 -20℃～-15℃冷冻库（俗称低温库），冷藏品置放于2℃~8℃冷藏库。冷藏、冷冻品要由专门的冷藏、冷冻库进行保管。

（4）防危险品危及人员及其他货物安全。空运进口仓库应设立独立的危险品库，危险品要存入专门危险品仓库。易燃、易爆品、毒品、腐蚀品、放射品均应分库安全置放。货品一旦出现异常，及时通知消防安全部门处理。放射品出现异常时，请卫生检疫部门重新检测包装及发射剂量外泄情况，以保证人员及其他物品安全。

（5）贵重品应设专库，由双人制约保管，防止出现被盗事故。

（四）理单与到货通知

1. 单据录入和分类

为便于用户查询和统计货量的需要，一级航空货运代理公司或海关授权的数据录入公司，负责将每票空运运单的货物信息及实际入库的相关信息，通过终端，输入到海关监管系统内。

（1）集中托运，总运单项下拆单。

①集中托运进口货物需要对总运单项下的分运单分理出来，审核与到货情况是否一致，并制成清单输入计算机；

②集中托运货物总运单项下的发运清单输入海关计算机，以便按分运单分别报关、报验、提货。

（2）分类理单、编号。运单分类，一般有以下分类法：

①分航班号理单，便于区分进口方向；

②分进口代理理单，便于掌握、反馈信息，做好对代理的对口服务；

③分货主理单，指对重要的经常有大批货物的货主，将其运单分类出来，便于联系客户，制单报关和送货、转运；

④分口岸、内地或区域理单，便于联系内地货运代理，便于集中转运；

⑤分运费到付、预付理单，便于安全收费；

⑥分寄发运单、自取运单客户理单。

分类理单的同时，须将各票总运单、分运单编上航空货运代理公司自己设定的编号，以便内部操作及客户查询。

编号。分类理单的同时，将总运单、分运单编上航空货运代理公司自己设定的编号，以便公司内部操作及客户查询——该编号是货物在公司内部检索的唯一标志。

（3）编配各类单证。货运代理人将总运单、分运单与随机单证、国外代理人先期寄达的单证（发票、装箱单、合同副本、装卸、运送指示等）、国内货主或经营到货单位预先交达的各类单证等进行编配。代理公司理单人员须将其逐单审核、编配。其后，凡单证齐全、符合报关条件的即转入制单、报关程序。否则，即与货主联系，催齐单证，使之符合报关条件。

2. 到货通知

单据录入后，货站将通知航空运单上所显示的收货人，寄发到货通知单，领取提单报关（收货人可委托报关行进行清关）。到货通知单一般发给实际收货人，告知其货物已到空港，催促其速办报关、提货手续。到货通知单需要填写的项目有：公司名称、运单号、到货日期、应到件数及重量、实到件数及重量、合同号、货物名称、是否为特种货物、货运代理公司业务联系人及其电话等。应早、快、妥通知货主到货情况。超过14天报关，收取滞报金；超过3个月，货物上交海关处理。

3. 正本运单处理

电脑打制海关监管进口货物入仓清单，一式五份，用于商检、卫检、动检各一份，海关两份。一份海关留存，另一份海关签字后收回存档。运单上一般需盖妥多个章：监管章（总运单）、代理公司分运单确认章（分运单）、检验检疫章、海关放行章等。

（五）进口制单与预录入、报验、报关

1. 缮制"进口货物报关单"并预录入

（1）制单、报关、运输的形式。货代公司代办制单、报关、运输；货主自行办理制单、报关、运输；货代公司代办制单、报关，货主自办运输；货主自行办理制单、报关后，委托货代公司运输；货主自办制单，委托货代公司报关和办理运输。

（2）制单的一般程序。制单的依据是运单、发票及证明货物合法进口的有关批准文件。因此，制单一般在收到客户的回复及确认，并获得必备的批文和证明之后方可进行。不需批文和证明的，可即行制单、报关，通知货主提货或代办运输；长期协作的货主单位，有进口批文、证明手册等放于货代处的，货物到达，发出到货通知后，即可制单、报关，通知货主运输或代办运输；部分进口货，因货主单位缺少有关批文、证明，也可将运单及随机寄来单证、提货单以快递形式寄货主单位，由其备齐有关批文、证明后再决定制单、报关事宜。

（3）报关单上需由申报单位填报的项目。包括进口口岸、经营单位、收货单位、合同号、批准机关及文号、运输工具名称及号码、贸易性质（方式）、贸易国别（地区）、原产国别（地区）、进口日期、提单或运单号、运杂费、件数、毛重、海关统计商品编码、货名规格及货号、数量、成交价格、价格条件、货币名称、申报单位、申报日期，等等。

在手工完成制单后，将报关单的各项内容通过终端输入到海关报关系统内，并打制出报关单一式多联（具体份数按不同贸易性质而定）。完成电脑预录入后，在报关单右下角加盖申报单位的"报关专用章"。

然后将报关单连同有关的运单、发票、装箱单、合同订成一式两份，并随附批准货物进口的证明和批文，由经海关认可具有报关资格的报关员，正式向海关申报。

2. 进口商品报验

根据进口商品的种类和性质，按照进口国家的有关规定，对其进行商品检验、卫生检验、动植物检验等。检验前要填制"中华人民共和国出入境检验检疫入境货物报检单"，并到当地的出入境检验检疫局进行报检报验。

报检报验一般发生在报关前，即"先报检报验、后报关"。报检报验时，一般需由经出入境检验检疫局认可，并持有出入境检验检疫局签发的报验员证件的报验员，凭报关单、发票、装箱单（正本或复印件），向当地的出入境检验检疫局进行报检报验。出入境检验检疫局核查无误后，或当即盖章放行，或加盖"待检章"。如是前者，则单证货物可转入报关程序，且在海关放行后，可直接从监管仓库提货；如是后者，则单证货物可先办理报关手续，海关放行后，必须由出入境检验检疫局对货物进行查验，无误后方能提货。

3. 进口报关

进口报关，就是向海关申报办理货物进口手续的过程，是进口程序中最关键的环节，任何货物都必须在向海关申报并经海关放行后才能提出海关监管仓库或场所。进口报关可分为初审、审单、征税、验放四个阶段。

（1）初审。从总体上对报关单证作粗略的审查。它一般只审核报关单所填报的内容与原始单证是否相符，申报价格是否严重偏离市场平均水平（海关建有商品价格档案库），商品的归类编号是否准确，报关单的预录入是否有误等。也就是说，初审只对报关单证作形式上的审核，不作实质性的审查。如果报关单证在形式上符合海关要求，负责初审的关员就在报关单左下角的"初审"一栏内签章，以示初审通过。

（2）审单。审单是报关的中心环节，从形式上和内容上对报关单证进行全面的、详细的审核。审核内容包括：报关单所填报的货物名称、规格、型号、用途及金额与批准文件所批注的是否一致，确定关税的征收与减免事宜等。如果报关单证不符合海关法的有关规定，海关则不接受申报。可以通关时，审单的关员则在报关单左下角的"审单"一栏内签章。

（3）征税。根据报关单证所填报的货物名称、用途、规格、型号及构成材料等确定商品的归类编号和税率。如商品的归类编号或税率难以确定，海关可先查看实物或实物图片及有关资料后再行征税。若申报的价格过低或未注明价格，海关可以估价征税。征税部门除征收关税外，还负责征收增值税、消费税、行邮税及免税货物的监管手续费等。货主在按照海关出具的税单如数缴纳税款后，征税的关员即在报关单左下角的"征税"一栏内签章，并通过电脑核销税单。

（4）验放。验放是报关程序的最后一个环节。货物放行的前提是海关报关系统终端上显示必须提供的单证已经齐全，税款和有关费用已经结清，报关未超过报关期限，实际货物与报关单证所列完全一致。放行的标志是在运单正本上加盖放行章。注意放行单证必须具备以下内容：总运单确认章（如分单正本，则为分运单确认章）；海关放行章或转关章；检验检疫放行章；若为银行货，则在正本运单背面必须有银行背书或由该银行提供的正本担保书；海关舱单查询系统中货物必须已经有二次放行信息；客户在到货通知书上加盖公章，如果不是收货人提货，必须出具收货人的提货委托书。

海关一般会在 3 个工作日内放行，对于进口货物检查很严格。

验放关员在放行货物的同时，将报关单据（报关单、运单、发票各一份）及核销完的批文和证明全部留存海关。如果报关超过了海关法规定的报关期限，必须在向海关缴纳滞报金之后才能放行。

如果验放关员对货物有疑义，可以要求开箱，查验货物。此时查货与征税查货，其目的有所不同，征税关员查看实物主要是为了确定税率，验放关员查验实物是为了确定货物的物理性质、化学性质以及货物的数量、规格、内容是否与报关单证所列完全一致，有无伪报、瞒报、走私等问题。

除经海关总署特准免检的货物以外，所有货物都在海关查验范围之内。

4. 报关期限与滞报金

报关期限是指货物运抵口岸后，收货人或其货运代理公司、报关行向海关报关的时间限制。海关法规定的进口货物报关期限为自运输工具申报进境之日起的 14 日内。超过这一期限报关的，由海关征收滞报金。滞报金的计征时间为自运输工具申报进境之日起的第 15 日到货物报关之日。滞报金每天的征收金额为货物到岸价格的 0.5‰。

（六）收费、发货

1. 收费

货代公司仓库在发放货物前，一般先将货物进口过程中所发生的各种费用收妥。收费内容有：到付运费及垫付佣金；单证、报关费；海关、动植检、卫检报验等代收代付费；仓储费、装卸费、铲车劳务费等。

如某空运进口货站收费标准，预录入费：32 元/票；报关费：150 元/票；地面服务费：10 元/件；装卸费：4 元/件；卫检费：5 元/件；仓储费：0.30 元/天/千克（3 天之内免费）；动植检费：木箱 60 元/件，纸箱 5 元/件；出入库费：0.40 元/千克；叉车费：80 元/票（100 千克以下），160 元/票（100 千克以上）；验货费：300 元/票。付费方式：分为每次结清和财务付费协议等方式。

2. 发货

办完报关、报检、付费等手续后，收货人凭盖有海关放行章、动植物报验章、卫生检疫报验章的进口提货单，到所属监管仓库提货。货物出库时，提货人应与仓库保管员仔细检查和核对货物外包装上的合同号、运单号、唛头及件数、重量等与运输单据所列是否完全一致。

对于分批到达货物，待货物全部到齐后，方可通知货主提货，如果货主要求提货，有关货运部门收回原提货单，出具分批到达提货单，待后续货物到达后，再通知货主提货；属于航空公司责任的破损、短缺，货运代理公司应将机场货运站出具的商务事故记录交给货主，以便后者办理必要的索赔事宜；属于货运代理公司责任的破损、短缺，应协同货主、商检单位立即在仓库做商品检验，确定货损程度，避免后续运输加剧货物损坏程度。

（七）送货或转运

1. 送货

货交给直接收货人这个过程，可由货主自己提货，航空货运代理公司可以接受货主的委托送货上门或办理转运，并收取一定的地面运输费用。

送货上门业务：主要指进口清关后货物直接运送至货主单位，运输工具一般为汽车。

转运业务：主要指将进口清关后货物转运至内地的货运代理公司，运输方式主要为飞机、汽车、火车、水运、邮政。

2. 转关运输

进口货物转关及监管运输是指货物入境后不在进境地海关办理进口报关手续，而运往另一设关地点办理进口海关手续，在办理进口报关手续前，货物一直处于海关监管之下，转关运输也称监管运输，意谓此运输过程置于海关监管之中。

部分货主要求异地清关时，在符合海关规定的情况上，制作"转关运输申报单"办理转关手续，报送单上需由报关人填报的项目有进口口岸、收货单位、经营单位、合同号、批准机关及文号、外汇来源、进口日期、提单或运单号、运杂费、件数、毛重、海关统计商品编号、货品规格及货号、数量、成交价格、价格条件、货币名称、申报单位、申报日期等。转关运输申报单内容少于报关单，也需按要求详细填列。

（1）转关条件。进口货物办理转关运输必须具备下列条件：

①指运地设有海关机构，或虽未设海关机构，但分管海关同意办理转关运输，即收货人所在地必须设有海关机构，或邻近地区设有分管该地区的海关机构。

②运输工具和货物符合海关监管要求，并具有加封条件和装置。海关规定，转关货物采用汽车运输时必须使用在海关登记备案并被赋予海关编号的封闭式的货柜车，由进境地海关加封，由指运地海关启封。

③办理转关运输的单位必须是经海关核准、认可的具有报关资质和监管运输能力的航空货运代理公司。一般运输企业，尤其是个体运输者，即使拥有货柜车也不能办理转关运输。

办理转关运输还应遵守海关的其他有关规定，如转关货物必须存放在海关同意的仓库、场所并按海关规定办理收存、交付手续；转关货物未经海关许可，不得开拆、改装、调换、提取、交付；对海关加封的运输工具和货物，应当保持海关封志完整，不得擅自开启或损坏；必须负责将进境地海关签发的关封，完整、及时地带交指运地海关，并在海关规定的期限内办理进口清关手续。

（2）转关手续。

收货人或其委托的货运代理公司、报关行在指运地海关办理申报手续，并由指运地海关出具转关联系函（关封）。

收货人或其委托的货运代理公司、报关行凭转关联系函（关封）至进境地海关办理进口货物转关运输手续，向进境地海关递交预录入完毕的"进口转关运输货物申报单"一式三份，并随附三份国际段运单和两份发票。海关审单无误后，将货物的运单号在电脑内进行核销。

海关关员至查验点办理加封手续。

运单及发票各一份、进口转关运输货物申报单两份装入海关关封内，交指运地海关。进境地海关留存一套运单、发票及进口转关运输货物申报单，在正本运单上加盖放行章。

（3）进口转运货物报关期限。

进口转运货物报关期限是指货物转运至指运地后，收货人或其货运代理公司、报关行向海关报关的时间限制。海关法规定的报关期限为：自运输工具申报抵达指运地址日期的14日内。超过这一期限报关的，由海关征收滞报金。滞报金的计征时间为自运输工具申报抵达指运地之日起的第15日到货物报关之日。滞报金每天的征收金额为货物到岸价格的0.5‰。3个月期限内未办理进口手续的货物，上缴当地海关处理。

备注：收货人或其委托的货运代理、报关行，必须在运输工具申报抵达进境地之日的14日内，向进境地海关申报，否则按同样标准缴纳滞报金。

五、能力实训

请制作富阳进出口有限公司该票进口货物报关单。

中华人民共和国海关进口货物报关单

预录入编号：　　　　　　　　　　　　　　　　　　　　　　　海关编号：

进口口岸		备案号	进口日期	申报日期
经营单位		运输方式	运输工具	提运单号
收货单位		贸易方式	征免性质	结汇方式
许可证号		起运国（地区）	装货港	境内目的地
批准文号	成交方式	运费	保费	杂费
合同协议号	件数	包装种类	毛重（千克）	净重（千克）
集装箱号		随附单据		用途

标记唛码及备注

项号	商品编码	商品名称、规格型号	数量及单位	原产国（地区）	单价	总价	币制	征免

税费征税情况

录入员	录入单位	兹声明以上申报无讹并承担法律责任	海关审单批注及放行日期（签章）	
			审单	审价
报关员 　　　　　　　　申报单位（签章） 单位地址：			征税	统计
邮编　　　电话　　　填制日期			查验	放行

学习情境九

国际航空快递
GUOJI HANGKONG KUAIDI

一、学习目标

能力目标

- 能为客户选择合适的商业快递形式、公司
- 熟悉国际航空快递业务流程
- 掌握国际航空快递业务操作注意事项
- 能填写航空快递单

知识目标

- 了解航空快递的性质、特点
- 熟悉航空快递的业务种类、优势
- 了解航空快递的服务方式
- 掌握航空快递的相关管理规定
- 对国际航空快件收运范围的要求
- 熟悉寄件人和快递公司的权利、义务

【学习导图】

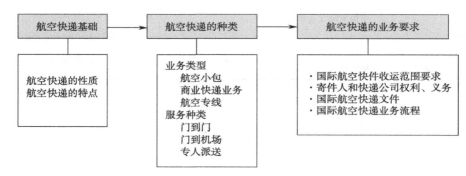

二、项目任务

【项目背景】

浙江义乌顶峰进出口有限公司，邮编：322000，地址：义乌市稠州路451号，寄件人：车凯，联系电话：138××××4047。快递一票样品到英国，收货人：KATE，联系电话：441884431445，地址：STRETCHER，TRIDENGT BUSINESS PARK，CEEDS ROAD，DEIGHTON HUDDERFIELD。通过浙江泛远国际物流有限公司委托运输。运费由寄件人付。

【任务】填开航空快递单。

三、操作示范

航空快递单（运单）

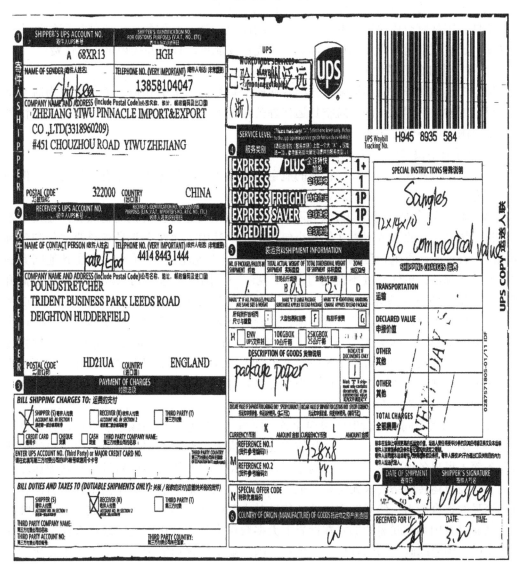

四、知识要点

由于国际贸易、国际运输和电子商务的飞速发展，从 20 世纪 70 年代开始，航空特快专递业务以门到门服务的形式，为客户提供快速递送各类商业文件、银行票据、其他文件和物品、机器零件、小件包裹、商品服务。航空快递以其高时效性、安全性和高服务质量的特点广受电子商务用户的欢迎，成为国际航空运输业的一项重要业务。

（一）航空快递业务性质

1. 航空快递的定义

航空快递（Air Courier），是指具有独立法人资格的航空快递企业利用航空运输，按照向发件人承诺的时间，将进出境的货物或物品从发件人（Consignor）所在地通过自身或代理的网络运达收件人（Consignee），掌握运送过程的全部情况并能将即时信息提供给有关人员查询的门对门速递服务的一种快速运输方式。

快件：国际航空快递运输的文件、个人物品或货物，又称急件。快件封装须适应内件性质，通过航空运输应经承运人同意，预先订妥航班、日期并按规定支付运费。

2. 航空快递的业务性质

航空快递的业务性质和运输方式与普通航空货运有较多的相似之处，可视为航空货运的延续或发展。因此，许多航空货运代理公司都兼营快件业务，同时也有专门的快件公司从事国际航空快件业务。

3. 国际航空快递的特点

国际航空快递在很多方面与传统的航空货运业务、邮政运送业务有相似之处，但作为一项专门的业务它又有独到之处，主要表现在：

（1）收件的范围不同。国际快递不收运国际航空货运协会禁止的物品和国家规定不得收运的物品，其收件范围以文件和小包裹为主。其中，文件主要是指商业文件和各种印刷品，寄往我国香港地区的速递邮件，单件重量不能超过 40 千克，寄往其他国家和地区的速递邮件，单件重量不能超过 30 千克。一些国际快递公司已经把单件重量提升到 35 千克。包裹一般要求毛重不超过 32 千克（含 32 千克）或外包装单边不超过 102 厘米，三边相加不超过 175 厘米。近年来，随着航空运输行业竞争更加激烈，快递公司为吸引更多的客户，对包裹大小的要求趋于放松。而传统的航空货运业务以贸易货物为主，规定每件货物体积不得小于 5 厘米 × 10 厘米 × 20 厘米，每票货物的最小重量不得小于 0.5 千克。邮政业务则以私人信函为主要业务对象，对包裹要求每件重量不超过 20 千克，长度不超过 1 米。

（2）经营者不同。经营航空快递业务，应当向民航总局申请领取航空快递经营许可证，并依法办理工商登记。经营国际航空快递的大多为跨国公司，以独资或合资的形式将业务深入世界各地，建立起完善的全球快递网络，以时间、递送质量区别其他运输形式的，其高效运转网络要求无论始发地、中转地、到达地都能服务于网络这个目的，具有相当强的整合能力。然而航空快件的传送基本都是在跨国公司内部完成。而国际邮政业务则通过万国邮政联盟的形式在世界上大多数国家的邮政机构之间取得合作，邮件通过两个以上国家邮政当局的合作完成传送。国际航空货物运输则主要采用集中托运的形式，或直接由发货人委托航空货运代理人进行，货物到达目的地后再通过发货地航空货运代理的关系人代为转交货物到收货人手中。业务中除涉及航空公司外，还要依赖航空货运代理人的协助。

（3）经营者内部的组织形式不同。邮政运输的传统操作理论是接力式传送。航空快递公司则大多都采用中心分拨理论或称转盘分拨理论组织起全球的网络，即快递公司根据自己业务的实际情况在中心地区设立分拨中心（Hub）。各地收集起来的快件，按所到地区分拨完毕，装上飞机。当晚各地飞机飞到分拨中心，各自交换快件后飞回。第二天清晨，快件再由各地分公司用汽车送到收件人办公桌上。由于中心分拨理论减少了中间环节，快件的流向简单清楚，减少了错误，提高了操作效率，缩短了运送时间，被事实证明是经济、有效的。

（4）使用的单据不同。航空货运使用的是航空运单，邮政使用的是包裹单，航空快递业则有自己的独特的运输单据——交付凭证（Proof of Delivery，POD）。交付凭证一式四份，它由多联组成，一般有发货人联、随货同行联、财务结算联、收货人签收联等，其上印有编号及条形码。第一联留在始发地并用于出口报关；第二联随货同行联，贴附在货物表面随货同行，收件人在此联签字表示收到货物（交付凭证由此得名），但通常快件的收件人在快递公司提供的送货记录上签字，而将此联保留；第三联财务结算联，作为快递公司内部结算的依据；第四联作为发件凭证留存发件人处，同时该联印有背面条款，一旦产生争议时可作为判定当事各方权益，解决争议的依据。POD类似于航空货运中的分运单。它具有以下作用：①商务合同作用；②分运单作用；③服务时效、服务水平记录作用；④配合电脑检测、分类、分拨作用；⑤结算作用。

发件人承认该运单是发件本人或快递公司职员代为填写的。发件人保证其本人是该运单项下所装运快件的所有人或货物所有人的授权代理人，并且代表其本人或作为代理人代表所装运快件所有人接受快递公司收运的条件。

（5）服务质量更高。

①速度更快。航空快递以向客户承诺快速服务承揽、承运进出境快件。一般洲际快件运送在1~5天内完成，地区内部只要1~3天。这样的传送速度无论是传统的航空货运业还是邮政运输都是很难达到的。

②更加安全、可靠。在航空快递形式下，快件运送自始至终是在同一公司内部完成的，各分公司操作规程相同，服务标准也基本相同，同一公司内部信息交流更加方便，对客户的高价值易破损货物的保护也会更加妥帖，所以运输的安全性、可靠性更好。而邮政运输和航空货物运输因为都不止一位经营者，各方服务水平参差不齐，较容易出现货损货差的现象。

③快递业务要求流程环节全程控制，快件货物除了航空公司飞行承运之外，其全程运行必须置于快件公司的操作和控制之下。这样才能提高运送速率，减少差错，为跟踪查询提供了条件，使快件运输较之普通空运在服务水准上。

④更方便、信息化程度高。航空快递实际上不止涉及航空运输一种运输形式，它更像陆空联运，通过将服务由机场延伸至客户的仓库、办公桌，真正实现了门到门服务，

方便了客户。此外，航空快递公司对一般包裹代为清关，针对不断发展的电子网络技术又率先采用了 EDI（电子数据交换）报关系统，为客户提供了更为便捷的网上服务，快递公司特有的全球性电脑跟踪查询系统也为有特殊需求的客户带来了极大的便利。

当然，航空快递同样有局限性。如，快递服务所覆盖的范围不如邮政运输广泛。国际邮政运输整合了各国邮政机构的力量，有人烟的地方就有邮政运输的足迹。而航空快递毕竟是靠某一个跨国公司之力，各快递公司的运送网络只能包括那些商业发达、对外交流多的地区。

（二）国际航空快递的业务种类

1. 航空小包

航空小包是各个国家邮政系统间开发的一种国际快件服务。常见航空小包产品：

（1）邮政小包：中国邮政小包、中国香港小包、新加坡小包等。

（2）E 邮宝。

中国邮政集团开发的航空小包业务，如图 9-1 所示。

图 9-1 中国邮政集团航空小包业务

航空小包的优势：便宜；通关性好；运送范围广，只要有地址和电话，就能通邮全球；可在相关系统中挂号追踪。

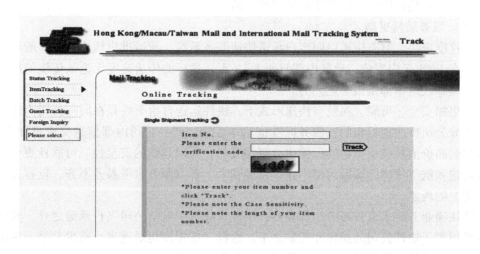

航空小包的不足：运输时间长，一般需要 15~30 天；丢包率较高；理赔较低，如中国邮政小包赔偿标准为根据申报价值来评估赔偿货物价值，最高赔偿不高于小包运费的

3 倍；挂号费不予退还；平邮小包不接受查询，不提供赔偿服务。

2. 商业快递业务

从所发运的快件内容看，快件业务主要分为快件文件类和快件包裹两大类。

（1）快件文件，以商务文件、资料等无商业价值的印刷品为主，包括信函、银行单证合同、照片、机票、装船单据、小件资料等。进出境时根据规定海关予以免税。

（2）快件包裹，又叫商业快递、小包裹服务，是专业从事包裹递送服务的商业机构开发的包裹寄送服务。包裹是指一些贸易成交的小型样品、急用备件、零配件返修及采用快件运送方式的一些进出口货物和物品。

商业快递的优势：运输速度快，如 UPS 1 ~ 3 天，DHL 3 ~ 5 天，TNT 1 ~ 3 天，Fedex 3 ~ 6 天。理赔服务好，DHL/UPS 规定，货件损失，遗失部分托运货件，在送达 24 小时内提出申请索赔；未送达托运货件，从托运日起 14/12 个工作日提交申请。

商业快递的局限性：国际快递费用很贵。

3. 专线航空运输

专线航空运输是传统物流公司整合自身资源所开发的对特定区域的包裹寄递服务。

目前，国际航空快递中常用专线产品主要有：

√ 中东专线 Aramex

√ 澳洲 aramex

√ 阿联酋专线 LWE Express

√ 俄罗斯专线

专线价格适中，但专线产品受服务区域限制和航班限制。

（三）国际航空快递的服务种类

航空快递主要分为三类：门到门、门到机场、专人派送。

（1）门到门（Door to Door）。发件人在需要发货时电话通知快递公司，快递公司接到电话后，派人上门取件，将所有收到的快件集中到一起，根据其目的地进行分拣、整理、核对、制单、报关，通过航空公司（或快件公司）最近的航班，将快件发往世界各地。发件地的快递公司用电传、E – mail 或传真等形式将所发运快件有关信息（航空运单及分运单号、件数、重量等内容）通知中转站或目的地的快件公司。快件到达目的地机场后，由中转站或目的地的快件公司办理清关、提货手续，并将快件及时送至收件人手中，之后将快件派送信息及时反馈到发件地快递公司。在此期间，客户可通过快递公司的电脑网络随时对快件的位置进行查询，快件送达之后，会及时通过信息网络将消息反馈给发件人。门到门的服务形式也是航空快递公司最常用的一种服务形式。

（2）门到机场（Door to Airport）。门到机场的服务只能到达快件人所在的城市或附近的机场。快件到达目的地机场后，由当地快递公司及时将到货信息通知收件人，收件人可以自己去办理清关手续，也可以委托原快递公司或其他代理公司办理清关手续，但需额外缴纳清关代理费用。采用这种运输方式的快件多是价值较高，或者目的地海关当局对货物或物品有特殊规定。

（3）专人派送（Courier on Board）。专人派送指发件地快递公司指派专人携带快件在最短时间内，采用最便捷的交通方式，将快件直接送到收件人手中。这种方式一般是在一些比较特殊的情况下，为了确保货物安全、确保交货时间采用的。

以上三种服务形式相比，门到门的服务方式最普遍、最简单方便，适合绝大多数快件的运送。门到机场形式在时间上属于普通空运形式，同时简化了发件人手续，但需要收货人按自己的方式到机场办理清关、提货手续。专人派送是一种特殊服务，可以免去普通快件的发收货人的出关、入关手续，最可靠、最安全、费用也最高，一般很少用。

（四）国际六大商业快递公司

到现在为止，在全世界形成规模的，即能在 200 个国家和地区以上有网络并能作业的，共有 6 家公司，包括联合包裹（UPS）、联邦快递（FedEx）、敦豪快递（DHL）、荷兰天地（TNT）、中外运—欧西爱斯国际快递（OCS）、邮政快递（EMS）。这 6 家企业的简要情况如下。

（1）联合包裹（UPS）。1907 年 8 月 28 日在美国西雅图市成立，是目前世界上最大的快递承运商与包裹递送公司，同时也是专业的运输、物流、资本与电子商务服务的领导性的提供者。拥有遍布全球的运输车队，93000 多辆运输车，每日货运量达 1550 万件包裹及文件，服务全球 200 多个国家和地区，拥有全球第九大航空公司，服务覆盖中国 330 个城市。

（2）联邦快递（FedEx）。联邦快递隶属于美国联邦快递集团（FedEx Corp.），是集团快递运输业务的中坚力量，成立于 1971 年，总部设于美国田纳西州。联邦快递集团为遍及全球的顾客和企业提供涵盖运输、电子商务和商业运作等一系列的全面服务。服务全球 220 多个国家和地区，拥有 26 万名员工和承包商，每星期可提供 26 班货机往返中国，在亚太区内聘有超过 1 万名员工，服务逾 30 个国家和地区，提供业内无可比拟的跨太平洋空运速递服务。

（3）敦豪快递（DHL）。由 Adrian Dalsey、Larry Hillblom 和 Robert Lynn 于 1969 年成立，为德国邮局控股的国际快递公司，总部设在布鲁塞尔。DHL 专业为其客户提供国际快递、空运、海运、公路和铁路运输，契约物流和国际邮件服务。DHL 的国际网络服务全球 220 多个国家和地区的超过 12 万个目的地（主要城市）的运输网络，员工达到 27.5 万人。公司由三部分构成，即美洲、亚洲和欧洲，目前重点转向亚洲与欧洲之间。

（4）荷兰天地（TNT）。1946 年由澳大利亚人托马斯成立于悉尼，1997 年被荷兰邮局兼并，总部的名称叫 TPG，其快递业务仍叫 TNT。TPG 的业务分三部分：国际快递、邮件和物流。TNT 集团是全球领先的快递邮政服务供应商，为企业和个人客户提供全方位的快递和邮政服务。拥有 16.3 万名员工，在全球设有 2653 个运营中心、转运枢纽以及分拣中心，每周运送超过 440 万份包裹、文件及货物至 200 多个国家和地区，覆盖中国 600 多个城市。

（5）中外运—欧西爱斯国际快递（OCS）。1996 年 1 月 1 日正式在北京成立，服务范围已覆盖了全球 220 多个国家和地区，成为能够提供全球性门到门、桌到桌的文件、包裹和货物快递服务的 6 家快递公司之一。目前，公司已拥有 20 家分、支公司和 144 家代理，业务覆盖全国，成功地为中国各主要城市提供航空快递服务。

（6）邮政快递（EMS）。为中国邮政集团公司直属全资公司，主要经营国际、国内特快专递业务。公司拥有员工 2 万多人，业务通达全球 210 多个国家和地区以及国内近 2000 个网点。依托万国邮政联盟，按照合约，各国邮局互为代理、互相投递来自不同国家和地区的快件，将收到的快件交到收件人手中，其业务也在不断地发展。

（五）对国际航空快件收运范围的要求

1. 海关对进出境个人物品的管理原则：既方便正常往来，照顾个人合理需要，又要限制走私违法活动。据此原则，海关规定了个人每次寄送物品的限值、免税额和禁止、限制寄送物品的品种。对进出境的物品，海关依法进行查验，并按章征税或免税放行。收运航空快件必须经过安全检查。航空快件包装内，不得夹带禁止运输或者限制运输的物品、保密文件和资料等。

2. 个人物品进出境限值、免税额。寄自或寄往我国港澳台地区的个人物品，每次允许进出境的限额为 800 元人民币，免税额为 400 元人民币，超出部分，照章征收关税；寄自或寄往港澳台地区以外的个人物品，每次允许进出境的限额为 1000 元人民币，免税额为 500 元，超出部分，照章征收关税；进出境物品中，有须经审查、鉴定、检疫或商品检验的物品，海关按照国家相关规定处理。

3. 个人携带或快递进出境印刷品、音像制品，应以自用合理数量为限，超出的予以退运。经海关查验在规定范围内且无违禁内容的予以放行。海关监管的进出境印刷品、音像制品主要指：印刷品——图书、报纸、杂志、印件、函件（私人信件除外）、复印件、绘画、手稿、手抄本等；音像制品——录音带、录像带、唱片、激光唱片、激光视盘、电影胶片、摄影底片、幻灯片以及计算机磁盘、光盘、磁带等各种信息存储介质。

4. 禁止、限制寄送物品的品种

（1）禁止进境物品。

①各种武器，仿真武器，弹药及爆炸物品；伪造的货币及伪造的有价证券；对中国政治、经济、文化、道德有害的印刷品、胶卷、照片、唱片、影片、录音带、录像带、激光视盘、计算机存储介质及其他物品，如攻击中华人民共和国宪法，污蔑国家现行政策，诽谤中国共产党和国家领导人，煽动对中华人民共和国进行颠覆破坏、制造民族分裂，鼓吹"两个中国"或"台湾独立"的。

②具体描写性行为或淫秽色情的。宣扬封建迷信或凶杀、暴力的。

③各种烈性毒药。

④鸦片、吗啡、海洛因、大麻以及其他能使人成瘾的麻醉品、精神药物。

⑤带有危险性病菌、虫害及其他有害生物的动物、植物及其产品。

⑥有碍人畜健康的、来自疫区的及其他能传播疾病的食品、药品及其他物品。

（2）禁止出境物品。

①列入禁止进境范围的所有物品；内容涉及国家秘密的手稿、印刷品、胶卷、照

片、唱片、影片、录音带、录像带、激光视盘、计算机存储介质及其他物品，如出版物上印有"内部资料""国内发行"字样的，供大专院校内部使用的参考书籍；国家地质、地形测绘资料，国内非法出版的书、刊、报纸等印刷品和非法出版的音像制品，侵犯他人知识产权、盗印境外出版机构出版的印刷品和音像制品等。

②国家颁布的《文物出口鉴定参考标准》规定禁止出境的古旧书籍，以及其他具有文物价值的珍贵文物及其他禁止出境的文物。

③濒危的和珍贵的动物、植物（均含标本）及其种子和繁殖材料。

除上述所列的情况外，凡是爆炸性、易燃性、腐蚀性、放射性、有毒性、妨害公共卫生的物品、容易腐烂的物品、活体动物（包装能确保寄递和工作人员安全的蜜蜂、蚕、水蛭除外）、包装不妥，可能危害人身安全、污染或损毁其他快递设备的物品、其他不适合快递条件的物品都是禁止快递的。

（3）限制进境物品。

①无线电收发信机、通信保密机；

②烟酒；

③濒危的和珍贵的动物、植物（均含标本）及其种子和繁殖材料；

④国家货币；

⑤限制进境的其他物品。

（4）限制出境的物品。

①金银等贵重金属及其制品；

②国家货币；

③外币及有价证券；

④无线电收发信机、通信保密机；

⑤贵重中药材；

⑥一般文物；

⑦限制出境的其他物品。

（六）寄件人与快递公司的义务

1. 寄件人的义务

（1）保证所装运的每票快件都在运单中做了恰当描述，且不在国际快递业者所宣布的不准收运的物品之列。如果寄件人所托运的物品属于国际快递业者已宣布为不予收运的物品，或寄件人（无论有意或无意）低估了海关价值，或在运单上对托运的物品做了错误的描述，国际快递业者有权放弃或遗弃寄件人托运的物品。对由此造成的后果，国际快递业者不承担任何责任。同时，寄件人顾全、保障并维护国际快递业者的声誉和利益，以使其免受由此产生的任何赔偿、损失、罚金或费用支出等责任。

（2）保证其所发送的快件应符合目的地、始发地、过境地或飞越地海关，进出口及其他方面有关的法律和法规。

（3）保证快件已做了恰当的标签及包装，以确保正常作业过程中的安全运输，并写明收件人的地址。

（4）寄件人须确认所有提供给国际快递业者口头或分运单以及其他单据上列明的一切信息都是准确的、完整的。

（5）寄件人应独立承担所有与其发运快件有关的成本或费用支出，并应支付将快件退还寄件人的费用或等待处置期间的仓储等费用，不得以任何借口拒付上述费用。

2. 国际快递公司的义务与权利

（1）义务。

①负责投递的国际快递服务人员应统一穿着具有企业标识的服装，并佩戴工号牌或胸卡。

②国际快递服务人员应根据寄件人的内件性质和规格携带相应的封装材料，告知寄件人封装材料是否收取费用，并指导寄件人对内件进行规范封装。封装要求应防止下列情形：

- 快件变形、破裂；
- 伤害快递服务人员；
- 污染或损毁其他快件。

③国际快递服务人员应将快件投递到约定的地址。在将快件交给收件人时，应提醒收件人当面验收内件；若收件人本人无法签收时，可与收件人（寄件人）沟通允许后，采用代收方式；与寄件人或收件人另有约定的从其约定。

④快件验收人验收无异议后，应在快递运单上签字确认。除了快递服务组织与收件人有特殊约定外，快递服务人员应提醒签收人快件签收后的责任转移。

⑤快件验收人拒绝签收的，由于快件原因，验收人应在快递运单上注明拒收的日期和原因，并签名；由于到付业务的费用原因，快递服务人员应写明日期和原因，验收人签名确认。

（2）权利。

①国际快递公司并非公共承运人，即有权拒绝或放弃替任何公民、法人或其他组织运送任何物品。国际快递公司作为寄件人的代理人处理相关事宜，寄件人授权国际快递公司作为所指定的清关公司，除此之外，国际快递公司在清关过程中无其他责任。

②国际快递公司被授权替寄件人备齐执行有关法律或规定所需要的文件（但无此义务）并作为寄件人代理办理清关和出口等手续。通常情况下，国际快递公司依据《中华人民共和国海关对进出境快件的监管办法》可为收寄件人代理大部分的通关手续。

③国际快递公司应在运输工具申报入境后 14 日内向海关办理进境快件报关手续。第一步，快件运抵快件监管中心前，国际快递公司向海关申报电子报文，应申报该批快件以下数据项：总运单号、进口日期、航班号、申报公司、快递公司、收件人、品名、数量、重量、价值、性质。第二步，快件实际运抵快件监管中心，且经海关审核电子报文无误、符合有关规定的，海关通过系统向国际快递公司发送放行指令。海关自收到电子数据申报后，情况正常的，在半小时内办结放行手续。

④国际快递公司应在运输工具离境 3 小时之前向海关办理出境快件报关手续。第一步，运营人填制报关单，持总运单、每份快件的分运单及其他海关所需单证向海关申报。第二步，经海关审核无误并符合有关规定的，海关在总运单上加盖放行章。非201

申报应及时呈交相关单证、资料。

⑤海关按照集中管理、分类报关的原则对进出境快件实施监管。快件应存放在专门海关监管仓库内。未经海关许可，不得对监管时限内的快件进行装卸、开拆、重换包装、提取派送、发运等。

⑥国际快递公司有权开包查验任何装运快件（但无此义务）且不应受到任何限制，国际快递公司应对快件进行分类并协助海关检查。发现快件中含有违禁品的，应立即通知并协助海关处理；发现快件中有属于不予受理的物品，公司有权拒收或退回。对每票快件，由于因发运人瞒报或误报重量而造成的误算承运费用，国际快递公司有权向客户追加快运费。如果寄件人拒付运费、关税、附加费或运输中产生的任何其他费用，国际快递公司有权对快件实施置留，并在上述费用得到承认前拒绝交出快件。

⑦国际快递业者不承担因寄件人未能遵照适用的法律和规定，办理发运快件而产生的索赔责任或不应由国际快递业者承担的费用支出。

⑧若国际快递公司同意向收件人收取运费，由国际快递公司保留在所有运费和其他费用得到承付前拒绝交件的权利。如果收件人拒付运输费用，寄件人有责任支付所有费用，其中包括应客户要求将快件返回始发地的费用。

（七）航空快递文件

1. 航空快递单（航空运单）

发运航空快件，应当由发件人填写航空快递单。本单各联字迹清晰可辨、详细准确，连同航空快件交给航空快递企业。经发件人和航空快递企业签字或盖章的航空快递单，是航空快递合同订立的初步证据。快递公司对因邮件地址错误或不详所造成的投递延误不承担责任。航空快递单应当包括下列内容：

（1）始发地点和目的地点。

（2）发件人的单位、姓名、地址、电话和邮政编码，供海关识别的托运人的身份号码（如税务登记号等）。

（3）收件人的单位、姓名、地址、电话和邮政编码，供海关识别的收货人的身份号码（如税务登记号等）。

（4）航空快件品名、性质、包装方式、件数：用英文清楚、详细、如实填写内件品名、数量，如"一双皮鞋""两件棉质衬衫""5件羊绒衫"等。

（5）航空快件的重量、体积或尺寸。

（6）航空快件的声明价值及原产国：如果内件含有无商业价值的文件，在框内打"×"。海关用的声明价值应明确、合理地申报，申报价值应与报关单和形式发票（商业发票）一致。

（7）计费项目及运费支付方式。预付：托运人支付运费，收货人支付关税和增值税；到付：收货人支付所有费用。运输费用包含：运费、声明价值附加费、其他杂费及总费用等。

（8）运输说明事项。

（9）填单日期及发件人签字或盖章。

（10）航空快递企业工作人员签字。

申报中容易出现的问题：

- 故意隐瞒邮件的真实内件，以其他品名申报；
- 未按要求申报或不申报内件情况，包括品名、数量、价值、原产地等；
- 申报价值与实物明显不符，低值申报，如出现"0价值""无商业价值"等字样；
- "品名"栏内申报为"礼品""个人物品"或"商品""样品"等统称；
- 中文申报。

2. 其他文件

发运国际航空快件，发件人还应当同时提供商业发票、品质说明、装箱单等报关所需的有关文件。任何货物类快件都应有英文填写的商业发票至少一式四份，否则将可能导致通关延误。非个人邮递的物品、货样、广告品、礼品需要提交形式发票，形式发票的内容应包括收、寄件人姓名，公司名称、地址、品名、数量、价值、产地等，并提供收、寄件人的电话号码。货物原产地（制造商）。

表 9 – 1　　　　　　　　　　　　　　商业发票

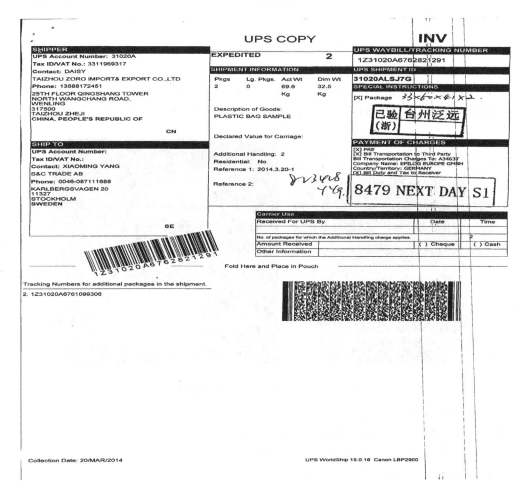

（八）国际航空快件出口业务收运、运输与交付流程

航空快递托运人按照有关航空货物运输的规定，办理航空快件的托运或者提取手续。

航空快递企业收运航空快件，负责提供全部地面专递运输和运输过程状况信息服务，应当及时组织运输，及时交付。国际航空快递业务的程序见图9-2。

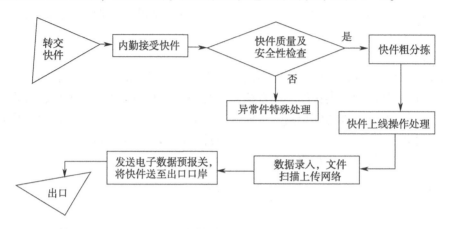

图9-2　国际航空快递业务程序

（1）发件人将有关需要通知航空快递公司。

（2）收取快件：快递公司收到信息后派专人到发件人处收取有关快件，各派送员将已取的快件在截件时间前送回公司交内勤接收，并在卸载快件前下载扫描枪中的数据。

图9-3　国际航空快递收取与扫描数据

（3）快件质量及安全性检查。

①按照国际航空快递运输标准执行对所有快件进行外观检查；

②根据网络/本地安全条款对快件进行安全检查；

③检查快件运单填写的完整性和准确性；

④检查快件出口报关相关资料正确性。

（4）将所有收到的快件进行分拣、整理归类。

①对快件进行粗分拣：文件快件，包裹快件；

②按目的地进行分拣：依据航班时间的先后进行分拣。

图9-4　国际航空快递分拣

（5）快件上线操作处理。

①自动测量器进行快件称重，体积测量；

②自动测量出数据打印标签贴附外箱；

③重货利用电子磅称重，人工测量体积。

图9-5　国际航空快递称重　　　　　图9-6　国际航空快递贴标签

（6）航空快递公司对有关快件进行报关，并制作有关的单证。国际快递公司应在运输工具离境3小时之前向海关办理出境快件报关手续。

第一步，运营人填制报关单，持总运单、每份快件的分运单及其他海关所需单证向海关申报。

第二步，经海关审核无误并符合有关规定的，海关在总运单上加盖放行章。

海关按照集中管理、分类报关的原则对进出境快件实施监管。快件应存放在专门的海关监管仓库内。未经海关许可，不得对监管时限内的快件进行装卸、开拆、重换包装、提取派送、发运等。

（7）通过航空公司将快件运往目的地。

（8）航空快递公司在目的地的代理到机场取回快件，并办理快件的进口清关手续。国际快递公司应在运输工具申报入境后14日内向海关办理进境快件报关手续。

第一步，快件运抵快件监管中心前，国际快递公司向海关申报电子报文，应申报该批快件以下数据项：总运单号、进口日期、航班号、申报公司、快递公司、收件人、品名、数量、重量、价值、性质。

第二步，快件实际运抵快件监管中心，且经海关审核电子报文无误、符合有关规定的，海关通过系统向国际快递公司发送放行指令。海关自收到电子数据申报后，情况正常的，在半小时内办结放行手续。

（9）航空快递公司在目的地代理将快件送至收件人手中，并将有关信息反馈给发件人。

（九）国际快递公司的责任与豁免

航空快件在递送过程中毁灭、遗失、损坏或者延误时的损害赔偿责任，由航空快递企业和发件人约定，但是不得免除故意或者重大过失情况下的责任。国际快件在寄递过程中因非客户过失而发生丢失、短少、损毁和延误，快递公司予以赔偿。

1. 赔偿时限

不同公司规定有所不同，有的规定在确定快件发生丢失、损毁、短少或延误后一周内；有的规定在收到快件后30天内由寄件人提出并以书面形式通知国际快递公司，超过此时限，原则上不得再向国际快递公司索赔，任何索赔金额不得从应属国际快递公司的运费中扣除。

2. 责任限额

保价服务与保险。保价服务即寄件人可以对快件声明价值，该服务以自愿为原则，该声明价值作为快递公司为该快件代为投保的保险金额，对已参加投保的快件发生损毁、短少或灭失的，则按保险条款赔偿。寄件人选择此项服务时，应确定保价金额与每个快件内件实际价值一致，每个快件保价金额最高限额为10万元人民币，保价费按申报的保价金额收取，每件最低收取1元人民币。未按规定交纳保价费的快件，不属于保价快件。

3. 责任豁免

国际快递公司按通常的派送程序对客户提供高效优质的服务。但是，由于下列原因导致的任何丢失、损坏、派送错误或派送不到不负责任：

（1）有自然灾害等不可抗力事件的发生或国际快递公司力所不及的原因，保价快件除外；

（2）寄递物品违反禁寄或限寄规定的，经主管机关没收或依照有关法规处理的；

（3）投交时快件封装完好，无拆动痕迹，且收件人已按规定手续签收，事后收件人发现内件短少或损毁的；

（4）由于客户的责任或所寄物品本身的原因造成邮件损失或延误的；

（5）客户自交寄邮件之日起至查询期满未查询又未提出赔偿要求的；

（6）由于国际快递公司以外的权力机构发生滞留或检查快件而发生的违约行为，如被寄达国按其国内法令扣留、没收或销毁的；

（7）快件发生变质，或特有的内在瑕疵及缺陷；

（8）电子产品、摄影图像或任何形式记录的磁盘遭电磁破坏、剔除或其他形式的破坏；

（9）对因寄件人或委托人所提供的收件人的名称、地址、联系电话不准确，或因收件人搬迁、收件人拒收、收件人拒付运费等寄收件人的过错，造成延误或快件自然损耗的；

（10）在任何情况下，对任何间接的、特殊的损坏或未实现的利益（包括收入利润、利息、效用或错过市场机会等），快递公司都不承担赔偿责任，无论快递公司对可能遭受的损失是否知情。

五、能力实训

【实训任务】画出国际航空快递业务流程图

学习情境十

不正常运输及索赔

BU ZHENGCHANG YUNSHU JI
SUOPEI

一、学习目标

能力目标

- 能处理货物不正常运输情形
- 能熟练填制货物运费更改通知单
- 能进行货物索赔的处理
- 能熟练撰写索赔申请书

知识目标

- 熟悉货物不正常运输的类型和代号
- 熟悉货物变更运输的处理方式
- 掌握货物的索赔相关知识

【学习导图】

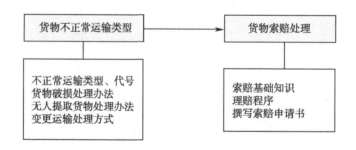

✍【业务环节关键点】

二、项目任务

【项目背景】

航空货运单号码：999 – 91713355。始发地：杭州。目的地：法兰克福。原运费：CNY2350.00。现运费：CNY2950.00。原合计运费：CNY2400.00。现合计运费：CNY3000.00。所有运费均为预付。

【任务一】根据资料填写货物运费更改通知单

【任务二】撰写一份索赔申请书

三、操作示范

任务一　根据资料填写货物运费更改通知单

货物运费更改通知单

中国国际航空公司 AIR CHINA CARGO CHARGES CORRECTION ADVICE (CCA)		
Recipient or Issuing. 　Carrier's Agent Name and City.	Recipient's Agent's Code	Date of issue：08 APR 12
		Place of issue：HGH
		Number：7001 CA
To1：FRA	Flight No：CA931	Date：06 APR
To：	Flight No：	Date：
To：	Flight No：	Date：
Will transfer station. Please fill in lines 2 or appropriate and reforward this form immediately to next carrier. The slip below must only be filled in and returned to issuing carrier by the delivering carrier.		

AWB NO. 999 –91713355	From HANGZHOU	To FRANKFURT	Date 04 APR 12
AIR WAYBILL CHARGES HAVE BEEN CORRECTED/ADDED AS FOLLOWS.			

续表

| Currency | CNY | Revised/Corrected Charges | | Original/Incorrect Charges | | Remarks and Reason |
		Prepaid	Collect	Prepaid	Collect	For Issuing Advice
Weight Charge		2950.00		2350.00		
Valuation Charges						Acc. To SHPR rep.
Other Charges Due Carrier		50.00		50.00		SHPT'S FINAL DEST. CHANGED FM FRA TO HGH
Other Charges Due Carrier						In case of non delivery enter all charges due at destination for collect – ion from shipper.
Total		3000.00		2400.00		

CC　1 FRAFTLH
　　 2 HAMFFLH
3

Please correct your document and confirm action taking by returning to us, duly signed, the slip below. Thank your.

Yours faithfully.

AIR CHINA

_____ HGH A/H HGHLICA _____

Address

Signature

- -

TO：
International Accounting office
HANGZHOU INTERNATIONAL AIRPORT,
311207 HANGZHOU
The People's Republic of China
Ref. AWB NO. ____ 999 – 91713355 ____
Ref. ACC NO. ____ 7001 CA ____

FORM：_____（Airline）
AT：_____（Station）
DATE：_____
We herewith confirm having corrected our documents and taken the necessary action as per your instructions.

Carrier's Stamp _____
Signature _____

任务二　撰写一份索赔申请书

索赔申请书格式如下：

索赔申请书示例

中国国际航空公司货运部：

　　本公司在提取来自首尔的一票货，运单号为999 — 12345675，1件共100千克，由CA666/09APR承运。该货在目的地交付时发生严重的外包装破损（详见贵公司开具的事故鉴定书）。

　　现本着实事求是、维护双方共同利益的原则，我公司向贵公司提出以下处理意见和索赔申请。

　　该货物价值2000美元，请给予原价赔偿。参见托运人出具的受损货物价值证明。

　　请贵公司予以尽快办理为盼，谢谢合作。

　　随附：运单、本人身份证、装箱单、发票、事故签证等。

捷达顺国际货运代理有限公司

2013年5月7日

四、知识要点

（一）货物不正常运输的类型及处理

货物的不正常运输，是指货物在收运及运输过程中由于工作的差错而造成的不正常情况。

1. 不正常运输的货物种类和代号见表 10-1。

表 10-1　　　　　　　　　　　　不正常运输的货物种类和代号表

种类	代号	中文
Offloaded	OFLD	卸下，拉货
Shortshipped	SSPD	漏（少）装
Overcarried	OVCD	漏卸（运过境）
Mislabeled Cargo		贴错标签货物
Missing Label		标签脱落
Missing Cargo	MSCA	少收货物
Found Cargo	FDCA	多收货物
Missing AWB	MSAW	少收货运单
Found AWB	FDAW	多收货运单
Damage		破损

2. 货物破损及处理办法

（1）破损。

破损：指货物的外部或内部变形，因而使货物的价值可能或已遭受损失，如破裂、损坏或短缺。

内损：指货物包装完好而内装货物受损，只有收货人提取后或交海关时才能发现。

破损分为轻微破损和严重破损。

（2）处理方法见表 10-2。

表 10-2　　　　　　　　　　　　　货物破损处理方法

发现时间	处理方法
收运时	拒接收运
出港操作时	轻微破损（内物未损）：加固包装，继续运输 严重破损（内物损坏）：停止运输，通知发货人或始发站，征求处理意见
交接中转货物时	轻微破损（内物未损）：在转运单（TRM）的备注栏内说明破损情况 严重破损（内物损坏）：拒绝转运
进港操作时	填开不正常运输记录，拍发电报通知装机站和始发站

3. 无人提取的货物

（1）货物到达目的地 14 天后，由于下列原因造成无人提取时，称为无人提取的货物。

- 货运单所列地址无此收货人或收货人地址不详；
- 收货人对提取货物通知不予答复；
- 收货人拒绝提货；
- 收货人拒绝应付有关款项；

- 出现了其他一些影响正常提货的问题。

（2）到付运费的收取

- 目的站填开货物运费更改通知单（Cargo charges Correction Advice，CCA），向始发站结算所有费用；
- 始发站负责向托运人收取到付运费和目的站产生的其他所有费用。

（3）处理方式。货物自发出到货通知的次日起 14 日内无人提取，由于上述的任一原因所造成的货物无法交付，除货运单上列明的处理办法外，目的地应采取下列措施：

- 填列无法交付货物通知单（Notice of Non - delivery，IRP），寄交始发站的出票航空公司或其代理人，以征求托运人对货物的处理意见。填开 IRP 的单位，出票承运人的财务部门应有副本。

（二）变更运输

1. 基本概念

托运人在货物发运后，可以对货运单上除声明价值和保险金额外的其他各项作变动，托运人要求变更时，应出示货运单正本并保证支付由此产生的费用，托运人的要求，在收货人还未提货或还未要求索取货运单和货物，或者拒绝提货的前提下应予以满足。托运人的要求不应损害承运人及其他托运人的利益，当托运人的要求难以做到时应及时告知。

2. 变更运输的范围

（1）自愿变更。一般规定托运人在交运货物后收货人提取货物前，有权作出下列变更要求：

①费用方面

- 如将运费预付改为运费到付，或将运费到付改为运费预付；
- 更改航空运费或其他费用数额，如更改垫付款的数额。

②运输方面

- 在运输的始发站将货物撤回；
- 在任何经停站停止货物运输；
- 更改收货人（变更后的收货人即为航空货运单所指定的收货人）；
- 要求将货物运回始发站机场；
- 变更目的站；
- 从中途或目的站退运。

（2）非自愿变更。托运人交运货物后，承运人由于执行特殊任务或天气等不可抗力的原因，货物运输受到影响，有权变更运输。需要变更运输时，承运人应当及时通知托运人或收货人，商定处理办法。

变更内容：退运、退回、停运、变更目的站、变更运输方式。

3. 变更运输的处理方式

自愿变更提出变更要求的，托运人对已办妥运输手续的货物要求变更时，应当提供托运人出具的书面要求、个人有效证件和货运单托运人联单。要求变更运输的货物，应是一张货运单填写全部货物。

运输变更应当符合本规则的有关规定，否则承运人有权不予办理。承运人应当及时处理托运人的变更要求，根据变更要求，更改或重开货运单，重新核收运费。托运人要求变更运输时，不得损害承运人和第三人的利益，否则承运人不予办理。承运人如果不能按照要求办理时，应当及时通知托运人。

（1）货物发运前。托运人在始发站要求退运时，承运人应向托运人收回货运单正本，扣除变更运输手续费、货运单费和已发生的费用（如地面运输费）后，将余款退回托运人。

（2）货物发运后和提取前。货物发运后和提取前，托运人要求变更付款方式或代垫付款全额时，应填写货物运费更改通知单，补收或退回运费，并按有关航空公司的收费标准向托运人收取变更运输手续费。

改变运输意味着运费发生变化，承运人应当按照下列规定处理运输费用：

① 在中途站变更到达站：退还未使用航段的运费，另核收由变更站至新到达站的运费。

② 将货物运回始发站：由中途站运回始发站，将始发站至中途站的货物运费和中途站至始发站的货物运费相加，与已经收取的货物运费相比，多退少补；由目的站运回始发站，已经收取的货物运费不退，另核收目的站至始发站的货物运费。

③ 在中途站改用其他交通工具将货物运至目的站：超额费用由承运人承担。

④ 中途站停运：扣除实际已经使用航段的货物运费，余款退还托运人。

⑤ 变更目的站：货物发运前变更目的站，退还已经收取的货物运费，另核收始发站至新的目的站的货物运费；货物发运后变更始发站，将已经使用航段的货物运费与货物所在的航站至始发站的货物运费相加，与已经收取的货物运费相比，多退少补。

4. 更改货运单

（1）修改现有货运单。货运单填开后，对货运单各种修改应和剩余各联同时进行，修改后的内容应尽可能接近原内容。并注明修改企业国际航空运输协会（IATA）代号和修改地的机场或城市代号。

（2）填开新货运单。当一票货物由于无人提取而退运时，应填开新货运单，原货运单号注于新货运单的"Accounting Information"。

所有本该向收货人收取而未收取的费用，应填在新货运单的"Other Charges"一栏，按运费到付处理。

5. 货物运费更改通知单（CCA）

由于托运人更改运输，或承运人（或其代理人）工作差错，造成货物运费的具体数额或支付方式发生变化，经有关承运人和货物目的站有关部门同意并复电证实后，都应填制"货物运费更改通知单"予以更正。

（1）填开条件。

① 货物已运离始发站，但需要更改运费的具体数额或运费的付款方式时，填开CCA。任何与货物运输有关的承运人都可填制CCA。

② 承运人必须确知货物尚未交付给收货人后，方可填开CCA。

③ 更改运费的数额超过5美元时，方可填开CCA。

④ 如果需要承运人之间结算费用时，应在航空货运单填制 6 个月内填制 CCA。

（2）各联的分配。

每次填开 CCA 的份数应根据发送部门的多少确定，但至少一式五份，始发站、填开部门、财务部门、目的站和承运人各一份，同时需要根据货物的中转次数增加 CCA 的份数。向各部门发布 CCA 时，应随附一份航空货运单。

（3）流转程序。

① CCA 由填制企业交第一承运人，再由第一承运人转交第二承运人，以此类推。

② 相关单位收到 CCA 后，应同货运单副本一起交财务部门、查询部门登记备查。

③ 若货运中转站收到 CCA 上未指明各段承运人时，应将续运情况填写在有关栏内，并立即转送给目的站。

④ 目的站收到 CCA 后，应在 14 日内将 CCA 回执联的各栏内容填写完毕，送回填制 CCA 的承运人。

⑤ 持有航空货运单的航站收到 CCA 后，应根据要求更改航空货运单，具体方法是：首先，在更改处加盖更改站的图章或签字；其次，在 "Handling Information" 栏内注明更改的依据；最后，将处理情况告知始发站。

（三）货物的索赔

1. 货物索赔的含义

货物索赔是指托运人、收货人或其代理人对承运人在货物运输组织的全过程中所造成的货物毁灭、破损、遗失、变质、污染、延误、内容短缺等，向承运人提出赔偿的要求。

进行索赔是指货物托运人、收货人或其代理人遇到货物运输问题后采取的措施，但最好的情况是风险的防范。

2. 索赔的相关法律依据见表 10 - 3。

表 10 - 3　　　　　国际航空货物运输索赔的相关国际、国内法规

国际公约	中华人民共和国法律和规定
1.《统一国际航空运输某些规则的公约》（简称《华沙公约》，1929 年订立） 2.《修订统一国际航空运输某些规则的公约的议定书》（简称《海牙议定书》，1955 年订立） 3.《一九五五年在海牙修正的和一九七五年蒙特利尔第四号议定书修正的华沙公约》（简称《蒙特利尔第 4 号议定书》，1975 年订立）	主要： 1.《中华人民共和国合同法》 2.《中华人民共和国民用航空法》 3.《中国民用航空货物国内运输规则》 4.《中国民用航空货物国际运输规则》 其他： 1.《中华人民共和国民事诉讼法》 2.《中华人民共和国民法通则》 3.《中华人民共和国进出口商品检验法》 4.《中华人民共和国进出境动植物检疫法》 5.《中华人民共和国野生动物保护法》 6.《中华人民共和国消费者权益保护法》 7. 中国民用航空局政府令 8.《中国民用航空货物国际运输规则》 本国适用的有利于消费者的法律和法规。

3. 索赔人

（1）货运单上列明的托运人或收货人。向航空公司提出索赔的应是主运单上填写的托运人或收货人。客户或分运单上的托运人、收货人或其他代理人应向主运单上填写的托运人或收货人提出索赔。

（2）持有货运单上托运人或收货人签署的权益转让书的人员。

- 承保货物的保险公司；
- 受索赔人之托的律师；
- 有关的其他单位；
- 集运货物的主托运人和主收货人。

（3）如果收货人在到达站已将货物提取，则托运人将无权索赔，除非有收货人出具的权益转让书。

4. 索赔的地点和时限

（1）索赔的地点。托运人、收货人或其代理人在货物的始发站、目的站或损失事故发生的中间站，可以书面的形式向承运人（第一承运人或最后承运人或当事承运人）或其代理人提出索赔要求。索赔要求一般在到达站处理。

（2）提出赔偿要求的时限。货物损坏（包括短缺）属于明显可见的赔偿要求，应从发现时起立即提出并最迟延至收到货物之日起 14 日内提出。货物发生其他损坏的，其赔偿要求最迟应当自收到货物之日起 14 日内提出。货物运输延误的赔偿要求，在货物由收货人支配之日起 21 日内提出。货物毁灭或遗失的赔偿要求，应自填开货运单之日起 120 日之内提出。

有任何异议，均按上述规定期限，向承运人以书面形式提出。除承运人有欺诈行为外，有权提取货物的人如果在规定时限内没有提出异议，将会丧失获得赔偿的权利。

对于提出索赔的货物，货运单的法律有效期为 2 年。保险索赔时效，从被保险货物在最后卸载地卸离飞机后起计算，最多不超过 2 年。

5. 索赔所需的文件

- 正式索赔函 2 份（收货人、发货人向代理公司，代理公司向航空公司）
- 货运单正本或副本；
- 货物商业发票、装箱清单和其他必要资料；
- 货物舱单（航空公司复印）；
- 货物运输事故签证（货物损失的客观详细情况）；
- 商检证明（货物损害后由商检等中介机构所出具的鉴定报告）；
- 运输事故记录；
- 来往电传等文件。

6. 赔偿限额

货物没有办理声明价值的，承运人按照实际损失的价值进行赔偿，但赔偿最高限额为毛重每千克 20 美元。

办理了声明价值并付声明价值附加费的，声明价值为最高赔偿限额。承运人能够证明货物的实际损失低于声明价值的，按实际损失赔偿。

内损货物的责任。对于此类货物的破损，如无确实的证据证明是由于承运人的过错造成的，则承运人不承担责任。但对于外包装破损或有盗窃痕迹，则承运人应负责赔偿。如果货物的一部分或者货物中任何物件发生遗失、损坏或者延误，用以决定承运人责任限额的重量，仅为该件或者件数的总重量。如果货物的一部分或者货物中任何物件发生遗失、损坏或者延误，以致影响同一份货运单所列的另一包装件或者其他包装件的价值时，在确定责任限额时，另一包装件的总重量也应当考虑在内。

7. 理赔程序

索赔对象处理赔偿的过程就是理赔。货物权益方索赔对象可以是合同方承运人、目的站承运人或当事承运人或其代理人。承运人对托运人或收货人提出的赔偿要求，应当在2个月内处理答复。不属于受理索赔的承运人接到索赔要求时，应当及时将索赔要求转交有关的承运人，并通知索赔人。

（1）货物运输事故签证。当航空地面代理人在卸货时，发现货物破损，则由航空公司或航空公司地面代理人填写"货物运输事故签证"，这份签证主要是作为在目的站货物出现问题的一个证明。在填写这份签证之前，收货人需要进一步确认内装物的受损程度，可以同航空公司的货运人员共同开箱检查，确认货物的具体受损程度。在开箱检查时，会出现两种情况：一是外包装破损，内装物完好；二是外包装破损，内装物破损。在第二种情况下，又会出现由于货主没有按照航空货物包装的要求进行包装，而导致的货物受损，这种情况就需要货主和承运人共同承担责任。这份证明要客观地描述货物出现问题的状况，尽量不要出现"短少"等模糊性词语。这份签证由航空公司的货运部门签完后，再由收货人签字，其中一份航空公司留存，另一份由收货人留存。

（2）索赔申请书。自发现货物发生问题后，一定要按照公约所规定的赔偿时限提出赔偿要求，货物权益方需要向航空公司提出书面的索赔申请书。

（3）承运人审核所有的资料和文件。承运人收到索赔申请后，要求索赔人提供下列文件：

- 索赔申请书；
- 损失证明（发票或其他证明）；
- 货运单或复印件；
- 不正常运输事故记录。

（4）承运人进一步调查。受理承运人答复索赔人表示接受索赔，审核所有的资料和文件，进一步进行以下调查工作以判明责任、确定赔偿金额：

- 如货物办理保险，保险公司全额赔偿后，保险公司再向承运人提出，承运人视限额赔偿；
- 货物遗失，查看来往电传，货物破损、潮湿，查看记录是全部损坏还是部分损坏；
- 及时告知相关各站，了解始发站是否收到索赔函，避免重复索赔；
- 填写"国际货物损失事故调查报告"；

● 填写"国际货物索赔报告"。

（5）填写"航空货物索赔单"。由航空公司填写"航空货物索赔单"，索赔人签字盖章，表明航空公司正式认可索赔的有关事项。

（6）货物索赔审批单。航空货物的索赔根据索赔货物的金额不同，需要各级领导审批，向责任承运人结算赔偿费用。

（7）责任解除协议书。索赔人有异议，提交进行赔偿仲裁；索赔人无异议，在收到索赔款时签署"责任解除协议书"，即放弃诉讼权及进一步的索赔权。

五、能力实训

【实训任务1】缮制一份索赔申请书。

进口商 A 搜集相关证据，并将资料交给当地捷达顺国际货运代理有限公司，委托该公司向航空公司进行货物遗失索赔。

航空货运单号码：自拟；货物品名：白金；货物重量：1 件 100 千克；承运人：中国国际航空公司；航班：CA931；货物声明价值：4500 美元；其他：自拟。

【实训任务2】请分析以下案例，给出处理意见。

出口商出口一批服装到阿姆斯特丹，与航空公司签订了运输合同并签订了航空货运单，货运单上"数量"一栏为 30 箱，每箱 25 件服装，收货人收到货物后，发现每箱货物里只有 20 件服装，于是要求出口商赔偿。出口商以"承运人应当或有理由知道空运单内容的不正确"为由，要求承运人给予一定的赔偿。问：出口商的要求是否合理？

参考文献

[1] 中国国际货运代理协会. 国际航空货运代理理论与实务 [M]. 北京：中国商务出版社，2000.

[2] 中国国际货运代理协会. FIATA货运代理资格证书培训考试教程 [M]. 北京：中国商务出版社，2005.

[3] 曾俊鹏. 国际航空货运实务 [M]. 台湾：五南图书出版公司，2010.

[4] 杜清萍. 国际货运代理实训 [M]. 北京：科学出版社，2011.

[5] 肖旭. 国际海上货运代理实务 [M]. 北京：北京大学出版社，2013.

[6] 浙江海洲国际货运代理有限公司. 国际货代销售业务手册 [S]. 2008.

[7] Airfreight Forwarding. Singapore Logistics Association，2005.

[8] 国际航空运输协会网站：www.iata.org.

[9] 国际民航组织网站：www.icao.org.

[10] 国际货运代理协会联合会（FIATA）网站：www.fiata.com.

[11] 中国民用航空局网站：www.caac.gov.cn/.

高职高专金融类系列教材

一、高职高专金融类系列教材

货币金融学概论	周建松	主编	25.00 元	2006.12 出版
货币金融学概论习题与案例集	周建松 郭福春等	编著	25.00 元	2008.05 出版
金融法概论（第二版）	朱 明	主编	25.00 元	2012.04 出版
（普通高等教育"十一五"国家级规划教材）				
商业银行客户经理	伏琳娜 满玉华	主编	36.00 元	2010.08 出版
商业银行客户经理	刘旭东	主编	21.50 元	2006.08 出版
商业银行综合柜台业务(第三版)	董瑞丽	主编	36.00 元	2016.01 出版
（国家精品课程教材·2006）				
商业银行综合业务技能	董瑞丽	主编	30.50 元	2008.01 出版
商业银行中间业务	张传良 倪信琦	主编	22.00 元	2006.08 出版
商业银行授信业务	王艳君 郭瑞云 于千程	编著	45.00 元	2012.10 出版
商业银行授信业务（第二版）	邱俊如 金广荣	编著	32.00 元	2014.08 出版
商业银行业务与经营	王红梅 吴军梅	主编	34.00 元	2007.05 出版
金融服务营销（第二版）	徐海洁	编著	34.00 元	2013.09 出版
商业银行基层网点经营管理	赵振华	主编	32.00 元	2009.08 出版
商业银行柜面英语口语	汪卫芳	主编	15.00 元	2008.08 出版
银行卡业务	孙 颖 郭福春	编著	36.50 元	2008.08 出版
银行产品	彭陆军	主编	25.00 元	2010.01 出版
银行产品	杨荣华 李晓红	主编	29.00 元	2012.12 出版
反假货币技术（第二版）	方秀丽 陈光荣 包可栋	主编	58.00 元	2015.03 出版
小额信贷实务	邱俊如	主编	23.00 元	2012.03 出版
商业银行审计	刘 琳 张金城	主编	31.50 元	2007.03 出版
金融企业会计	唐宴春	主编	25.50 元	2006.08 出版
（普通高等教育"十一五"国家级规划）				
金融企业会计实训与实验	唐宴春	主编	24.00 元	2006.08 出版
（普通高等教育"十一五"国家级规划教材辅助教材）				
新编国际金融	徐杰芳	主编	39.00 元	2011.08 出版
国际金融概论	方 洁 刘 燕	主编	21.50 元	2006.08 出版
（普通高等教育"十一五"国家级规划教材）				
国际金融实务	赵海荣 梁 涛	主编	30.00 元	2012.07 出版
国际金融实务（第三版）	李 敏	主编	39.80 元	2019.09 出版
风险管理	刘金波	主编	30.00 元	2010.08 出版
外汇交易实务	郭也群	主编	25.00 元	2008.07 出版

外汇交易实务	樊祎斌		主编	23.00 元	2009.01 出版
证券投资实务	徐 辉		主编	29.50 元	2012.08 出版
国际融资实务	崔 荫		主编	28.00 元	2006.08 出版
理财学（第二版）	边智群	朱澍清	主编	39.00 元	2012.01 出版
（普通高等教育"十一五"国家级规划教材）					
投资银行概论	董雪梅		主编	34.00 元	2010.06 出版
金融信托与租赁（第二版）	蔡鸣龙		主编	35.00 元	2013.03 出版
公司理财实务	钭志斌		主编	34.00 元	2012.01 出版
个人理财规划（第二版）	胡君晖		主编	33.00 元	2017.05 出版
证券投资实务	王 静		主编	45.00 元	2014.08 出版
（"十二五"职业教育国家规划教材/普通高等教育"十一五"国家级规划教材/国家精品课程教材·2007）					
金融应用文写作	李先智	贾晋文	主编	32.00 元	2007.02 出版
金融职业道德概论	王 琦		主编	25.00 元	2008.09 出版
金融职业礼仪	王 华		主编	21.50 元	2006.12 出版
金融职业服务礼仪	王 华		主编	24.00 元	2009.03 出版
金融职业形体礼仪（第二版）	钱利安	王 华	主编	36.00 元	2019.01 出版
金融服务礼仪	伏琳娜	孙迎春	主编	33.00 元	2012.04 出版
合作金融概论	曾赛红	郭福春	主编	24.00 元	2007.05 出版
网络金融	杨国明	蔡 军	主编	26.00 元	2006.08 出版
（普通高等教育"十一五"国家级规划教材）					
现代农村金融	郭延安	陶永诚	主编	23.00 元	2009.03 出版
"三农"经济概论（第二版）	凌海波		编著	35.00 元	2018.09 出版
金融仓储理论与实务	吴金旺	童天水	编著	30.00 元	2014.07 出版
金融专业职业素养读本	朱维巍	熊秀兰	主编	23.00 元	2014.07 出版

二、高职高专会计类系列教材

管理会计	黄庆平		主编	28.00 元	2012.04 出版
商业银行会计实务	赵丽梅		编著	43.00 元	2012.02 出版
基础会计	田玉兰	郭晓红	主编	26.50 元	2007.04 出版
基础会计实训与练习	田玉兰	郭晓红	主编	17.50 元	2007.04 出版
新编基础会计及实训	周 峰	尹 莉	主编	33.00 元	2009.01 出版
财务会计（第二版）	尹 莉		主编	40.00 元	2009.09 出版
财务会计学习指导与实训	尹 莉		主编	24.00 元	2007.09 出版
高级财务会计	何海东		主编	30.00 元	2012.04 出版
成本会计	孔德兰		主编	25.00 元	2007.03 出版
（普通高等教育"十一五"国家级规划教材）					
成本会计实训与练习	孔德兰		主编	19.50 元	2007.03 出版
（普通高等教育"十一五"国家级规划教材辅助教材）					
管理会计	周 峰		主编	25.50 元	2007.03 出版
管理会计学习指导与训练	周 峰		主编	16.00 元	2007.03 出版
基础会计（第二版）	周 峰		主编	30.00 元	2015.09 出版

会计电算化	潘上永		主编	40.00 元	2007.09 出版
（普通高等教育"十一五"国家级规划教材）					
会计电算化实训与实验	潘上永		主编	10.00 元	2007.09 出版
（普通高等教育"十一五"国家级规划教材辅助教材）					
财政与税收（第三版）	单惟婷		主编	35.00 元	2009.11 出版
税收与纳税筹划	段迎春	于 洋	主编	36.00 元	2013.01 出版
金融企业会计	唐宴春		主编	25.50 元	2006.08 出版
（普通高等教育"十一五"国家级规划教材）					
金融企业会计实训与实验	唐宴春		主编	24.00 元	2006.08 出版
（普通高等教育"十一五"国家级规划教材辅助教材）					
会计综合模拟实训	施海丽		主编	46.00 元	2012.07 出版
会计分岗位实训	舒 岳		主编	40.00 元	2012.07 出版

三、高职高专经济管理类系列教材

经济学基础（第三版）	高同彪		主编	40.00 元	2016.08 出版
管理学基础	曹秀娟		主编	39.00 元	2012.07 出版
大学生就业能力实训教程	张国威	褚义兵等	编著	25.00 元	2012.08 出版

四、高职高专保险类系列教材

保险实务	梁 涛	南沈卫	主编	35.00 元	2012.07 出版
保险营销实务	章金萍	李 兵	主编	21.00 元	2012.02 出版
新编保险医学基础（第二版）	任森林		主编	40.00 元	2018.06 出版
人身保险实务（第二版）	黄 素		主编	45.00 元	2019.01 出版
国际货物运输保险实务	王锦霞		主编	29.00 元	2012.11 出版
保险学基础	何惠珍		主编	23.00 元	2006.12 出版
财产保险	曹晓兰		主编	33.50 元	2007.03 出版
（普通高等教育"十一五"国家级规划教材）					
人身保险	池小萍	郑祎华	主编	31.50 元	2006.12 出版
人身保险实务	朱 佳		主编	22.00 元	2008.11 出版
保险营销	章金萍		主编	25.50 元	2006.12 出版
保险营销	李 兵		主编	31.00 元	2010.01 出版
保险医学基础	吴艾竞		主编	28.00 元	2009.08 出版
保险中介	何惠珍		主编	40.00 元	2009.10 出版
非水险实务	沈洁颖		主编	43.00 元	2008.12 出版
海上保险实务	冯芳怡		主编	22.00 元	2009.04 出版
汽车保险	费 洁		主编	32.00 元	2009.04 出版
保险法案例教程	冯芳怡		主编	31.00 元	2009.09 出版
保险客户服务与管理	韩 雪		主编	29.00 元	2009.08 出版
风险管理	毛 通		主编	31.00 元	2010.07 出版
保险职业道德修养	邢运凯		主编	21.00 元	2008.12 出版
医疗保险理论与实务	曹晓兰		主编	43.00 元	2009.01 出版

五、高职高专国际商务类系列教材

国际贸易概论	易海峰	主编	36.00 元	2012.04 出版
国际商务文化与礼仪	蒋景东 刘晓枫	主编	23.00 元	2012.01 出版
国际结算	靳 生	主编	31.00 元	2007.09 出版
国际结算实验教程	靳 生	主编	23.50 元	2007.09 出版
国际结算（第二版）	贺 瑛 漆腊应	主编	19.00 元	2006.01 出版
国际结算（第三版）	苏宗祥 徐 捷	编著	23.00 元	2010.01 出版
国际结算操作	刘晶红	主编	25.00 元	2012.07 出版
国际贸易与金融函电	张海燕	主编	20.00 元	2008.11 出版
国际市场营销实务	王 婧	主编	28.00 元	2012.06 出版
报检实务	韩 斌	主编	28.00 元	2012.12 出版
国际航空货运代理实务（第二版）	戴小红	主编	43.00 元	2020.01 出版

如有任何意见或建议，欢迎致函编辑部：jiaocaiyibu@126.com。